电子商务时代网店精英实战系列

U0945412

淘宝天猫店实用教程

配色、布局、修图、装修

黑马程序员 / 编著

清华大学出版社
北京

内 容 简 介

本书以提高读者实践能力为目标，以“大魔树女装店铺”的装修为主线，采用“理论+案例”的编写方式，详细介绍网店美工入门基础、设计理念、商品图片处理与管理以及网店装修元素、店铺首页、宝贝详情页、店铺推广图、店铺装修设计等相关技巧。全书既包含基础知识，又包含实例演练，还包含项目操作，让读者更好地体验设计思路、技巧和理念，快速掌握网店设计装修的整个过程。

本书有配套的教学PPT、题库、教学视频、教学设计、教学大纲等相关资源。同时，为了帮助初学者及时解决学习中遇到的问题，本书还提供了专业的在线答疑平台。

扫描书中二维码可以下载素材文件和彩色插图文件。

本书既可作为高等院校相关专业的电子商务课程教材，也可作为企业电商岗位培训教材，还可供相关从业人员参考。

本书封面贴有清华大学出版社防伪标签，无标签者不得销售。

版权所有，侵权必究。举报：010-62782989，beiqinquan@tup.tsinghua.edu.cn。

图书在版编目（CIP）数据

淘宝天猫店实用教程：配色、布局、修图、装修 / 黑马程序员编著 . —北京：清华大学出版社，2021.2

（电子商务时代网店精英实战系列）

ISBN 978-7-302-56666-3

Ⅰ . ①淘…　Ⅱ . ①黑…　Ⅲ . ①网店 – 运营管理　Ⅳ . ① F713.365.2

中国版本图书馆 CIP 数据核字（2020）第 203682 号

责任编辑：袁勤勇　战晓雷
封面设计：韩　冬
责任校对：白　蕾
责任印制：宋　林

出版发行：清华大学出版社
网　　址：http://www.tup.com.cn, http://www.wqbook.com
地　　址：北京清华大学学研大厦 A 座　　**邮　　编：**100084
社 总 机：010-62770175　　**邮　　购：**010-83470235
投稿与读者服务：010-62776969, c-service@tup.tsinghua.edu.cn
质量反馈：010-62772015, zhiliang@tup.tsinghua.edu.cn
课件下载：http://www.tup.com.cn,010-83470236
印 装 者：北京国马印刷厂
经　　销：全国新华书店
开　　本：185mm × 260mm　　**印　张：**19.5　　**字　　数：**449 千字
版　　次：2021 年 3 月第 1 版　　**印　　次：**2021 年 3 月第 1 次印刷
定　　价：59.90 元

产品编号：088649-01

序　言

作为本书的作者，江苏传智播客教育科技股份有限公司（简称“传智教育”）是一家培养高精尖数字化人才的公司，主要培养人工智能、大数据、智能制造、软件、互联网、区块链等数字化专业人才及数据分析、网络营销、新媒体等数字化应用人才。传智教育自成立以来紧随国家互联网科技战略及产业发展步伐，始终与软件、互联网、智能制造等前沿技术齐头并进，已持续向社会高科技企业输送数十万名高新技术人员，为企业数字化转型升级提供了强有力的人才支撑。

公司由一批拥有 10 年以上开发管理经验，且来自互联网或研究机构的 IT 精英组成，负责研究、开发教学模式和课程内容。公司具有完善的课程研发体系，一直走在整个行业发展的前端，在行业内树立起了良好的品质口碑。

一、黑马程序员——高端IT教育品牌

黑马程序员的学员多为大学毕业后，想从事 IT 行业，但各方面条件还不成熟的年轻人。“黑马程序员”的学员筛选制度非常严格，包括了严格的技术测试、自学能力测试，还包括性格测试、压力测试、品德测试等。百里挑一的残酷筛选制度确保学员质量，并降低企业的用人风险。

自“黑马程序员”成立以来，教学研发团队一直致力于打造精品课程资源，不断在产、学、研三个层面创新自己的执教理念与教学方针，并集中“黑马程序员”的优势力量，有针对性地出版了计算机系列教材百余种，制作教学视频数百套，发表各类技术文章数千篇。

二、院校邦——院校服务品牌

院校邦以“协万千名校育人、助天下英才圆梦”为核心理念，针对中国本科教育和职业教育改革的痛点，为高校提供健全的校企合作解决方案。主要包括原创教材、高校教辅平台、师资培训、院校公开课、实习实训、产学合作协同育人、专业建设、传智杯大赛等，每种方式现已形成稳固的系统的高校合作模式，旨在深化教学改革，实现高校人才培养与企业发展的合作共赢。

1. 为大学生提供的配套服务

（1）请同学们登录 http://stu.ityxb.com，进入“高校学习平台”，免费获取海量学习资源，

平台可以帮助高校学生解决各类学习问题。

（2）针对高校学生在学习过程中存在的压力等问题，我们面向大学生量身打造了IT学习小助手——“邦小苑”，可提供教材配套学习资源。同学们快来关注“邦小苑”微信公众号。

2. 为教师提供的配套服务

（1）高校老师请登录 http://tch.ityxb.com，进入“高校教辅平台”，院校邦为IT系列教材精心设计了“教案+授课资源+考试系统+题库+教学辅助案例”的系列教学资源。

（2）针对高校教师在教学过程中存在的授课压力等问题，我们专为教师打造了教学好帮手——“传智院校邦”，老师可添加“码大牛”老师微信/QQ：2011168841，或扫描下方二维码，获取最新的教学辅助资源。

三、意见与反馈

为了让老师和同学们有更好的教材使用体验，如有任何关于教材信息的意见或建议欢迎您扫码进行反馈，您的意见和建议对我们十分重要。

传智教育

2021年1月

前 言

随着电子商务的发展，网络购物已经成为人们生活的一部分，使网上店铺蓬勃发展起来。面对竞争激烈的电商市场，如何通过图片与文字的恰当搭配与编排，让自家店铺的商品在众多竞争对手中脱颖而出，吸引顾客点击、浏览并下单购买，是每家网店进行店铺装修时都必须考虑的问题。由此就衍生了“网店美工”这个职业。

为什么要学习本书

目前，国内许多高校开设了电子商务专业，一些经济管理类、信息类专业也开设了电子商务相关课程。但是，从电子商务课程内容来看，已开设的课程更倾向于电子商务基础理论知识，鲜有实践操作类课程，使学生的实践操作能力难以提升。针对这一情况，我们为广大初学者精心打造了本书，旨在为初学者和基础薄弱的从业者提供实用、专业的网店美工实操指导。

如何使用本书

本书采用“理论 + 案例”的编写方式，从网店美工入门基础讲起，详细介绍网店美工基础、图片修饰、页面设计、店铺装修等相关技巧。全书以“大魔树女装店铺”的装修为主线，结合实例演练和项目操作，让读者更好地体验设计思路、技巧和理念。

全书共分 9 章，按照“基础 + 实例 + 项目”的结构，由浅入深，循序渐进。在内容选择、结构安排上更加符合从业人员提高职业技能水平的需要，能够帮助读者全面、快速地吸收知识。各章内容如下：

- **第 1 章**　主要介绍网店美工基础、图像处理软件 Photoshop、矢量图制作软件 Illustrator、Dreamweaver 工具，使读者基本认识网店美工，了解网店美工的常用软件，为学习后面的知识奠定基础。
- **第 2 章**　主要讲解网店美工设计的基本理念，包括设计的主要元素、色彩基础知识与搭配技巧、文字排版设计、视觉构图方法等。
- **第 3 章**　主要讲解商品图片的修复与修饰，包括商品图片的多样裁剪、调整商品图片的色调、美化精修商品图片、商品图片的特殊处理、轻松学会抠图换背景、为商品图片添加文字等。

- **第 4 章** 主要讲解商品图片的切片与管理，包括图片的切片与优化、网店图片管理。
- **第 5 章** 主要讲解网店装修元素的设计与制作，包括店铺 Logo 的设计、店标的设计、店铺背景的制作等。
- **第 6 章** 主要讲解快速制作店铺首页的相关知识，包括 PC 端首页规划方案、PC 端首页设计与制作、无线端首页设计与制作等。
- **第 7 章** 主要讲解宝贝详情页的设计，包括宝贝详情页简介、PC 端宝贝详情页设计与制作、无线端宝贝详情页设计与制作等。
- **第 8 章** 主要讲解店铺推广图设计的相关知识，包括高点击率的主图制作、直通车推广图设计、钻石展位推广图设计、店铺二维码的制作、淘宝视频的制作等。
- **第 9 章** 主要介绍店铺装修及上传方法，包括店铺装修工具介绍、PC 端店铺装修、无线端店铺装修等。

在这 9 章中，第 1 章为网店美工入门基础，能够让读者对网店美工的工作内容有初步的了解；第 2 ~ 4 章是对网店美工设计技巧的讲解，能为读者后续的设计与制作奠定基础；第 5 ~ 8 章讲解如何设计与制作店铺和店铺推广中使用的图片；第 9 章讲解如何将所有设计的图片装修并上传至淘宝店铺首页。

通过对本书的系统学习，读者可以对网店美工工作有全面的认识，了解网店基础理论知识，掌握网店美工的必备技术，具备网店设计装修的相关能力，成为满足市场需求的既懂理论又懂技术的应用型网店美工专业人才。

扫描书中二维码可以下载素材文件和彩色插图文件。

意见反馈

尽管我们尽了最大的努力，但本书中仍难免有不妥之处，欢迎各界专家和读者朋友提出宝贵意见。您在阅读本书时，如发现任何问题或不妥之处，可以通过电子邮件与我们取得联系，电子邮件请发送至 itcast_book@vip.sina.com 。

黑马程序员
2021年1月于北京

目　录

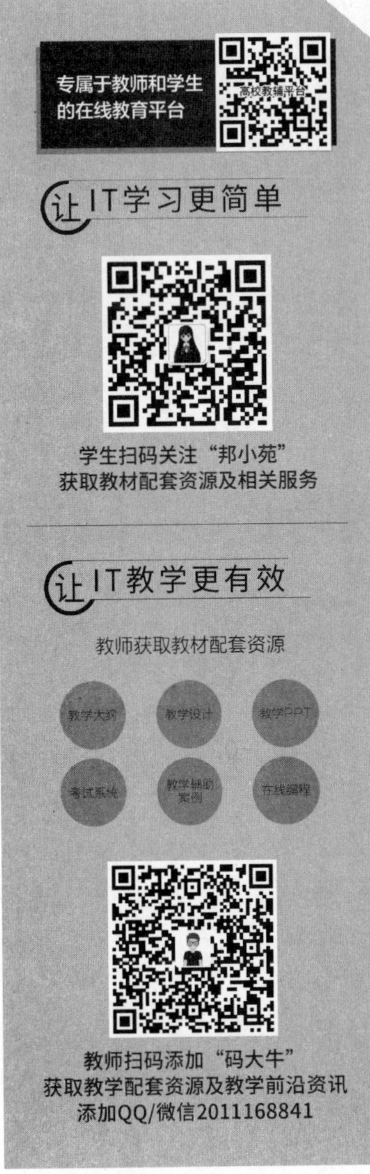

第1章 网店美工入门基础

2 第2章 网店美工设计的基本理念

3 第3章 商品图片的修复与修饰

4 第4章 商品图片的切片与管理

5 第5章 网店装修元素的设计与制作

6 第6章 快速制作店铺首页

7 第7章 宝贝详情页的设计

9 第9章 店铺装修及上传方法

第1章

网店美工入门基础

学习目标

知识目标	● 认识网店美工及其必备技能。 ● 认识图像处理软件Photoshop。 ● 认识矢量图制作软件Illustrator。
技能目标	● 掌握Photoshop软件中常用工具的操作技巧。 ● 掌握Illustrator软件中常用工具的操作技巧。

随着互联网的发展，网络购物已经成为消费者的首选。然而，形形色色的网络商品无法直接呈现在消费者面前，页面和图片的展示成了消费者了解商品的唯一渠道，因此，如何把店铺做得精致、美观、便捷，就成为商家最关心的问题。面对这种需求，网店美工应运而生。然而，什么是网店美工？网店美工的职责是什么？很多初学者依然不明就里。本章针对网店美工的工作内容及网店美工常用的软件进行介绍，让读者对网店美工有初步的了解。

1.1 | 网店美工概述

在现实生活中，装修精美的门店更容易吸引消费者进店消费，而竞争越来越激烈的网上店铺同样需要精美的页面来吸引买家。网店美工是网店的装饰者，他们从视觉角度大幅提高店铺形象和商品质感，以吸引更多顾客浏览和购买。本节将对网店美工这一岗位进行简要介绍。

1.1.1 认识网店美工

很多人是第一次接触网店美工岗位，对该岗位并不熟悉。下面对网店美工的概念和重要性进行介绍。

1. 什么是网店美工

传统的美工是指进行视觉、创意和创作的技术人才，分为平面美工、网页美工和三维美工。随着电子商务的迅速发展，网店美工这一新兴职业也快速兴起。网店美工是网店页面设计美化人员的统称，这些设计人员除了需要熟练掌握各种制图软件（如 Photoshop、Illustrator 和 Dreamweaver 等）的操作技巧外，还需熟悉网店页面布局，了解产品特点，并能够准确判断目标用户的需求，根据用户需求设计吸引眼球的图片。

总而言之，网店美工不仅要有很好的技术能力，还需要有良好的理解能力，能够洞悉策划方案的意图，并加入自己的创意，设计出满足商业需求的图片。

2. 网店美工的重要性

由网店美工设计和装修店铺，不仅可以提高店铺的形象和品质，还能提升顾客的信任感，提高商品的成交量。

❶ 提升店铺形象与品质

装修精美的店铺，能够让买家产生愉悦的心情，使买家长时间浏览也不会感到视觉疲劳。一个装修精美的网店是艺术和技术的完美结合，它展示的不仅是商品，更是卖家的经营理念和店铺形象。图 1-1（a）是按照装修后台的默认模板进行装修的，给人一种杂乱无章的感觉，缺乏吸引力；图 1-1（b）是经过网店美工精心装修的，看起来更具品质感，更吸引人。

❷ 提高顾客的信任感和宝贝成交量

淘宝买家在网上购物时，都是通过文字和图片去了解商品的。美观的商品陈列和专业的页面设计不但可以提升顾客对店铺的信任感，而且可以提高商品附加值、店铺浏览量和

(a) 用默认模板装修的效果　　(b) 网店美工精心装修的效果

图1-1　包包店铺首页对比

成交量。因此，装修精美且专业的店铺更容易让人产生购物的欲望。如果一个店铺用色杂乱，或整个店铺空荡荡，是无法激起买家的购买欲望的。因此，装修好店铺页面是为了让买家有更好的购物体验。

1.1.2　网店美工的工作职责

网店美工的工作范畴包括店铺页面设计与美化、网店促销海报制作、宝贝详情页设计、图片美化、网页切片等。下面对网店美工的工作范畴与设计要求进行介绍。

- **掌握店铺特色**。优秀的网店能给人留下良好的第一印象。目前网店中同一类型的店铺非常多，若想在众多的店铺中脱颖而出，独具特色就显得尤为重要。只有展示出自己店铺的特色，才能吸引更多的买家关注，从而引导买家购买，带来转化。所以，网店美工在美化商品的过程中创造出独有的店铺特色是成功的第一步。
- **商品的美化**。使用相机拍摄出的商品一般不会直接上传至网店，为了体现商品的效果，商家通常会对商品图片进行美化和修饰。但需要注意的是，网店美工不能只关注设计，怎么吸引顾客才是最重要的。因此，在处理时需要对商品的拍摄原图进行美化，并适当添加文字和创意来体现商品特色。

- **店铺的装修与设计**。美工的工作不只是将图片处理完成后将图片上传至不同的模块。一个好的美工不但需要掌握基本的技术方法，还要将这些技术方法应用到店铺装修中，抓住卖点，促使顾客继续看下去，并通过与代码的结合使用，使店铺以最少的成本取得最好的效果。
- **活动页面的设计**。网店平台会不定期举行各种促销活动。为了在众多店铺中脱颖而出，活动的策划就变得尤为重要。优秀的网店美工需要透彻理解活动意图，通过店铺设计与装修将活动意图传递给买家，让买家了解活动内容、优惠力度，从而促进商品销量的提升。美工在设计时要保证契合活动主题并且页面美观。
- **推广的表达**。推广就是将自己的产品、服务和技术等内容通过各种渠道让更多的用户了解、接受，从而达到宣传的目的。对网店美工来说，推广主要是通过图片将网店的产品、品牌和服务等信息传达给买家，加深店铺在买家心中的印象，从而使买家产生对店铺的认同感。由于推广活动、推广手段的不同，网店推广使用的图片规格大小不一，有时对文件大小也有很多限制，这就对网店美工人员提出了诸多要求，不仅要在既定的图片规格内向买家表达出设计意图，还要体现出产品的价值，文案的编写也要做到让买家快速理解，并产生深刻印象。

1.1.3 网店美工需要掌握的图片常识

网店美工在设计过程中需要使用的图片种类有很多，并且装修店铺时不同的模块对图片往往有不同的规格要求，因此区分不同的图片格式和适用范围也成为网店美工必须掌握的重点技能。网店装修中常见的图片格式包括 PSD、JPEG、GIF 和 PNG，下面分别对这些格式的特点和适用范围进行介绍。

1. PSD 格式

PSD 格式是 Photoshop 工具的默认保存格式，也是唯一支持所有图片模式的文件格式。它可以保存图片中的图层、通道、辅助线和路径等信息。

2. JPEG 格式

JPEG 格式是一种有损压缩的图片格式，不支持 Alpha 通道，也不支持透明度。其最大的特点是文件比较小，可以进行高倍率的压缩，因而在注重文件大小的领域应用广泛。例如，网页制作过程中的图片，如横幅广告（banner）、商品图片、较大的插图等，都可以保存为 JPEG 格式。

3. GIF 格式

GIF 格式是一种通用的图片格式。它不仅是一种无损压缩格式，而且支持透明度和动画。另外，GIF 格式保存的文件不会占用太多的磁盘空间，非常适合网络传输，是网页中常用的图片格式。

4. PNG格式

PNG 格式是一种无损压缩的图片格式。它结合了 GIF 和 JPEG 格式的优点，不仅可以无损压缩，体积较小，而且支持透明度和 Alpha 通道。由于 PNG 格式不完全适用于所有浏览器（例如旧版本的 IE 浏览器），所以在网页中比 GIF 和 JPEG 格式使用得少。但随着网络的发展和因特网传输速度的提高，PNG 格式将成为网页中使用的一种标准图片格式。

1.1.4 网店美工需要注意的问题

网店美工不仅需要掌握基本的软件操作，还需熟知商品信息、卖点、注意事项、优劣势等，能够做到将商品劣势变成优势，突出产品卖点，扬长避短。下面对网店美工的注意事项进行简单介绍。

- **思路清晰**。网店美工在装修和处理图片之前，需要有一个清晰的思路，也就是确定一个整体框架，在框架内设计出店铺的主要卖点和商品特点，以及如何将店铺装修得既美观又引人注意。
- **装修时间的把握**。在装修店铺过程中，还要把握店铺装修时间，如“双 11”“年中大促”“元旦促销”等，网店美工应抓住活动的时机对店铺进行装修，需要提前一两个月进行活动准备。因此在活动准备前期应对活动文案、图片进行制作，在活动来临之际完成促销信息的整理以及店铺的设计装修，以便促进商品的销量。
- **店铺风格的统一**。店铺装修不但要有合理的色彩搭配，还有统一店铺和详情页的风格，因此设计店铺分类导航、店铺公告等模块时，统一风格就显得尤为重要。
- **突出主体**。工作过程中，网店美工切忌为了追求美观的效果而对店铺进行过度的美化，使商品图片不突出，掩盖店铺风格和商品的卖点，这样会适得其反。

1.2 | 图像处理软件 Photoshop 介绍

Photoshop 是 Adobe 公司旗下最为出名的图像处理软件之一。它提供了灵活、便捷的图像制作工具、强大的像素编辑功能，被广泛应用于数码照片后期处理、平面设计、网页设计以及 UI 设计等领域，是网店美工必须掌握的设计软件。本节以 Photoshop CS6 为例对 Photoshop 软件做简单介绍。

1.2.1 Photoshop CS6 工作界面简介

启动 Photoshop CS6 软件，选择“文件”→“打开”命令，选择一张图片，即可进入软件工作界面，如图 1-2 所示。

图1-2　Photoshop工作界面

图 1-2 是 Photoshop CS6 的工作界面，包含菜单栏、选项栏、工具箱、图像编辑区、控制面板等组成部分，具体介绍如下。

1. 菜单栏

菜单栏用于对 Photoshop 的操作进行分类，包括“文件”“编辑”“图像”等菜单，如图 1-3 所示。

Ps 文件(F) 编辑(E) 图像(I) 图层(L) 文字(Y) 选择(S) 滤镜(T) 3D(D) 视图(V) 窗口(W) 帮助(H)

图1-3　菜单栏

对其中各菜单具体说明如下：

- **“文件”菜单**。包含各种操作文件的命令。
- **“编辑”菜单**。包含各种编辑命令。
- **“图像”菜单**。包含各种改变图像的大小、颜色等的操作命令。
- **“图层”菜单**。包含各种调整图像中图层的操作命令。
- **“文字”菜单**。包含各种关于文字的编辑和调整命令。
- **“选择”菜单**。包含各种关于选区的操作命令。
- **“滤镜”菜单**。包含各种关于滤镜效果的操作命令。
- **3D 菜单**。用于实现 3D 图层效果。
- **“视图”菜单**。包含各种对视图进行设置的操作命令。
- **“窗口”菜单**。包含各种显示或隐藏控制面板的命令。
- **“帮助”菜单**。包含各种帮助信息。

2. 选项栏

选项栏是工具箱中各个工具的功能扩展，可以通过选项栏对工具进行进一步的设置。当选择某个工具后，Photoshop CS6 工作界面的上方将出现相应的选项栏。例如，选择魔棒工具时，其选项栏如图 1-4 所示，通过其中的各个选项可以对“魔棒工具”做进一步设置。

图1-4　魔棒工具的选项栏

3. 工具箱

工具箱是 Photoshop 工作界面的重要组成部分，其中主要包括选择工具、绘图工具、填充工具、编辑工具、快速蒙版工具等。

4. 图像编辑区

图像编辑区是 Photoshop 中编辑和处理图片的工作区。

5. 控制面板

控制面板是 Photoshop 处理图像时不可或缺的部分，它可以完成对图像的处理操作和相关参数的设置，如显示信息、选择颜色、图层编辑等。

1.2.2　Photoshop CS6初始化设置

为了更好地使用 Photoshop，需要对 Photoshop 进行初始化设置。初始化设置的具体介绍如下。

1. 工作区布局设置

Photoshop 工具的工作区布局主要分为“基本功能”“绘画”“摄影”“排版规则”等类别。其中，“基本功能”是 Photoshop 默认的工作区布局，网店美工可以直接使用这一工作区布局。如果需要更改工作区布局，可以选择菜单栏中的“窗口”→“工作区”命令，会弹出图 1-5 所示的菜单，选择其中的命令，即可完成工作区布局的更改。

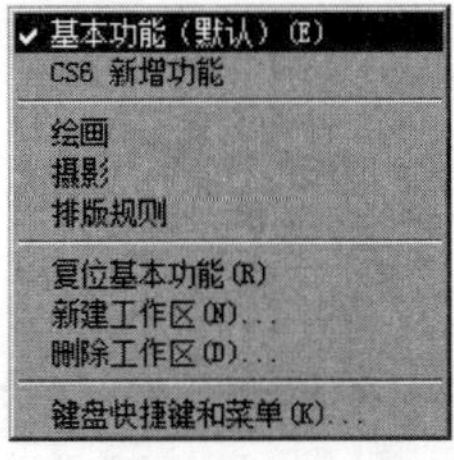

图1-5　工作区布局菜单

在图 1-5 所示的工作区布局菜单中还可以对工作区进行复位、新建、删除等操作。

2. 单位设置

在 Photoshop 中，默认的单位是厘米（cm），也就是说，在 Photoshop 中处理的图像，其宽度、高度都是以厘米为单位的，如图 1-6 所示。

网店美工的工作主要是数码图像的制作，会用到另一种单位——像素。像素（pixel）的全称为图像元素，缩写为 px，是度量数码图像的一种单位。如同摄影的相片一样，数码图像也具有连续性的浓淡阶调，若把图像放大数倍，会发现这些连续色调其实是由许多色彩相近的小方点组成的，这些小方点就是构成图像的最小单位——像素，如图 1-7 所示。

图1-6　图像单位

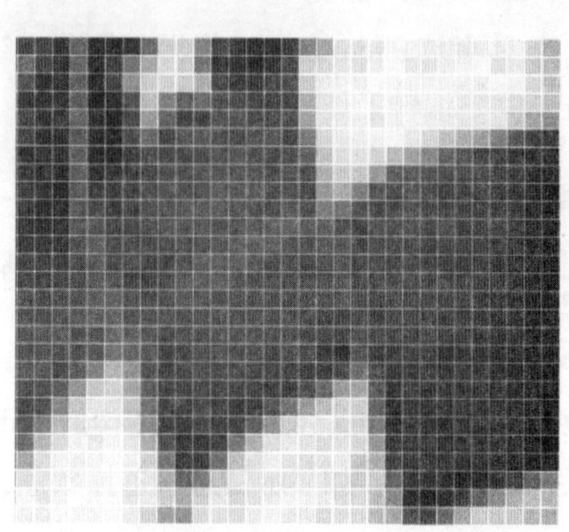

图1-7　图像放大后的像素

网店美工在使用 Photoshop 时，首先应该设置单位。选择菜单栏中的“编辑”→“首选项”→“单位与标尺”命令，打开“首选项”对话框，设置标尺单位为“像素”，如图 1-8 所示。

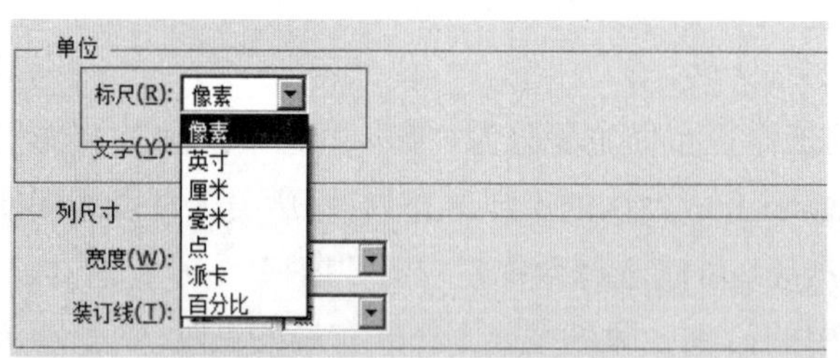

图1-8　设置标尺单位

1.2.3　认识Photoshop CS6的常用工具

在 Photoshop CS6 中制作或处理图像过程中经常需要使用一些工具，它们被放在工具箱中，主要包括规则选框工具组、套索工具组、魔棒工具组、裁剪与切片工具组、图像修复工具组等，如图 1-9 所示。

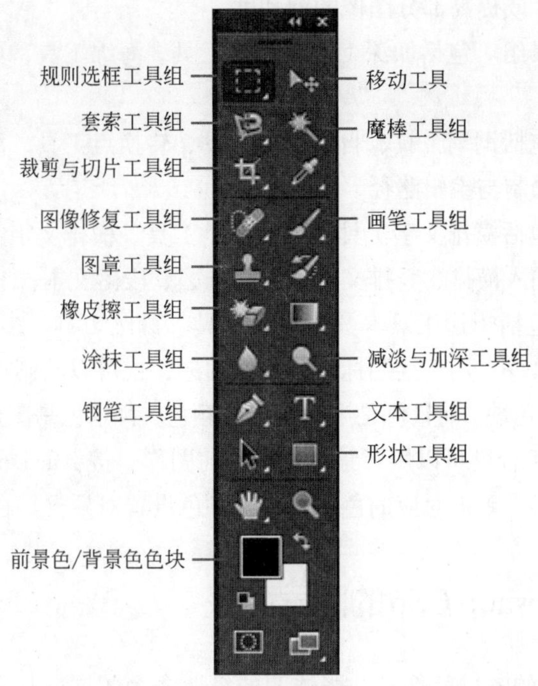

图1-9　工具箱

- **规则选框工具组**。包括矩形选框工具、椭圆选框工具、单行选框工具、单列选框工具。主要用于在文件中创建各种类型的选框，创建选框后，操作只在选框内进行，选框外不受影响。
- **移动工具**。用于移动选区内容、辅助线或图层中的内容，也可以将内容置入其他文档中。
- **套索工具组**。包括套索工具、多边形套索工具、磁性套索工具，主要用于建立复杂形状选区。
- **魔棒工具组**。包括快速选择工具和魔棒工具，主要用于通过图像中相邻像素的颜色近似程度来创建选区，适用于选取图像中颜色相近或有大色块单色区域的图像。
- **裁剪与切片工具组**。包括透视裁剪工具、切片工具、切片选择工具，用于将图像裁剪成需要的大小或切割成多个部分。
- **图像修复工具组**。包括修复画笔工具、污点修复工具、修补工具、红眼工具，用于去除图片中的污点或修补图像。
- **画笔工具组**。包括画笔工具、铅笔工具、颜色替换工具、混合器画笔工具，用于绘制各种图形、图案或为选区上色、描边。
- **图章工具组**。包括仿制图章工具、图案图章工具，用于吸取图像中的一部分或图像中的图案以修补图像其他部分。
- **橡皮擦工具组**。包括普通橡皮擦工具、背景橡皮擦工具、魔术橡皮擦工具，用于擦除图像中不需要的图像区域。

- **涂抹工具组**。包括涂抹工具、模糊工具、锐化工具，分别用于涂抹图像中的颜色，模糊部分图像，或提高部分图像的饱和度。
- **减淡与加深工具组**。包括加深工具、减淡工具、海绵工具，可以使涂抹过的区域颜色变淡、变深。
- **钢笔工具组**。包括钢笔工具、自由钢笔工具、转换点工具、添加锚点工具、删除锚点工具，用于绘制与编辑路径。
- **文本工具组**。包括横排文字工具、竖排文字工具、横排文字蒙版工具、竖排文字蒙版工具，用于输入横排、竖排文字、文字选区、段落文本。
- **形状工具组**。包括矩形工具、圆角矩形工具、椭圆工具、多边形工具、直线工具、自定义形状工具等，用于绘制标准的几何图形，也可以绘制自定义图形。
- **前景色 / 背景色色块**。前景色是主体图形的颜色；背景色是图片底色，默认的是白色。按 Ctrl+Delete 组合键可以用背景色填充当前图形，按 Alt+Delete 组合键可以用前景色填充当前图形。单击对应的色块可打开颜色设置对话框，在其中选择颜色。

1.2.4 认识Photoshop CS6的图层面板

Photoshop 软件中的图层就像是一张透明的纸，多个图层就是多张透明的纸重叠。在编辑当前图层的对象时，该操作不会影响其他图层，因此在制作设计时应多建图层，以方便后期修改。图 1-10 为图层面板。

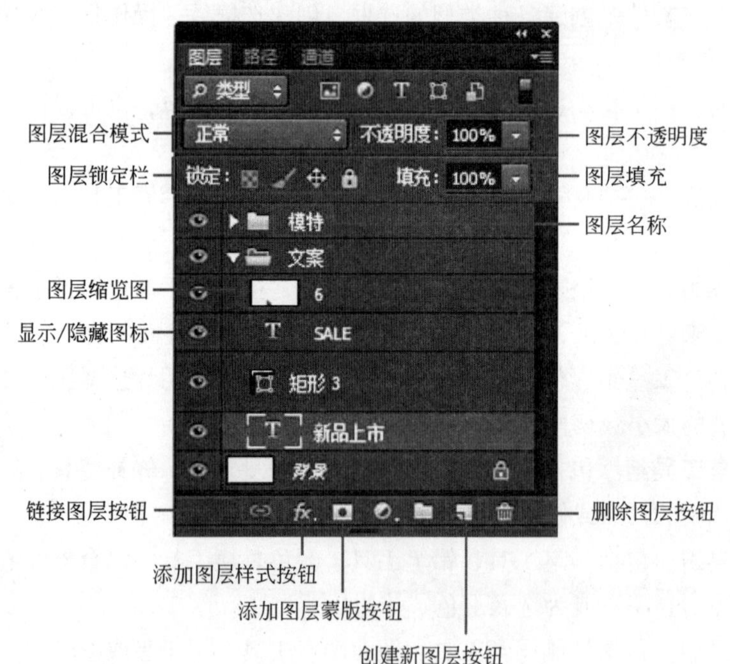

图1-10 图层面板

- **图层混合模式**。主要用于创建图层的各种特殊效果，包括溶解、变暗、正片叠底、颜色加深、线性加深、叠加、柔光、亮光、强光。

- **图层不透明度、图层填充**。图层填充针对的是图层上的填充颜色，对图层上添加的一些描边、投影、斜面浮雕等特效不起作用；图层透明度则针对整个图层，包括图层特效。
- **图层锁定栏**。用于设置选择图层的锁定方式，其中包括锁定透明像素按钮、锁定图像像素按钮、锁定位置按钮、锁定全部按钮。不能对锁定的对象进行编辑。
- **图层名称**。可以对每个图层进行命名，以便在很多图层中快速找到相应图层，双击该图层即可修改图层名称。
- **显示 / 隐藏图标**。单击即可切换显示和隐藏图层，若按住 Alt 键单击该图标，可以切换显示或隐藏其他图层。
- **链接图层按钮**。用于链接两个或两个以上的图层，方便同时进行缩放或透视等操作。
- **添加图层样式按钮**。用于选择和设置图层的样式。
- **添加图层蒙版按钮**。单击该按钮，可以为图层添加蒙版。
- **创建新图层按钮**。用于创建一个新的空白图层。
- **删除图层按钮**。用于删除选择的图层。

1.2.5 认识Photoshop CS6图像编辑区

在 Photoshop CS6 窗口中打开一个图像，会自动创建一个图像编辑窗口。如果打开了多个图像，则它们会停放到选项卡栏中，如图 1-11 所示。单击一个选项卡，即可将相应的图像编辑窗口设置为当前操作窗口，如图 1-12 所示。另外，按 Ctrl+Tab 组合键，可以按照从前向后的顺序切换窗口；按 Ctrl+Shift+Tab 组合键，可以按照相反的顺序切换窗口。

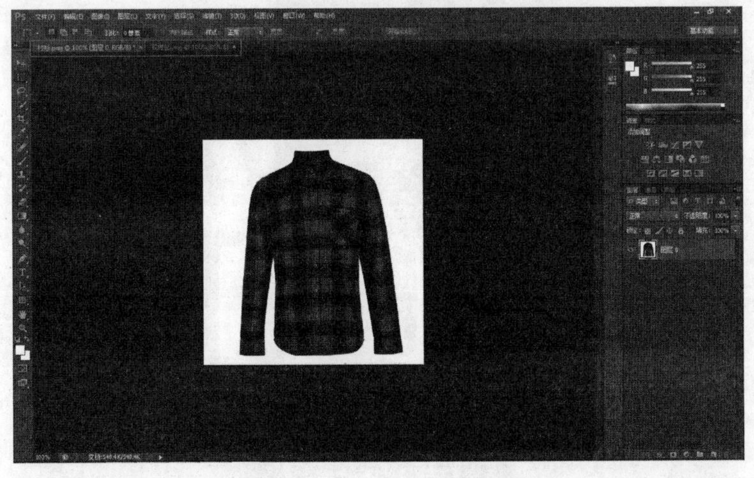

图1-11 打开多个图像

图1-12　当前操作窗口

选中一个窗口的选项卡，按住鼠标左键不放，将其从选项卡栏中拖出，即可将该窗口变成一个任意移动的浮动窗口，如图 1-13 所示。拖动浮动窗口的一角，可以调整其大小，如图 1-14 所示。另外，将一个浮动窗口的标题栏拖动到选项卡栏中，当图像编辑区出现蓝色方框时释放鼠标，可以将窗口重新停放到选项卡栏中。

图1-13　浮动窗口

图1-14　调整窗口大小

1.3 | Photoshop CS6中的常用组合键

在使用 Photoshop 处理商品图片或设计广告图片过程中，使用相应的组合键可以比选择命令菜单更便捷，表 1-1 列举了 Photoshop 常用组合键。

表 1-1　Photoshop 常用组合键

操作分类	操作组合键	操作分类	操作组合键
文件操作	新建文件：Ctrl+N 保存文件：Ctrl+S 打开文件：Ctrl+O 关闭当前文件：Ctrl+W 显示网格：Ctrl+Alt+' 显示标尺：Ctrl+R 放大视图：Ctrl++ 缩小视图：Ctrl+−	图像操作	调整色阶：Ctrl+L 调整曲线：Ctrl+M 调整色彩平衡：Ctrl+B 调整色相/饱和度：Ctrl+U 去色：Ctrl+Shift+U 反向：Ctrl+I 液化：Ctrl+Shift+X 自由变换：Ctrl+T 再次变换：Ctrl+Shift+T
图层操作	新建图层：Ctrl+Shift+N 复制图层：Ctrl+J 与前一图层编组：Ctrl+G 取消编组：Ctrl+Shift+G 合并图层：Ctrl+E 盖印图层：Ctrl+Alt+E 盖印加可见图层：Shift+Ctrl+Alt+E 删除图层：Delete	选择与画笔操作	全选：Ctrl+A 取消选择：Ctrl+D 反选：Ctrl+Shift+I 羽化：Shift+F6 缩小画笔：Shift+［ 放大画笔：Shift+］

1.4 矢量图制作软件Illustrator介绍

Illustrator是由Adobe公司开发的一款矢量图绘制软件，该软件提供了多种形状、颜色、复杂效果和丰富的排版功能，可帮助设计师实现各种创意。同时它的兼容性很强，可以和Photoshop搭配使用，是设计师的必备工具。本节以Illustrator CS6为例，对Illustrator软件进行简单介绍。

1.4.1 认识Illustrator CS6

Illustrator是矢量图绘制软件，主要用于图形的制作，如印刷品的输出（书籍、包装、彩页等）、企业VI手册设计（包括企业形象识别系统）、企业LOGO设计、插画等。图1-15所示的插画就是使用Illustrator绘制的。虽然Illustrator是绘制矢量图的利器，但是它在处理图像（如抠图、色彩融合）的功能上略逊于Photoshop。

图1-15 Illustrator绘制的插画

1.4.2 Illustrator CS6工作界面简介

启动Illustrator CS6后，即可看到其工作界面，如图1-16所示。Illustrator CS6的工作界面主要包括菜单栏、工具箱、绘图工作区和面板组4个部分。

图1-16 Illustrator CS6的工作界面

下面详细介绍 Illustrator CS6 工作界面各部分的功能。

1. 菜单栏

Illustrator 菜单栏主要包括“文件”“编辑”“对象”“文字”等 9 个菜单,具体介绍如下:

- **“文件”菜单**。包含文档、模板等对象的相关命令，如“新建”“保存”等。
- **“编辑”菜单**。包含文档处理中使用较多的编辑命令，如“复制”“粘贴”等。
- **“对象”菜单**。包含与对象元素相关的常用操作命令，如“变换”“排列”等。
- **“文字”菜单**。包含与文字相关的命令，如“字体”“字形”等。
- **“选择”菜单**。包含各种选择对象的命令。
- **“效果”菜单**。包含 Illustrator 效果和 Photoshop 效果两部分，用于制作特殊的图形图像效果。
- **“视图”菜单**。包含当前文档显示内容的相关命令，如“预览”“显示边缘”等。
- **“窗口”菜单**。包含显示或隐藏面板以及相关面板排列的命令。
- **“帮助”菜单**。包含各类帮助内容和软件信息。

需要注意的是，虽然这些菜单命令数量很多，但是实际常用的命令并不多，并且大多数都可以在面板中或以快捷键的方式使用。用户在绘图时，应根据实际情况灵活使用操作方式。

2. 工具箱

在 Illustrator 中，所有的工具都集中在工具箱中，熟练掌握它们的用法，能加快操作速度，提高工作效率。

❶ 移动工具箱

在默认情况下，工具箱位于窗口左侧。将鼠标放在工具箱顶部，单击并向右拖动，可以将工具箱拖出，放在窗口中的任意位置。

❷ 显示工具快捷键

要了解每个工具的具体名称，可以将鼠标指针放置在相应工具的上面，此时会出现一个浅黄色的提示框，其中会显示该工具的具体名称，如图 1-17 所示。工具名称后面括号中的字母代表选择此工具的热键，只要在键盘上按下热键代表的字母，即可快速切换为相应的工具。

❸ 显示并隐藏的工具

在 Illustrator 中，同类工具会被编为一组置于工具箱中，其典型的特征就是在该工具图标的右下角有一个白色小三角，如图 1-18 所示。

当选择工具组中的某个工具时，该组的其他工具就被暂时隐藏起来。选中当前工具，按住鼠标左键不放，就会显示该工具组中的所有图标。如图 1-19 所示，将鼠标指针移至矩形工具，即会弹出“形状”工具组中的所有工具的列表。

图1-17　显示的工具名称

图1-18　工具组

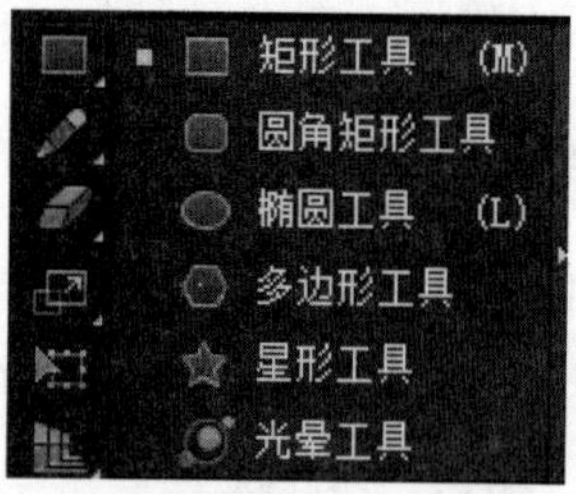

图1-19　显示矩形工具组中的工具

3. 绘图工作区

绘图工作区用于编辑绘制矢量图。

4. 面板组

面板可以设置参数、选项和调节功能，在 Illustrator 中使用频率非常高。面板组默认状态下是折叠的，可根据实际需要对其进行展开、分离或组合。

- **展开面板组**。单击面板组顶部的展开按钮，即可展开面板组。
- **分离面板组**。将鼠标指针放在面板组中的一个工具图标上，单击并向右拖动，即可将相应的面板拖出，放在窗口中的任意位置。

1.4.3　Illustrator CS6初始化设置

为了更好地使用 Illustrator，需要对 Illustrator 进行初始化设置，具体如下。

1. 工作区布局设置

Illustrator 的工作区布局主要分为“基本功能”“描摹”“版面”等类别。其中“基本功能”是 Illustrator 默认的工作区布局，网店美工可以直接使用这一工作区布局。如果需要更改工作区布局，可以选择菜单栏中的“窗口”→“工作区”命令，会弹出如图 1-20 所示的菜单，选择其中的选项，即可完成工作区布局的更改。

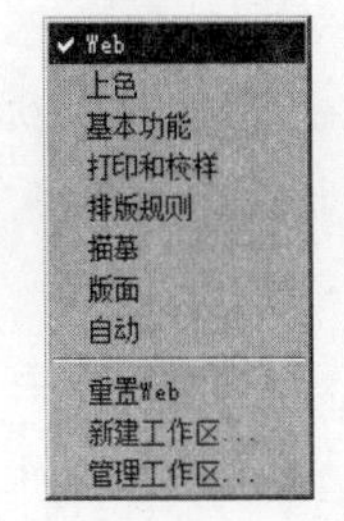

图1-20　工作区布局菜单

在图 1-20 所示的 Illustrator 工作区布局菜单中还可以对工作区进行重置、新建、管理等操作。

2. 单位设置

在 Illustrator 中，默认的单位是毫米（mm），也就是说，在 Illustrator 中绘制图形，其宽度、高度都是以毫米为单位的，如图 1-21 所示。

网店美工使用 Illustrator 时需要以像素为单位。因此在新建文档时，需要将毫米转换成像素，以方便度量图形尺寸。打开 Illustrator，按 Ctrl+N 组合键，在弹出的“新建文档”对话框中设置“单位”为“像素”，如图 1-22 所示。然后单击“确定”按钮，创建新文档。此时，在绘图工作区中绘制的图形就会以像素为单位。

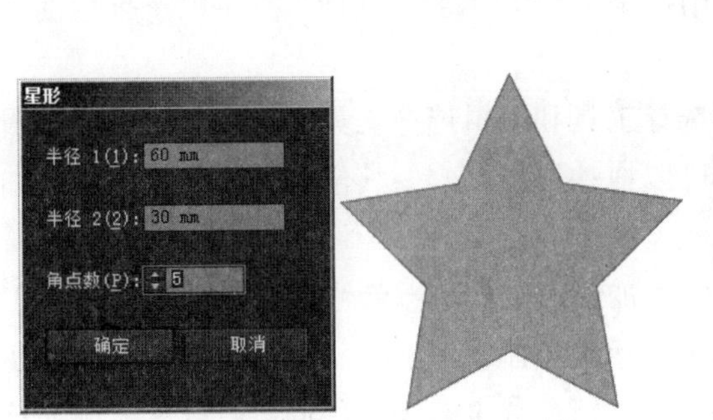

图1-21　图形单位

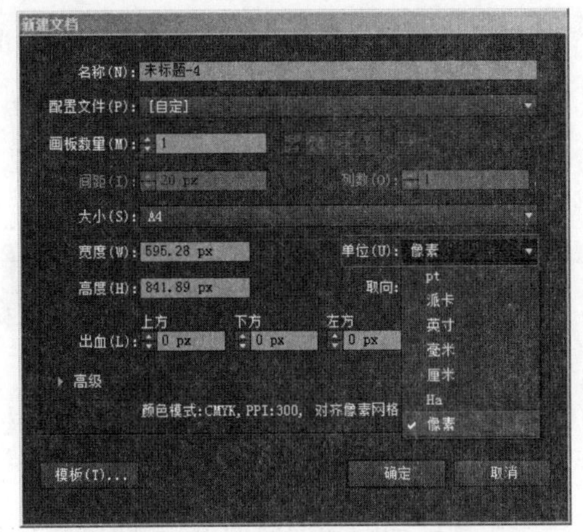

图1-22　“新建文档”对话框

1.4.4　Illustrator CS6的常用工具

Illustrator 与 Photoshop 的工具箱中有一些相似的工具，但这些工具产生的效果却不同。Illustrator 的工具箱如图 1-23 所示。下面介绍一些常用的基本工具，包括选择工具、直接选择工具组、钢笔工具组、文字工具组、形状工具组、渐变工具等。

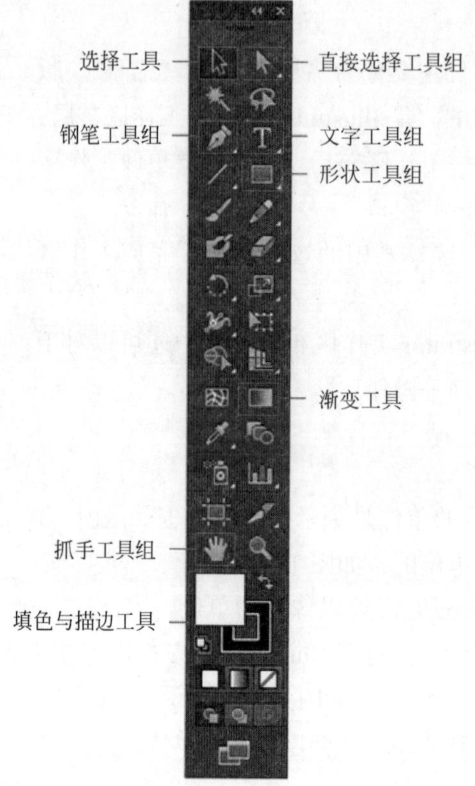

图1-23 Illustrator工具箱

- **选择工具**。在 Illustrator 中，如果要编辑一个对象，首先要选中这个对象，Illustrator 提供了多个图形选择工具，其中最常用的是选择工具。选择工具可以选择当前文档中包含的各个图形对象。
- **直接选择工具组**。该工具组包括直接选择工具和编辑选择工具，是用来选择和编辑路径上的锚点的。使用直接选择工具可以拖动锚点以改变其位置，还可以改变其曲线形状。
- **钢笔工具组**。该工具组包括钢笔工具、添加锚点工具、删除锚点工具和转换锚点工具。钢笔工具是最重要的绘图工具，主要用来绘制直线和曲线；添加锚点工具主要用来增加路径上的锚点；删除锚点工具主要用来减少路径上的锚点；转化锚点工具主要用来实现平滑点和角点之间的互相转换。
- **文字工具组**。该工具组包括文字工具、区域文字工具、路径文字工具、直排文字工具、直排区域文字工具和直排路径文字工具。
- **形状工具组**。该工具组包括矩形工具、圆角矩形工具、椭圆工具、多边形工具、星形工具和光晕工具，该组工具包主要用来绘制一些几何图形。
- **渐变工具**。该工具用于为选定的对象设置渐变颜色。
- **抓手工具组**。该工具组主要用于移动画布。
- **填色与描边工具**。该工具可以为指定对象设置填充颜色和描边颜色。

1.5 Dreamweaver工具介绍

Dreamweaver软件是Adobe公司推出的业界领先的可视化网页开发工具，使用该软件可以快速地创建网店页面，极大地简化网页代码编辑。它完全能满足网店页面的编辑需求，是零基础网店设计者首选的网页制作软件。本节将介绍Dreamweaver软件在创建网店时用到的各种编辑工具。

1.5.1 Dreamweaver CS6工作界面简介

本书使用的版本是Dreamweaver CS6。关于软件的安装在此就不介绍了，下面直接讲解软件安装后如何使用。

双击桌面上的Dreamweaver软件图标，进入Dreamweaver工作界面。为了统一，建议大家选择菜单栏中的“窗口”→“工作区布局”→“经典”命令，如图1-24所示。

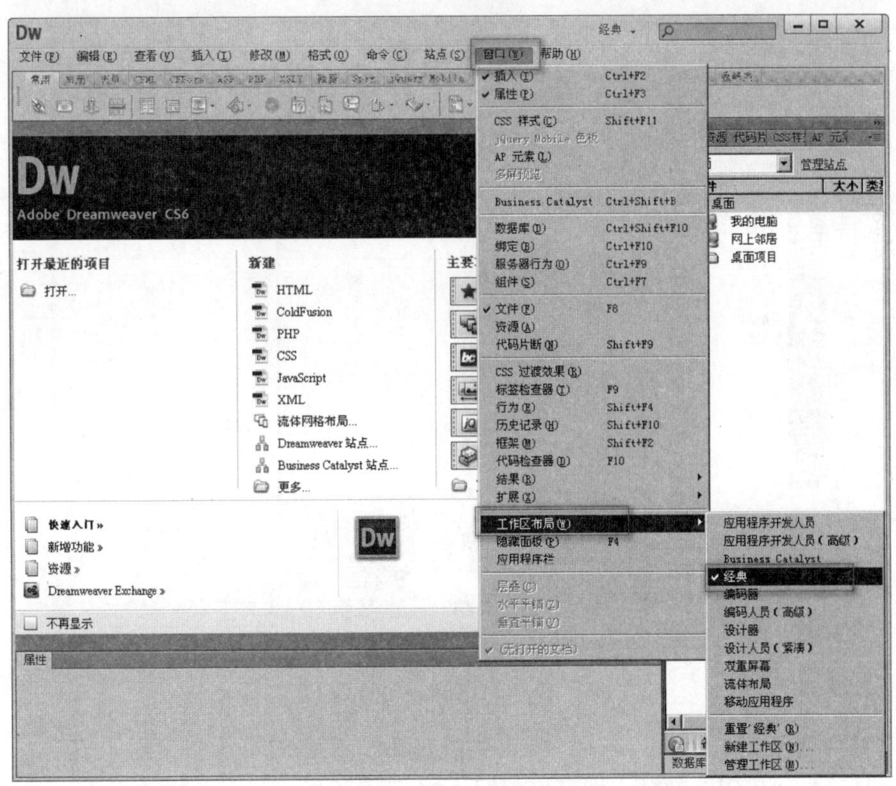

图1-24　Dreamweaver工作界面和工作区布局设置菜单

接下来，选择菜单栏中的“文件”→“新建”命令，会出现“新建文档”对话框。这时，在“文档类型”下拉列表框中选择XHTML 1.0 Transitional，单击“创建”按钮，如图1-25

所示，即可创建一个空白的 HTML 文档，如图 1-26 所示。

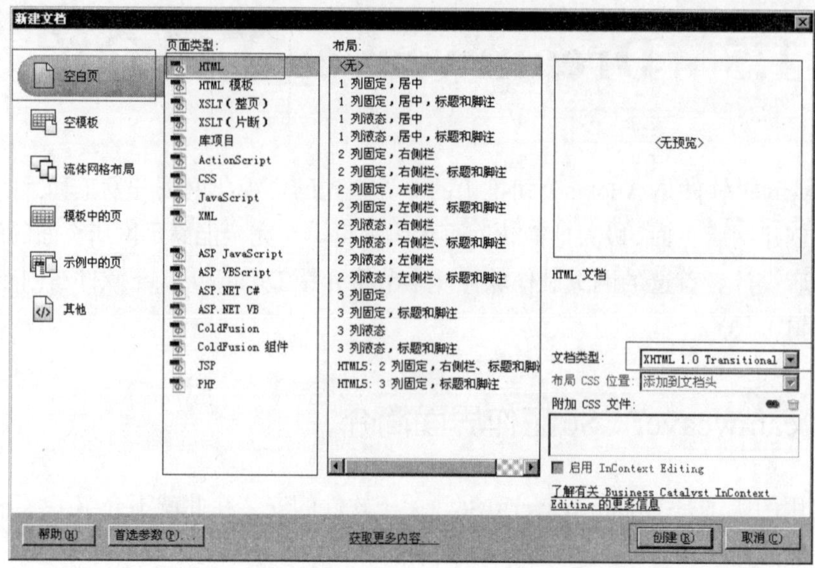

图1-25 “新建文档”对话框

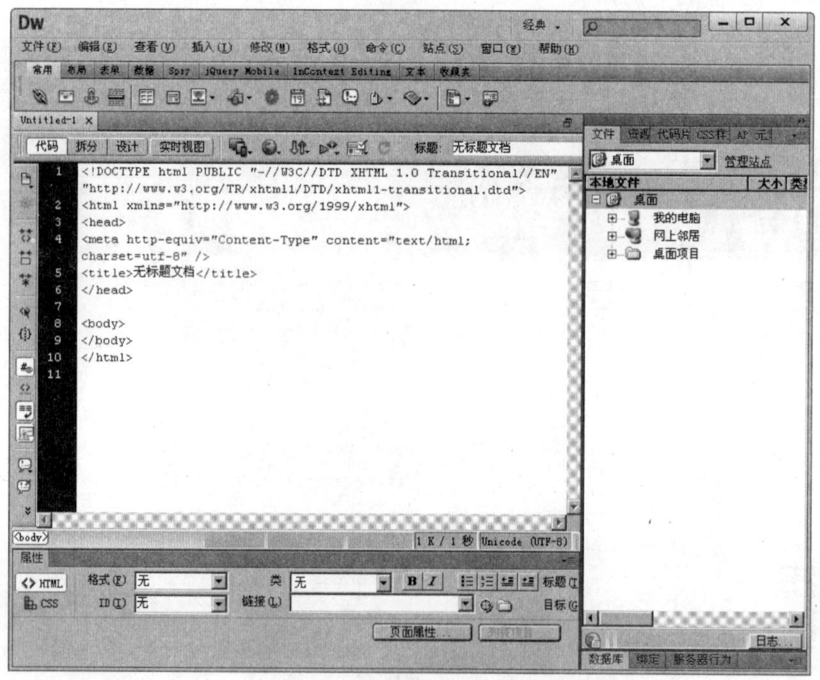

图1-26 空白的HTML文档

如果是初次使用 Dreamweaver，创建空白 HTML 文档时可能会出现如图 1-27 所示的界面，这时单击“代码”选项卡即可出现图 1-26 所示的界面。

图 1-28 为 Dreamweaver 操作界面，主要由 6 部分组成，包括菜单栏、插入栏、文档工具栏、文档窗口、属性面板及常用面板，每个部分的具体位置如图 1-28 所示。

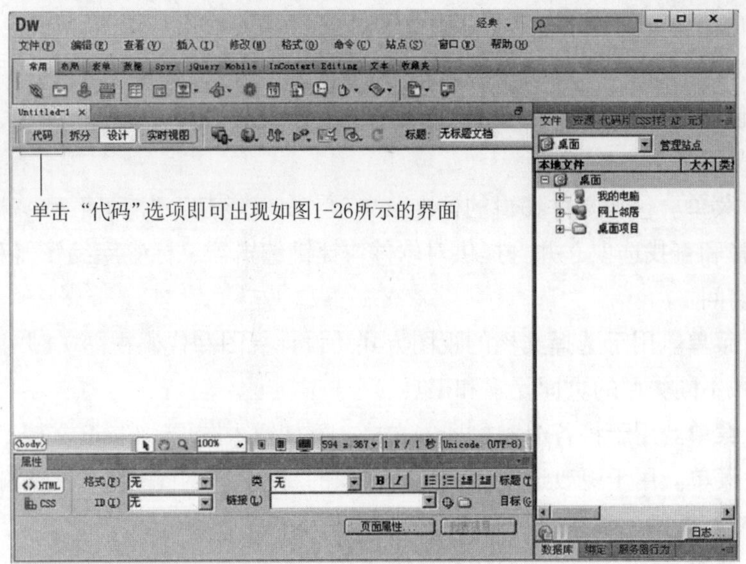

图1-27 初次使用Dreamweaver新建HTML文档时的界面

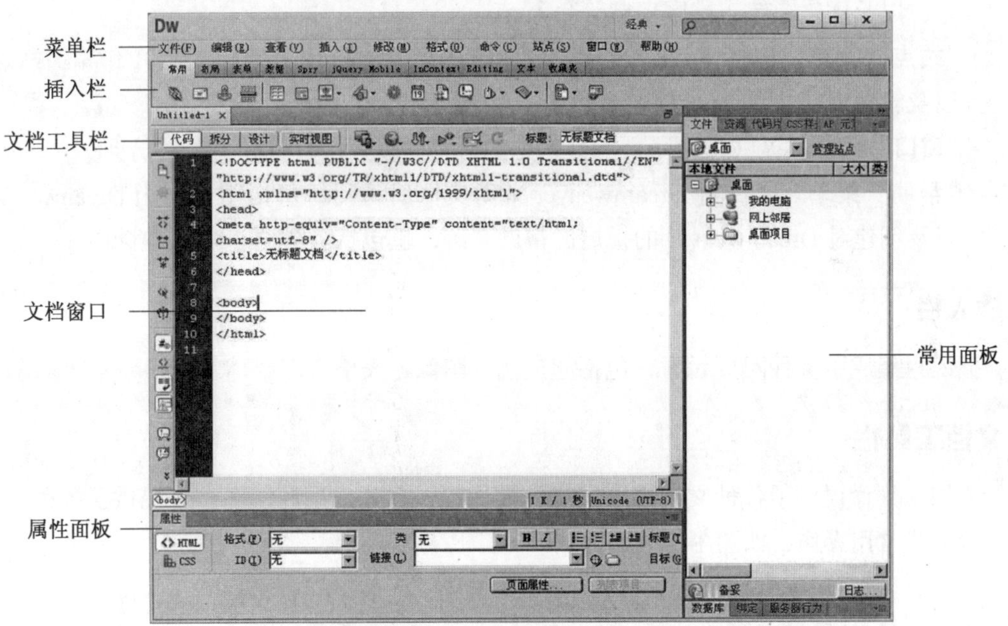

图1-28 Dreamweaver操作界面

接下来对图 1-28 所示的每个部分进行详细讲解。

1. 菜单栏

Dreamweaver 的菜单栏包括“文件”“编辑”“查看”“插入”“修改”“格式”“命令”“站点”“窗口”“帮助” 10 个菜单，如图 1-29 所示。

文件(F)	编辑(E)	查看(V)	插入(I)	修改(M)	格式(O)	命令(C)	站点(S)	窗口(W)	帮助(H)

图1-29 Dreamweaver的菜单栏

各个菜单的简单介绍如下。

- **“文件”菜单**。包含文件操作的标准菜单项，如“新建”“打开”“保存”等。“文件”菜单还包含各种其他选项，用于查看当前文档或对当前文档执行操作，如“在浏览器中预览”等。
- **“编辑”菜单**。包含文件编辑的标准菜单项，如“剪切”“拷贝”和“粘贴”等。还包括选择和查找选项，并且提供对软件快捷键编辑器、标签库编辑器和首选参数编辑器的访问。
- **“查看”菜单**。用于选择文档的视图方式（设计视图和代码视图），并且可以用于显示或隐藏不同类型的页面元素和工具。
- **“插入”菜单**。用于将各个对象插入文档，例如插入图像、Flash 文档等。
- **“修改”菜单**。用于更改选定页面元素或项的属性，使用此菜单，可以编辑标签属性，更改表格和表格元素，并且为库和模板执行不同的操作。
- **“格式”菜单**。用于设置文本的各种格式和样式。
- **“命令”菜单**。提供对各种命令的访问，包括根据格式参数选择设置代码格式的命令，以及优化图像、排序表格等命令。
- **“站点”菜单**。包括站点操作菜单项，这些菜单项可用于创建、打开和编辑站点，以及管理当前站点中的文件。
- **“窗口”菜单**。提供对 Dreamweaver 中的所有面板、检查器和窗口的访问。
- **“帮助”菜单**。提供对 Dreamweaver 帮助文档的访问，包括用于使用 Dreamweaver 以及创建对 Dreamweaver 的扩展的帮助系统，也包括各种语言的参考材料。

2. 插入栏

插入栏集成了多种网页元素，包括超链接、图像、表格、多媒体等。

3. 文档工具栏

文档工具栏提供了各种文档视图窗口，如代码、拆分、设计视图，还提供了各种查看选项和一些常用操作，如图 1-30 所示。

图1-30　文档工具栏

如果要显示或隐藏文档工具栏，可以选择“查看”→“工具栏”→“文档”命令。接下来介绍其中几个常用的按钮，它们的功能如下。

- **显示代码视图按钮** 代码 。单击该按钮，文档窗口中将只留下代码视图，收起设计视图。
- **显示代码和设计视图按钮** 拆分 。单击该按钮，文档窗口中将同时显示代码视图和设计视图，二者以一条间隔线分开，拖动间隔线可以改变二者所占屏幕的比例。

- **显示设计视图按钮** 设计 。单击该按钮，文档窗口中收起代码视图，只留下设计视图。
- **标题文本框** 标题: 无标题文档 。在此处可以修改文档的标题，它将修改源代码头部 <title> 标记中的内容，默认为“无标题文档”。
- **在浏览器中预览 / 调试按钮**。单击该按钮，可选择浏览器对网页进行预览或调试。
- **刷新按钮**。在代码视图中进行更改后，单击该按钮可刷新文档的设计视图。

4. 文档窗口

文档窗口是 Dreamweaver 最常用的区域之一，此处会显示所有打开的文档。单击文档工具栏里的“代码”“拆分”“设计”3 个按钮可切换文档窗口的显示状态。图 1-31 为文档窗口拆分视图的结构，左侧是代码区，右侧是设计区。

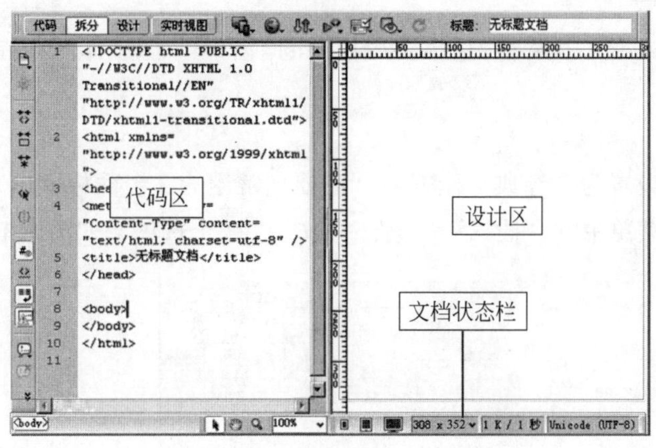

图1-31　文档窗口拆分视图的结构

5. 属性面板

属性面板主要用于显示在文档窗口中所选中元素的属性，Dreamweaver 允许用户在属性面板中直接对元素的属性进行修改。选中的元素不同，属性面板中的内容也不一样。图 1-32 和图 1-33 分别为表格和图像的属性面板。

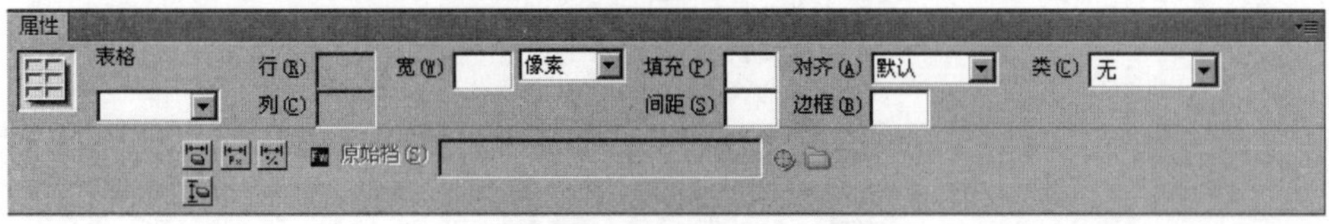

图1-32　表格属性面板

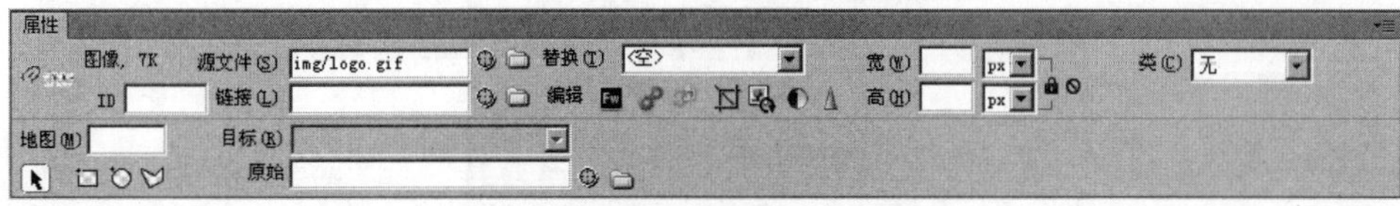

图1-33　图像属性面板

单击属性面板右上角的图标，可以打开选项菜单。如果属性面板不显示，可以从菜单栏中选择“窗口”→“属性”命令，或者按 Ctrl+F3 组合键直接调出属性面板。

6. 常用面板

常用面板中集合了网站编辑与建设过程中一些常用的工具。

1.5.2 Dreamweaver CS6 初始化设置

为了更好地使用 Dreamweaver，需要对 Dreamweaver 进行初始化设置，具体如下。

1. 工作区布局设置

打开 Dreamweaver 工具界面，选择菜单栏中的“窗口”→“工作区布局”→“经典”命令。

2. 常用面板设置

将工作区布局设置为“经典”模式后，需要把常用的 3 个面板调出来，也就是分别选择菜单栏“窗口”菜单中的“插入”“属性”“文件”3 个选项，如图 1-34 所示。

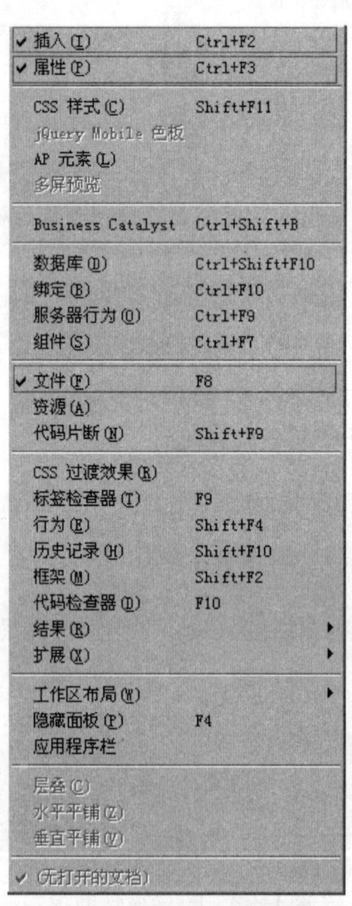

图 1-34　选择常用面板

3. 新建文档设置

选择菜单栏中的“编辑”→“首选参数”命令（组合键为 Ctrl+U），在“首选参数”对话框中，选中左侧“分类”列表中的“新建文档”选项，右边就会出现对应的设置选项，如图 1-35 所示，选择默认的文档类型和编码等。

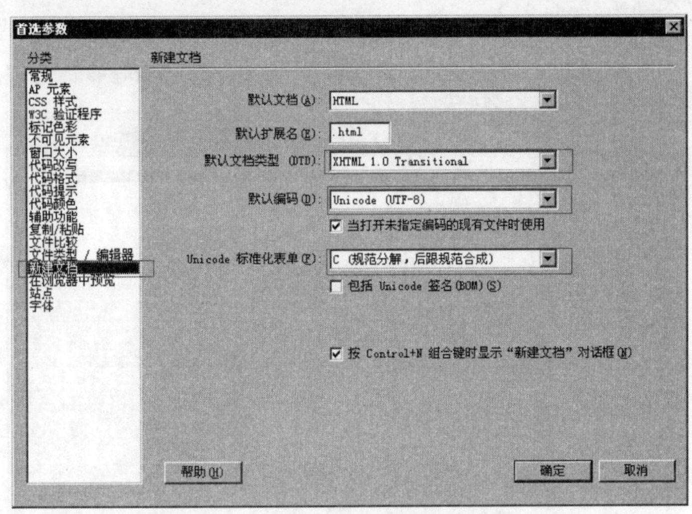

图1-35 新建文档设置

设置好新建文档的首选参数后，再新建 HTML 文档时，Dreamweaver 就会按照默认设置直接生成所需要的代码。

4. 代码提示设置

Dreamweaver 有强大的代码提示功能，可以提高编写代码的速度。在“首选参数”对话框中可设置代码提示功能，选择“代码提示”选项，然后在右边选中“结束标签”选项中的第二项，单击“确定”按钮即可，如图 1-36 所示。

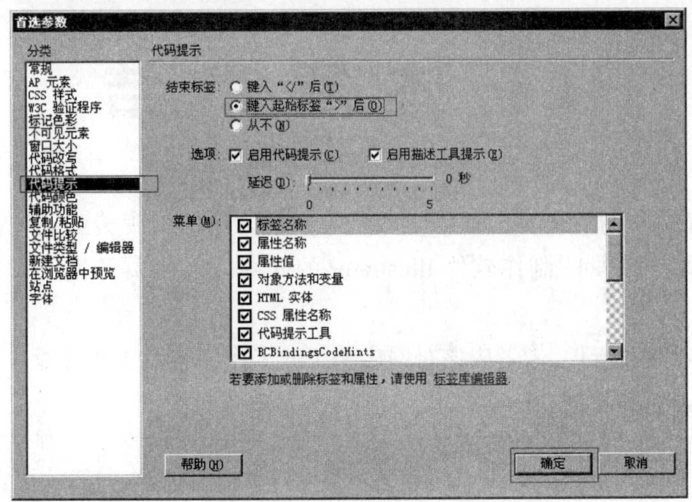

图1-36 代码提示设置

5. 浏览器设置

对于初学者来说，计算机上必备的三大浏览器分别是谷歌浏览器 (Chrome)、火狐浏览器（Firefox）和 IE 浏览器。建议将 Dreamweaver 的默认主浏览器设置为火狐浏览器，如图 1-37 所示，使用主浏览器预览网页的快捷键是 F12；一般把 IE 浏览器或谷歌浏览器设为次浏览器，组合键为 Ctrl+F12。

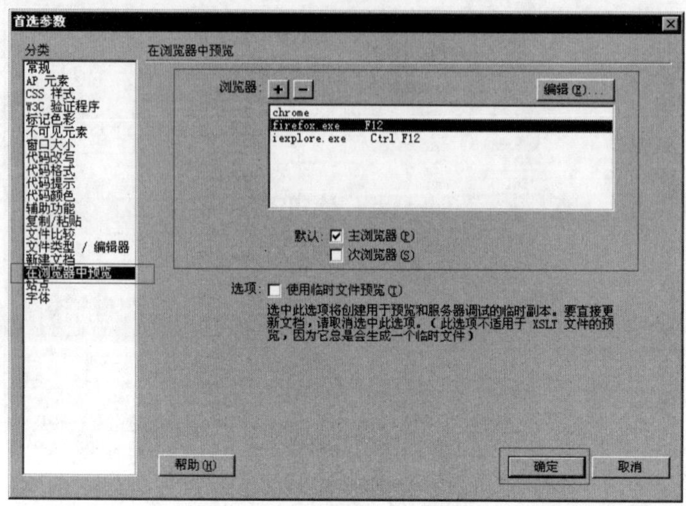

图 1-37　浏览器设置

请按照以上要求对 Dreamweaver 进行初始化设置，从一开始就养成良好的操作习惯。

注　意

Dreamweaver 的设计视图中的显示效果只能作为参考，以最终在浏览器中的效果为准。

1.6　本 章 小 结

本章主要介绍了网店美工应该了解的基础知识，包括网店美工概述、图像处理软件 Photoshop 的介绍、矢量图制作软件 Illustrator 的介绍以及网页开发工具 Dreamweaver 的介绍。

通过本章内容的学习，读者应该对网店美工的工作内容及工作技能有基本认识，了解 Photoshop、Illustrator 和 Dreamweaver 3 个软件的基本工具。

第2章

网店美工设计的基本理念

学习目标

知识目标	● 了解设计的主要元素中点、线、面的应用。 ● 了解色彩的基本原理及分类。 ● 了解店铺装修中的常用字体。 ● 了解视觉构图的常用方法。
技能目标	● 掌握色彩的搭配技巧，能够挑选适合的店铺色系搭配。 ● 掌握字体风格搭配技巧与字体排版技巧。

一个装修精美的店铺需要从设计元素、色彩、文字、构图等各个方面进行综合考量，只有合理运用这些元素，才能保证店铺的装修效果。作为店铺视觉效果的设计者，网店美工也应具备基本的设计理念，让店铺装修效果更出众。本章将从设计元素、色彩、文字、构图等方面详细讲解网店美工设计的基本理念。

2.1 了解设计的主要元素

点、线、面是平面设计的三大基本元素。在网店设计中，将这三大元素进行组合可以制作出丰富的页面视觉效果。设计师只有恰到好处地把握设计元素中的点、线、面，才能够利用这些元素引导买家，使买家更准确地理解内容，促进信息的传达。

2.1.1 点的应用

在设计中，点的作用就是与周围元素形成对比，点缀和活跃画面，烘托氛围。和周围元素有强烈反差的点，能够在视觉上与整个画面形成强烈的对比，在第一时间吸引浏览者的视觉焦点。点在画面中常见的表现元素有花瓣（如图 2-1 所示）、绿叶（如图 2-2 所示）、玻璃碎片（如图 2-3 所示）、火花（如图 2-4 所示）、几何色块（如图 2-5 所示）、碎石等。添加点元素的时候应注意近实远虚、近大远小以及疏密的对比等。

图2-1 店铺海报中的花瓣元素

图2-2 店铺海报中的绿叶元素

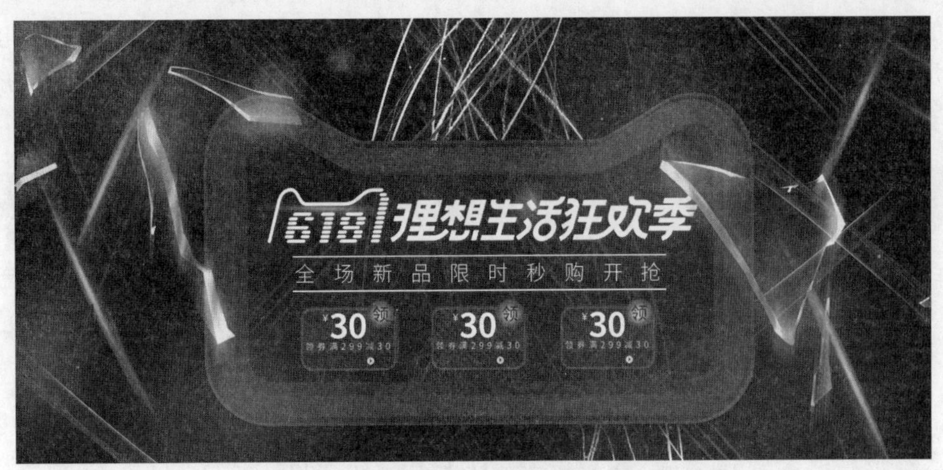

图2-3　店铺海报中的玻璃碎片元素

图2-4　店铺海报中的火花元素

图2-5　店铺海报中的几何色块元素

2.1.2　线的应用

在设计中，线的作用在于引导或分隔画面元素以及串联画面中的元素，其形态可以表现为长度、宽度、位置和方向等。在设计中常见的有直线、曲线、放射状线等形态。不同形态的线表达的情感也各不相同：直线单纯、大气、明确，如图 2-6 所示；曲线柔和流畅、优雅灵动，如图 2-7 所示；放射状线具有很强的视觉冲击力，可以展现活力四射的效果，如图 2-8 所示。

图2-6　直线的应用

图2-7　曲线的应用

图2-8　放射状线的应用

线在文案中配合色块可以起到分隔画面信息的作用，让文案更有条理。就整个画面而言，画面中的文案也可以理解为“线”，例如汉字下面的几行英文小字，它们的存在可以增强画面的节奏感，如图 2-9 所示。线在画面中还有引导、指向、串联信息的作用，如图 2-10 所示。

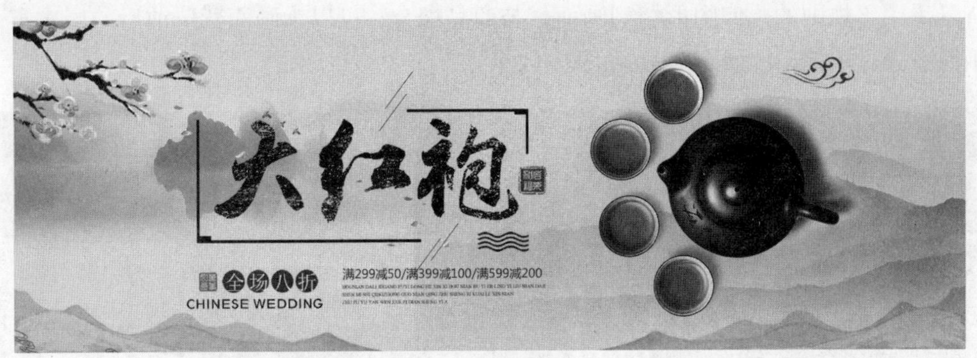

图2-9　英文的应用

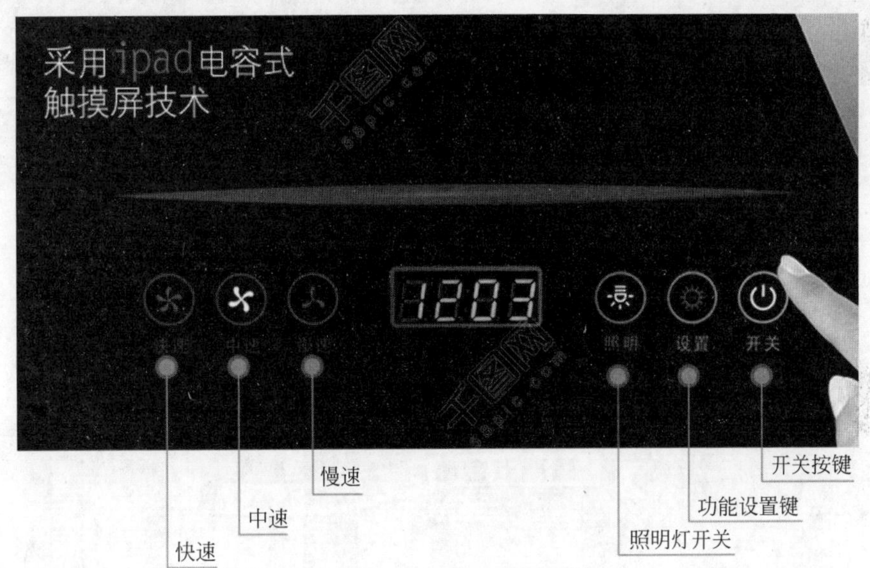

图2-10　具有引导作用的线

2.1.3　面的应用

在设计中，面的主要作用在于承载元素、衬托点和线。由于面的形态是多样的，不同形态的面在视觉上有不同的作用和特征。例如，形状或排列规则的面给人以简洁、明了、安定和秩序的感觉；形状或排列自由的面具有柔软、轻松、生动的感觉。在设计中，常见的面的形态有几何图形与自由图形，具体介绍如下。

1. 几何图形

几何图形是指有规则的，容易被人们识别、理解和记忆的图形，包括矩形、圆形、三角形、菱形、多边形等，也包括由线条组成的任意形状的几何图形。形状不同的几何图形传递的设计情感也各不相同。例如，矩形可以给人以规矩、稳重的感觉；圆形给人以柔和、轻松的感觉；正三角给人以坚实、稳定的感觉；不规则图形给人以时尚、充满活力的感觉，若背景采用不规则的几何图形切割画面，与商品配合，可以为画面营造前后的层次感，避免画面背景过于单调，如图 2-11 和图 2-12 所示。

图2-11　不规则几何图形的应用（1）

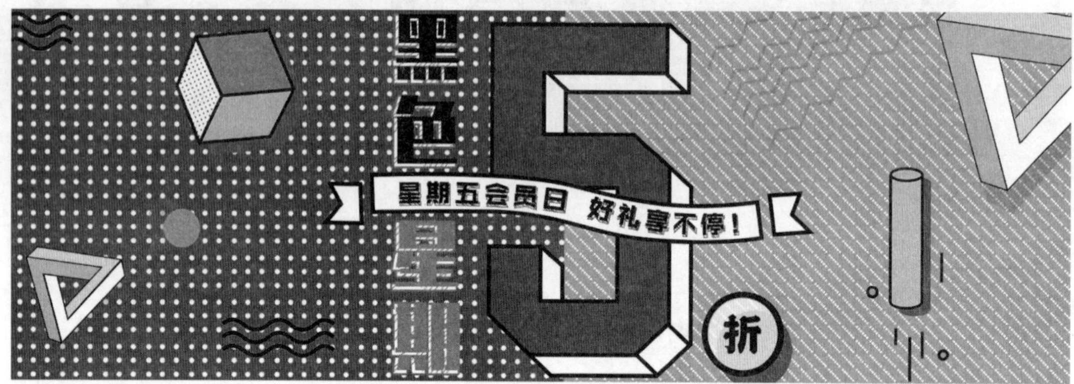

图2-12　不规则几何图形的应用（2）

2. 自由图形

自由图形是指自然衍生物（例如果实、鹅卵石）或人为创造物（如汽车、电器等）的形态面，往往是由曲线、直线等自由结合或分隔而形成的面。自由图形不具有几何形的次序感，较为自由流畅，一般具有优雅、自然的感觉。

在设计中，面元素还经常起到组合信息、分隔画面的作用，如图 2-13 所示。在面的构图设计时，要善于把严谨的几何图形与活泼的自由图形结合起来，取长补短，求得变化与统一，使设计的画面既具有几何图形的明确简洁，又具有自由图形的活泼与夸张。

图2-13　画面分隔

2.2　色彩基础知识与搭配技巧

店铺的装修风格与色彩是紧密相连的，浏览者进入店铺，首先感受到的就是店铺的色彩和风格。好的色彩搭配不仅可以打动人心，让人产生共鸣，而且能提升店铺访问量，因此，店铺装修中的色彩搭配就显得尤为重要。本节将对色彩的基础知识和搭配技巧进行具体讲解。

2.2.1　色彩的属性

说到色彩，首先就要提到色彩的属性，任何一种色彩都具有色相、饱和度和明度 3 个属性。对色彩的这 3 个属性的理解和掌握是学习色彩构成的基础。下面对色彩的这 3 个属性进行具体介绍。

1. 色相

色相是指各种色彩的名称，是色彩最基本的特征，也是一种色彩区别于另一种色彩的最主要的特征。例如，紫色、绿色、黄色等代表了不同的色相。

在色彩中最基本的颜色为红色、黄色和蓝色，也就是美术中的三原色。三原色两两混合得到橙色、绿色、紫色，这 3 种色彩也被称为间色。将一种原色和一种间色混合可以得出新的颜色，这些色彩被称为复色（包括黄橙、红橙、红紫、蓝紫、蓝绿、黄绿）。根据色彩组合变化的规律，将各种色彩进行排列，可以得到 12 种基本色相的色环，如图 2-14 所示。

图2-14　12色色环

2. 饱和度

饱和度是指色彩的鲜艳程度，也称色彩的纯度。饱和度取决于该色中含色成分和消色成分（灰色）的比例。饱和度越高，色彩越鲜艳；饱和度越低，色彩越暗淡。纯的色彩都是高饱和度的，如鲜红、鲜绿；混杂白色、灰色或其他色调的色彩是不饱和的色彩，如绛紫、粉红、黄褐等；完全不饱和的色彩根本没有色调，如黑白之间的各种灰色。图 2-15 所示即为同一张图片低饱和度与高饱和度的对比。

(a) 低饱和度

(b) 高饱和度

图2-15　低饱和度与高饱和度的对比

3. 明度

明度简单地说就是色彩的明亮程度，不同的色彩具有不同的明度。明度越高，色彩越亮，例如黄色的明度就比蓝色的明度高。在一个画面中可以通过协调不同明度的色彩来表达画面的感情，例如，天空明度比地面低，则会产生压抑的感觉。任何色彩都存在明暗变化，其中黄色明度最高，紫色明度最低；绿、红、蓝、橙的明度相近，为中间明度。另外，同一色相的色彩明度也有从明到暗的变化，如同色相的红色就存在淡红、粉红到大红等不同的明度。图 2-16 所示即为同一张图片低明度与高明度的对比。

(a) 低明度

(b) 高明度

图2-16　低明度与高明度的对比

2.2.2　色彩的分类

色彩千变万化，种类繁多，如果这些色彩笼统归类，可以分为白、灰、黑等的无彩色系以及红、黄、蓝等的有彩色系两大类，对它们的具体介绍如下。

1. 无彩色系

无彩色系包括黑色、白色和灰色，它们也称为中性色。无彩色系的颜色只有明度的变化，这里所说的灰色可以理解为由黑色与白色混合的各种明暗层次的灰色。无彩色系中的任何一种色都可以用来调和有彩色系不同色彩之间的搭配，能让色彩之间过渡得更自然。把所有无彩色系的颜色概括起来可以得到按比例变化的 8 个明度，从明度最高的白色开始，按逆时针方向依次可命名为白、亮灰、浅灰、亮中灰、中灰、暗灰、黑灰和黑，如图 2-17 所示。

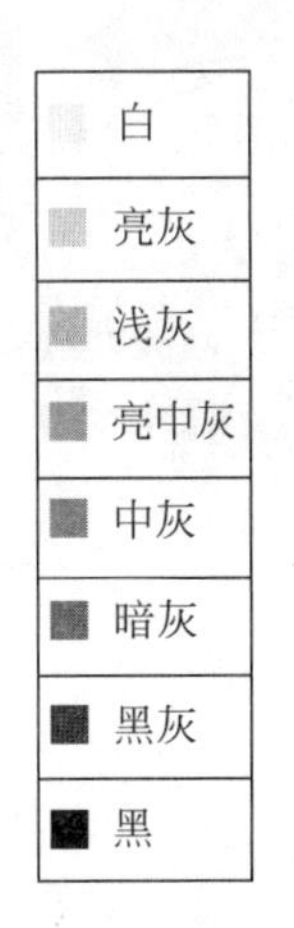

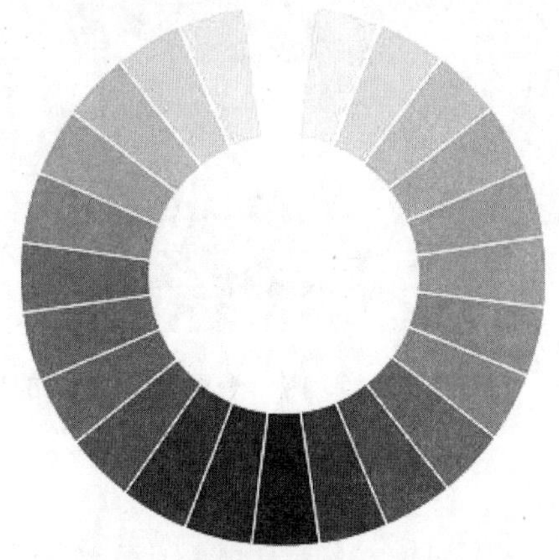

图2-17　无彩色系色环

2. 有彩色系

可见光光谱中的全部色彩都属于有彩色系。有彩色系中的色彩有无数种，它们是以红、绿、蓝三原色为基础色组成的色彩。图 2-18 所示即为由原色、间色和复色组成的 12 色色环。

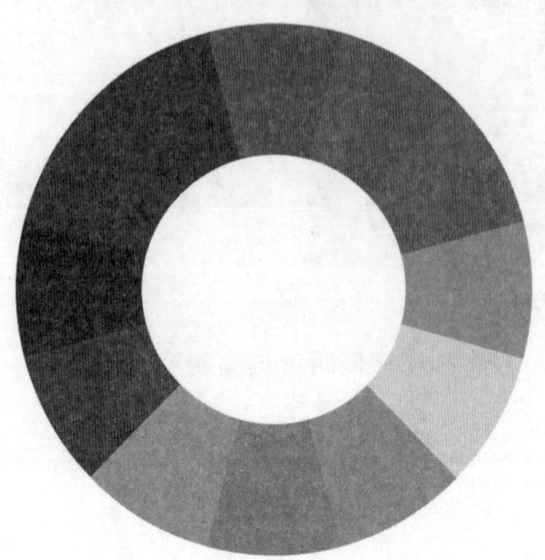

图2-18　有彩色系的12色色环

有彩色系的色彩种类繁多，人的眼睛可以分辨出其中几十万种以上。不论是平面广告设计还是网页设计，色调基本上以有彩色系为主，因为有彩色系能传达更强烈、更丰富的视觉感受，如图 2-19 所示。

图2-19　有彩色系色调的广告

2.2.3　色彩的搭配

人们对色彩是非常敏感的，如果店铺首页的色彩处理得恰到好处，会使店铺装修效果更好。在店铺装修前，应该先了解色彩的搭配规则，然后根据店铺的行业或商品特征选择适合的色调。下面列出色彩搭配的技巧。

1. 利用单色系营造整洁感

进行店铺装修时，既要避免使用过多的色彩，让人眼花缭乱；也要避免使用单一的色彩，让人产生单调的感觉。

新店装修时，如果很难选择适合的色彩，整个页面可以使用单一的色彩，然后通过调整色彩的饱和度和透明度使其产生变化，这样设计出的页面不但不会单调，而且看起来整洁清爽，可以给人留下深刻印象，如图 2-20 所示。

2. 利用冷暖色调提升页面质感

不同的色彩可以带给人不同的感受，这取决于色彩的色温。在色彩学中，根据人的心理感受，把色彩分为冷色调和暖色调。暖色调色彩的亮度越高，给人的感觉越温暖；冷色调色彩的亮度越高，给人的感觉越冷。冷暖色调如图 2-21 所示。

图2-20

图2-21

图2-20　单色系页面

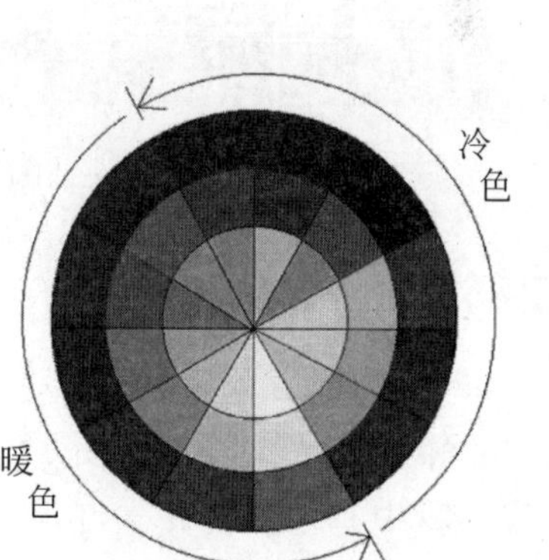

图2-21　冷暖色调

❶ 冷色调

冷色调通常指青色、蓝色等色彩的色调。冷色调在视觉上有收缩的作用，能给人以理智、冷静以及科技感和品质感。在店铺装修中，冷色调一般适用于数码类产品店铺或一些季节性活动（如夏季促销）。图 2-22 所示为某护肤品海报，该海报就采用了冷色调。

图2-22　冷色调海报

❷ 暖色调

暖色调通常指给人以温暖感的红、橙、黄等色彩的色调。暖色调的色彩能给人以温暖、活泼、积极、健康的品质感。在店铺装修中，暖色调一般适用于食品、儿童用品类店铺或秋冬季活动。图 2-23 所示为暖色调的秋装横幅广告。

图2-23　暖色调横幅广告

3. 利用邻近色营造统一感

在 12 色色环上任选一色，与其左右相邻的色彩被称为邻近色，如图 2-24 所示。邻近色往往是你中有我、我中有你。例如朱红与橘黄：朱红以红为主，里面有少许黄色；橘黄以黄为主，里面有少许红色。虽然它们在色相上有很大差别，但在视觉上比较接近。

图2-24　邻近色

在店铺装修中，使用邻近色进行搭配，可以给人舒适、自然的感觉，因此这种色彩搭配技巧的使用率很高，如图 2-25 所示。

图2-25 邻近色海报

4. 利用互补色突出主次感

在色环上任选一个色彩，与其相距 180° 的色彩即为互补色，如图 2-26 所示。例如，红色与绿色互补，蓝色与橙色互补，紫色与黄色互补。

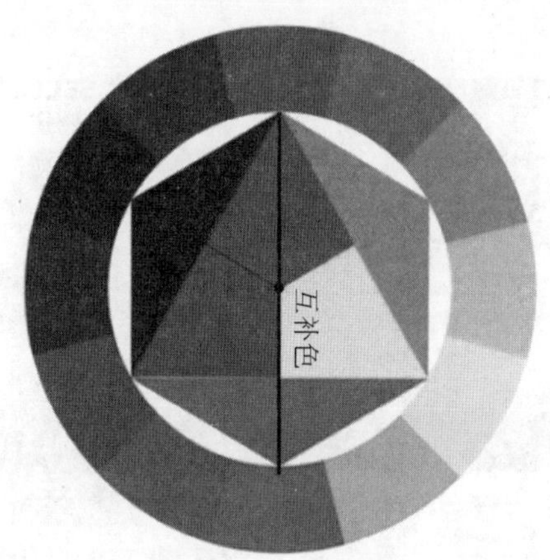

图2-26 互补色

在店铺装修中，使用互补色进行搭配，可以使商品主次分明。在设计中，互补色中的两色所占面积比例不同，其中作为主色调的色彩面积更大，另一个色彩则作为点缀，如图 2-27 所示。

图2-27 互补色海报

2.2.4 挑选适合店铺的色系搭配

对店铺进行整体装修时，色系搭配是必须做的。灵活运用色系搭配技巧能让店铺的装修风格更具感染力和亲和力。想要利用色系搭配准确表达店铺风格并不是一件难事，因为色系搭配是有规律的。

1. 白色系

白色是全部可见光均匀混合而成的，称为全光色，象征光明。在网店设计中，白色具有高品质、科技感的意象，一般需要和其他色系搭配使用，也会用作页面背景色，如图 2-28 所示。纯白色会给人以寒冷、严峻的感觉，所以在运用白色时，都会搭配一些相近的色彩，如象牙白、米白、乳白、苹果白等。在一个包含多种色彩的页面中，白色和黑色可以说是最显眼的色彩。在网店设计中，白色与暖色（赤色、黄色、橘赤色）搭配能够添加富丽的感受，与冷色（蓝色、紫色）搭配能够传达清新、轻快的感受。

图2-28 白色系页面

2. 红色系

红色是热烈、喜庆的色彩，具有刺激情绪的效果，容易使人产生兴奋，给人以热情、有活力的感觉。在网店设计中，大多数情况下红色都作为主体色彩，因为鲜明的红色极容易吸引人们的目光。

网店在制作活动页面或海报时，红色是页面设计中使用频率最高的色彩。但是在设计过程中，需要把握好红色的使用度，如果过度使用，容易造成视觉疲劳和紧张感。在配色时，可以适当加入橙色、黄色、白色和黑色等色彩进行点缀，这样可以使页面视觉效果更自然。

在店铺页面的色彩搭配中，红色和黄色向来是中国传统的喜庆色彩，这种传统而色调浓烈的色彩能让买家联想到节日庆典，给人的欢乐感更强烈，因此在大型网络购物节中经常会使用这种色彩搭配，如图 2-29 所示。

图2-29　红色系页面

3. 橙色系

橙色通常会给人一种朝气活泼的感觉，但没有红色那么强烈的刺激感。橙色象征收获、富足和快乐，会给人健康的感觉，同时也是一种容易引起食欲的色彩，所以橙色常用于食物、卡通玩偶、家居用品等类别的网店，这种色彩能营造出积极、有活力及美味等氛围，如图 2-30 所示。

图2-30　橙色系页面

4. 绿色系

绿色介于黄色和蓝色之间，既能表现出大自然的生机勃勃，更能传达出健康的感觉，因此常常用于与自然、健康相关的网店。绿色系配色方案主要适用于护肤品、儿童用品、保健品、特产等类目的网店，如图 2-31 所示。

5. 蓝色系

蓝色是一种能表现冷静和理性的色彩。高明度的蓝色会给人以整洁、轻快的印象，低明度的蓝色会给人以都市现代派的印象。

在店铺色彩的应用中，蓝色若与黄色、红色、橙色等暖色搭配，页面的跳跃感会比较强，这种强烈的跳跃感容易激发买家的购买情绪；蓝色若与白色搭配，可以使网店显得干净而简洁，给人以庄重、充实的印象。

蓝色能让人联想到科技、智慧及自然方面的事物，主要适用于数码产品、家用电器、清洁用品、汽车用品、医药品和旅游等行业的网店，如图 2-32 所示。

图2-31　绿色系页面

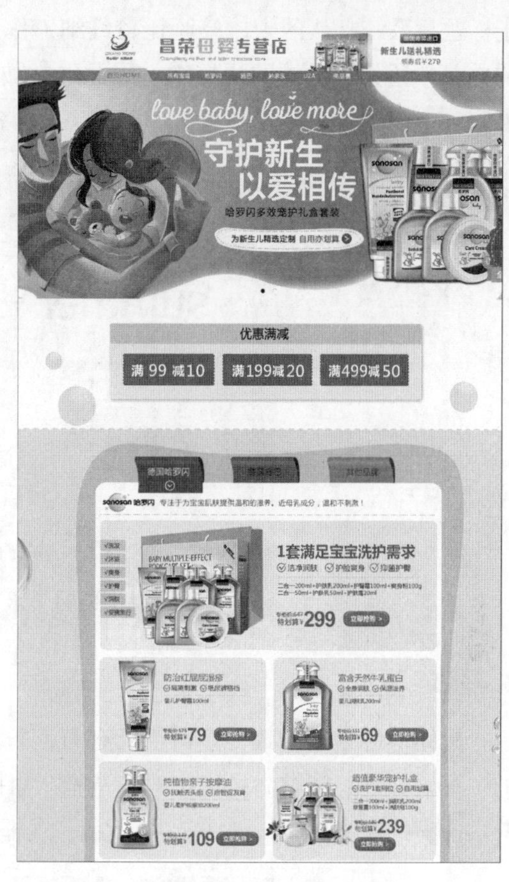

图2-32　蓝色系页面

图2-31

图2-32

2.3　文字排版设计

文字是网店装修设计中不可缺少的部分，正确地运用字体可以有效地将店铺信息传递给买家，从而激发买家的购买欲望。本节对文字的排版及设计进行介绍。

2.3.1　常用字体介绍

字体就是文字的风格样式。不同的字体给人的感觉是不同的。例如，黑体时尚、厚重、抢眼，具有强调的效果；仿宋体较古板，会给人一种权威的感觉。下面对一些常用字体进行介绍。

1. 宋体

宋体是店铺页面中使用最广泛的字体，其外形端庄秀美，具有浓厚的文艺气息，适用于标题。系统默认的宋体笔画比较纤细，作为标题分量不足；而方正大标宋不仅具有宋体的秀美，还具有黑体的醒目感，因此经常被用于女性商品网店的设计。此外，方正大宋、书宋、中宋、仿宋等也属于常用宋体。图 2-33 为宋体在女装海报中的应用效果。

图2-33　宋体的应用效果

2. 黑体

黑体笔画粗细一致，显得粗壮有力，非常醒目，具有强调的视觉效果。同时，其强烈的“标语”气息能够满足卖家对营造推广氛围的要求，常用于广告、导航以及商品详情页等大面积的文字内容。如图 2-34 所示，线框中的字体就是黑体。

图2-34　黑体的应用效果

3. 书法体

书法体包括篆书体、隶书体、行书体、草书体和楷书体 5 种。书法体的形式自由多变，顿挫有力，在力量中融入了文化气息，常用于书籍类等具有文化气息的店铺中。图 2-35 为应用书法体的页面效果。在店铺装修中，书法体一般适用于具有中国传统特色的商品店铺，如茶叶、毛笔、唐装类店铺等。

图2-35　书法体的应用效果

4. 美术体

美术体指美术风格的字体，一般是为了美化版面而使用的。美术体的笔画和结构一般都是用美术手法设计的，常用于海报制作或模板设计的标题部分，若应用得当，会有提升艺术品位的效果。常用的美术体包括娃娃体、金梅体、汉鼎体和文鼎体等。图 2-36 所示即为美术体的应用效果。

图2-36　美术体的应用效果

2.3.2　字体风格的搭配

字体风格可以使买家产生不同的联想。选择合适的字体风格不仅可以渲染版面氛围，还有助于买家对主题的理解与消化。下面对淘宝、天猫店铺常用的字体风格进行介绍。

1. 男性字体

剃须刀、竞技游戏、足球等商品的消费人群主要为男性，所以设计这些商品的页面时一般使用笔画粗的字体或带棱角的字体。常用的男性字体有方正粗谭黑简体、造字工坊劲黑、汉仪菱心体简等。图 2-37 所示的墨镜海报和图 2-38 所示的剃须刀海报中使用的字体就能很好地展现男性的硬朗、粗犷、有力、大气等特点。

图2-37　男性字体效果（1）

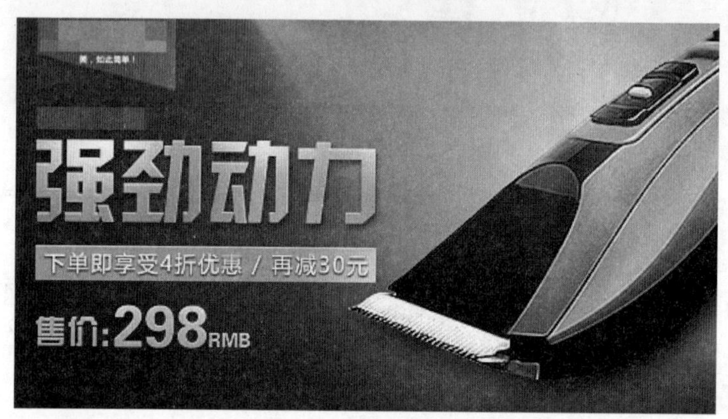

图2-38　男性字体效果（2）

2. 女性字体

在经营鲜花、珠宝配饰、女性用品、护肤品、化妆品等以女性为消费者主体的商品的网店设计中，一般采用纤细秀美、时尚、线条流畅，字形有粗细变化的字体，如宋体、方正纤黑简体、方正兰亭黑简体等。图 2-39 和图 2-40 分别展示了护肤品海报与女装海报中的字体设计效果。

图2-39　女性字体效果（1）

图2-40　女性字体效果（2）

3. 儿童字体

在经营零食、玩具、童装、卡通漫画等以儿童为消费主体的商品的网店设计中，一般采用活泼、可爱的字体，如汉仪娃娃篆简体、方正胖娃简体、方正少儿简体等。在图 2-41 所示的海报中，字体圆润可爱，很符合儿童的特点。

图2-41　儿童字体效果

4. 促销型字体

促销文案涉及各个行业，重点在于突出促销信息，因此一般采用粗大、醒目的字体，并配合适当的倾斜、文字变形等特效以增强促销效果。一般选择笔画较粗的字体，如黑体、方正粗黑体、方正粗谭黑简体等。图 2-42 为促销型字体的应用效果。

图2-42 促销型字体效果

2.3.3 文字的排版技巧

在店铺视觉设计中，文字除了具有传达促销信息的作用外，还是一种重要的视觉元素，文字的排版在画面空间、结构上都是很重要的。下面对店铺视觉设计中常用的排版技巧进行介绍。

- **文字的统一**。在进行文字编辑时，需要把握文字的统一性，即文字的字体、粗细、大小与颜色在搭配组合上要统一，这样文字组合才不会显得松散杂乱。
- **字体的选用与变化**。对广告文案进行排版时，可以选择两三种匹配度较高的字体，这样的字体搭配可以产生最佳的视觉效果；而字体过多会产生零乱的感觉，容易分散买家的注意力，使买家产生视觉疲劳。在选择字体时，可考虑加粗、变细、拉长、压扁或调整行间距来改变字体大小，产生丰富多彩的视觉效果。
- **文字的层次布局**。在店铺视觉营销设计中，文案并非文字简单的堆砌，而是有层次的，通常是按重要程度设置文本的显示级别，引导买家有序地浏览文案，首先映入买家眼帘的应该是文案要强调的重点。在进行文字的编排时，可利用字体、粗细、大小与颜色的对比来体现文本的显示级别。

2.4 视觉构图方法

在店铺视觉营销设计中，需要根据商品与主题的要求，将要表现的信息通过视觉构图合理地组织起来，构成一个协调的画面。良好的视觉构图能让店铺更出彩。下面对常见的视觉构图方法进行介绍。

1. 中心构图

在画面中心位置安排主体元素，如商品或促销文案。这种构图方式给人以稳定、端庄的感觉，可产生中心透视感，如图 2-43 所示。在使用该构图方式时，为了避免画面呆板，通常会使用小面积的形状、线条或装饰元素进行灵活搭配，增强画面的灵动感。

图2-43　中心构图

2. 九宫格构图

九宫格构图是指将画面平均分成 9 个格子，在 4 个交叉点中，选择一个点或者两个点作为画面的主体位置，对其他点应适当考虑平衡与对比等因素。该构图方式使画面有变化、有动感，是常用的构图方式，如图 2-44 所示。

图2-44　九宫格构图

3. 对角线构图

对角线构图是指画面主体居于画面的对角线上，能够更好地呈现主体的外形特点与空间效果。与中心构图方式相比，该构图方式打破了平衡，具有活泼生动的特点。图 2-45 所示的钢笔采用了对角线构图方式，让钢笔在画面中凸显，更具立体感。

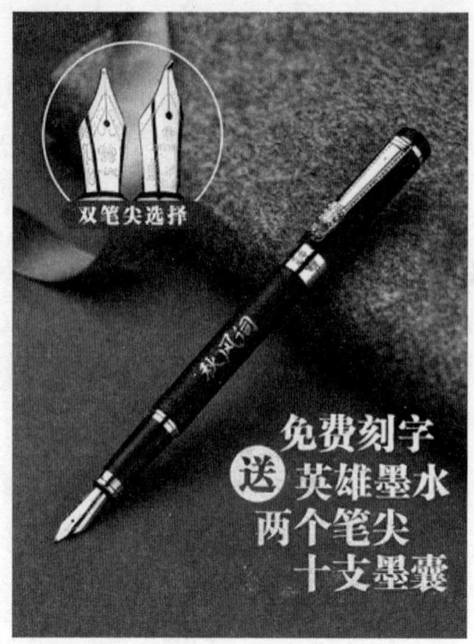

图2-45　对角线构图

4. 三角形构图

三角形构图就是以 3 个视觉中心来确定主体元素的位置，形成一个稳定的三角形。该三角形可以是正三角形，也可以是斜三角形或倒三角形，其中斜三角形较为常用，也较为灵活。三角形构图具有安定、均衡又不失灵活的特点。图 2-46 所示的罐装商品与两个碟子构成了三角形，产生了强烈的视觉效果。

图2-46　三角形构图

5. 黄金分割构图

黄金分割构图是指将画面一分为二，其中较大的部分与较小的部分之比等于整体与较大部分之比，其比值为 1∶0.618，被称为黄金分割比例，具有和谐的美感。图 2-47 所示的图片中，荔枝与文字的布局就采用了黄金分割构图。

图2-47　黄金分割构图

2.5　本章小结

本章主要介绍了网店美工设计的基本理念，包括设计的主要元素、色彩基础知识与搭配技巧、文字排版设计以及视觉构图方法。

通过本章内容的学习，读者应该了解设计的主要元素，掌握色彩的搭配技巧与文字的排版技巧，能对网店的整体搭配与布局进行设计。

本章素材

第3章

商品图片的修复与修饰

学习目标

知识目标	• 了解商品图片的尺寸要求。 • 熟悉商品文字的常用效果。
技能目标	• 掌握图片的裁剪方法及技巧。 • 掌握商品图片色调调整的方法。 • 掌握商品图层样式及滤镜的使用方法。 • 掌握商品图片抠图及更换背景的方法。 • 掌握在商品图片中添加文字的方法。

网店中的图片是网店的灵魂，要想将网店做好，就一定要处理好网店的图片，好的图片处理可以提高店铺成交量。商品图片不但受拍摄水平的影响，还与后期的上传要求及美化处理息息相关。本章将介绍如何通过Photoshop软件对图片进行处理。

3.1 商品图片的多样裁剪

淘宝中的不同模块对图片尺寸有不同的要求。卖家拍摄的商品图片往往因为尺寸不合适无法添加到对应的模块中，或者无法在模块中正常显示，此时，就需要对商品图片进行裁剪、旋转、矫正等操作。本节介绍如何调整淘宝主图与商品细节图的尺寸。

3.1.1 根据需求裁剪图片

当商品图片的尺寸及构图不符合实际需求或者需要商品某部分细节图时，可以对商品图片进行裁剪操作。常见的裁剪方式有裁剪为正方形、按既定尺寸裁剪和裁剪商品细节图等，下面分别进行介绍。

1. 裁剪正方形商品图片

顾客在网店中购买商品时，第一眼看到的商品图片即为正方形的，而拍摄出的商品图片不一定都符合设计师的要求，此时需要通过裁剪工具将商品图片裁剪为正方形，再上传。图 3-1 展示了某手表主图裁剪前后的对比，该主图经过裁剪后才成功上传至店铺后台。

(a) 裁剪前

(b) 裁剪后

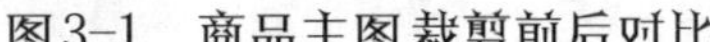

图3-1 商品主图裁剪前后对比

其具体裁剪方法如下。

Step1. 使用 Photoshop CS6 软件打开素材文件“手表主图 .jpg”，如图 3-2 所示。可以看到拍摄的商品图片为长方形，不符合店铺商品主图的要求。

Step2. 选择裁剪工具，按住 Shift 键的同时按住鼠标左键在图像中拖曳出一个裁剪区域，松开鼠标即可生成正方形裁剪框，如图 3-3 所示。

Step3. 确定裁剪区域后按 Enter 键完成正方形裁剪，效果如图 3-4 所示。

图3-2　手表主图素材

图3-3　裁剪正方形图片

图3-4　正方形裁剪效果

2. 按既定尺寸裁剪图片

上传商品图片时，一些图片需要满足既定尺寸要求才可以上传，此时需要将商品图片按既定尺寸进行裁剪。按既定尺寸裁剪图片是利用更改画布大小操作实现的。本案例以750 像素 ×750 像素为例进行演示，更改画布大小前后对比如图 3-5 所示。

(a) 更改前

(b) 更改后

图3-5　更改画布大小前后对比

其操作方式如下。

Step1. 使用 Photoshop CS6 软件打开素材文件“月饼 .jpg”，如图 3-6 所示。按 Ctrl+J 组合键复制背景图层。

图3-6　素材文件

Step2. 选择“图像”→“画布大小”命令，打开“画布大小”对话框，设置“宽度”与“高度”均为750像素，如图3-7所示，单击“确定”按钮。

图3-7　更改画布大小

Step3. 选择移动工具移动素材图片，使其保留的部分如图3-5（b）所示。按Ctrl+S组合键保存文件。

3. 裁剪商品细节图

网店中商品的细节图片是影响消费者下单的要素之一。大量的商品细节图是全面展现商品外观的最好方法，商品细节图可以直接使用拍摄的图片进行裁剪，但是这种方法只适用于高质量的清晰图片。

图3-8所示为一款手提包的商品图片，其右上角的商品细节图可以清晰地展示商品材质的纹路，将商品的优点很好地展现

图3-8　某款手提包商品图片

给消费者。该商品细节图具体制作方法如下。

Step1. 使用 Photoshop CS6 软件打开素材文件“手提包高清图 .jpg”，如图 3-9 所示。按 Ctrl+J 组合键复制图层。

Step2. 选择椭圆框选工具，按住 Shift 键在图 3-10 所示的位置用鼠标绘制一个圆形选区，按 Ctrl+J 组合键复制该圆形选区框选的部分图像。

图3-9　素材文件

图3-10　框选细节图区域

Step3. 选择“文件”→“新建”命令，在弹出的“新建”对话框中填写画布名称并设置画布大小，具体参数如图 3-11 所示。单击“确定”按钮完成画布的创建。

Step4. 将“手提包高清图 .jpg”文档中的素材图片添加至“手提包细节图”画布中，按 Ctrl+T 组合键，调出变形选框，调整图片位置及大小，如图 3-12 所示。按 Enter 键确定上述操作，效果如图 3-13 所示。

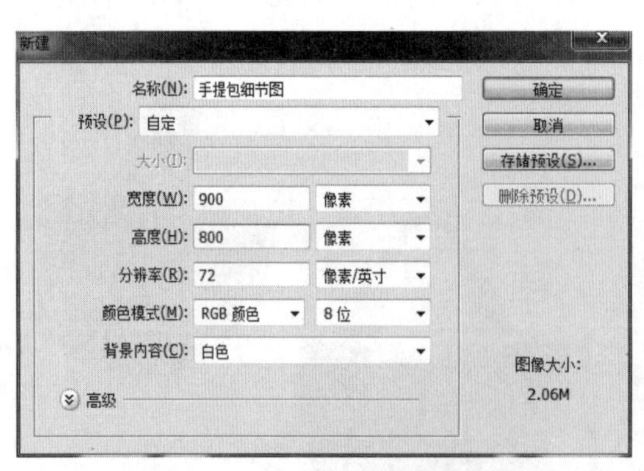

图3-11　新建画布

图3-12　调整素材大小

Step5. 按照 Step4 的方法将细节图添加至该画布中，效果如图 3-14 所示。

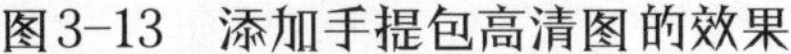

图3-13　添加手提包高清图的效果

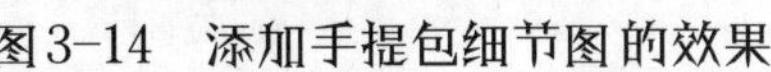

图3-14　添加手提包细节图的效果

图3-13

图3-14

Step6. 选中细节图所在的图层，选择“图层”→“图层样式”→“描边”命令设置描边参数，具体设置如图3-15所示，设置完成后单击“确定”按钮。效果如图3-8所示。按Ctrl+S组合键保存图片。

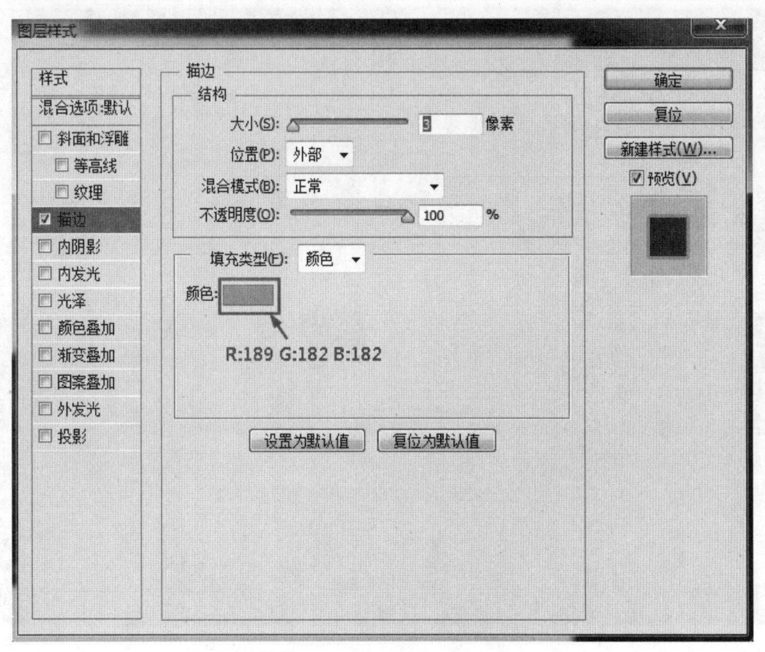

图3-15　设置描边参数

3.1.2　裁剪矫正倾斜的图片

拍摄的图片可能存在倾斜的问题，这时可通过拉直或者旋转的方式将倾斜的图片调整到正确的角度。

1. 使用拉直按钮调整倾斜图片

拉直是 Photoshop 中用于调整倾斜图片的常用方法之一。图 3-16 展示了一瓶矿泉水的商品图片拉直前后的对比。

(a) 拉直前

(b) 拉直后

图3-16　拉直前后对比

拉直倾斜图片的具体操作方法如下。

Step1. 使用 Photoshop CS6 软件打开素材文件“矿泉水 .jpg”，如图 3-17 所示。

图3-17　打开素材文件

Step2. 选择裁剪工具，图片中会自动显示裁剪区域，在选项栏中单击拉直按钮，如图 3-18 所示。

图3-18　单击拉直按钮

Step3. 在图 3-19 所示的位置，沿箭头标注方向拖动鼠标，调整倾斜角度，按 Enter

键确定操作。效果如图 3-16（b）所示。

图3-19　调整倾斜位置

2. 使用旋转工具调整倾斜图片

裁剪工具中的旋转工具也是矫正倾斜图片的常用方法之一。图 3-20 即一款杯子的商品图片调整前后的对比。具体操作方法如下。

Step1. 使用 Photoshop CS6 软件打开素材文件“杯子.png”，如图 3-21 所示。从中可以看出，这个杯子有明显的倾斜。

图3-20

(a) 调整前

(b) 调整后

图3-20　旋转前后对比

图3-21　杯子素材

Step2. 选择裁剪工具，将鼠标放置在裁剪框外，当指针变为图 3-22 中方框标示的箭头时，拖曳鼠标旋转图像，如图 3-23 所示。按 Enter 键完成倾斜调整，效果如图 3-20（b）所示。

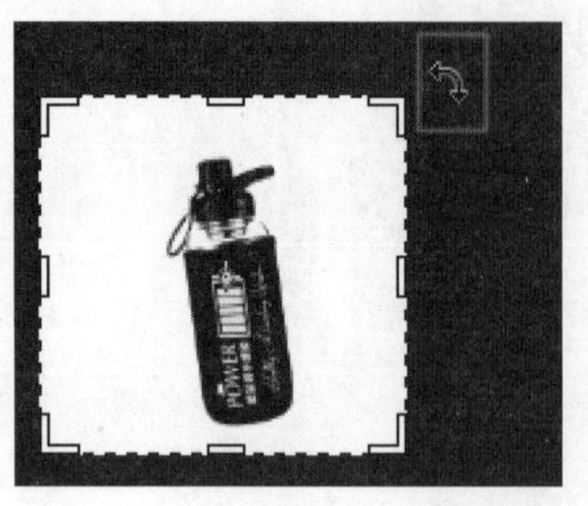

图3-22　调整倾斜的图像

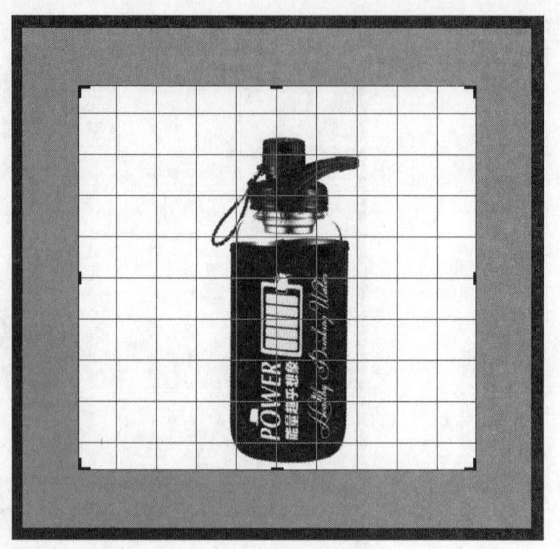

图3-23　旋转图像

3.2　调整商品图片的色调

色彩在店铺商品图片中有着至关重要的作用，合适的色彩不仅可以提升商品图片的画质，还可以起到情绪渲染的作用。但在商品图片拍摄过程中，由于摄影器材、环境等的限制，可能导致拍摄的商品图片的色彩并不理想，此时就需要进行调色。如图 3-24 所示，原图片的画面色彩饱和度过低，整体画面因为色彩不强的原因显得灰蒙蒙，缺乏生机；而调色后则变得焕然一新。本节讲述调整商品图片色调的技巧。

(a) 调色前　　(b) 调色后

图3-24　图片调色前后的效果对比

3.2.1 提高图片的亮度和鲜艳度

提高图片的亮度和鲜艳度可以使商品得到更好的表现，从而增强画面美感。在Photoshop中，调整图片亮度和鲜艳度的方法有多种，例如，调整图片的亮度和对比度，调整图片曝光度，调整图片色阶，调整图片曲线，调整图片色相、饱和度和明度，等等。下面通过示例对这些调色方法逐一介绍。

1. 调整图片亮度和对比度

由于天气、拍摄技术等外界因素的影响，拍摄的商品图片往往会出现偏暗或偏亮的情况，此时就需要对图片的亮度和对比度进行调整。以图3-25所示的运动鞋图片为例，图中的运动鞋亮度不够，整体比较灰暗，此时，需要调整图片的亮度和对比度。在Photoshop CS6中选择“图像”→“调整”→“亮度/对比度”命令，打开“亮度/对比度”对话框，按图3-26所示设置参数。单击“确定”按钮，效果如图3-27所示。

图3-25 运动鞋图片

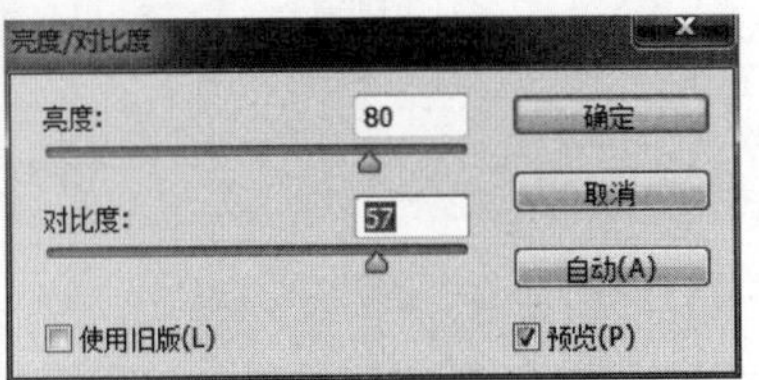

图3-26 设置亮度/对比度参数

图3-27 调整亮度/对比度的效果

图3-27

图3-30

2. 调整图片曝光度

拍照时曝光不足或者曝光过度会引起照片过暗或者过亮。以图3-28所示的珠宝图片为例，图中的珠宝由于曝光不足导致画面灰暗，此时，需要调整图片的曝光度。在Photoshop CS6中选择“图像”→“调整”→“曝光度”命令，打开“曝光度”对话框，按图3-29所示设置参数。单击“确定”按钮，效果如图3-30所示。

图3-28 珠宝图片

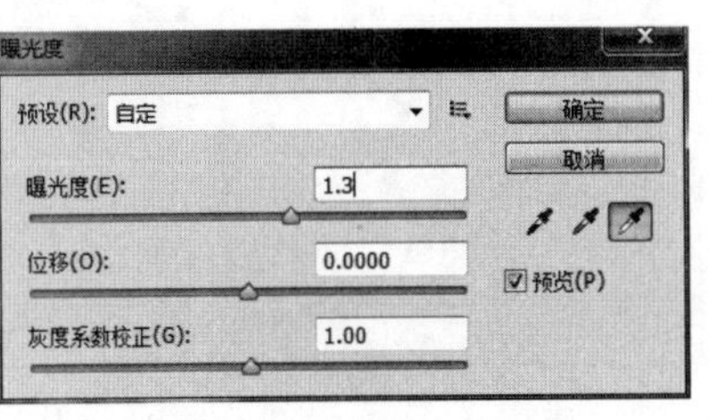

图3-29 设置曝光度参数

图3-30 调整曝光度的效果

3. 调整图片色阶

处理图像色调还有一种常用的方法，即调整色阶。以图 3-31 所示的帽子图片为例，图中的帽子过于灰暗，此时，可以调整图片的色阶。在 Photoshop CS6 中选择“图像”→“调整”→“色阶”命令，打开“色阶”对话框，按图 3-32 所示设置参数。单击“确定”按钮，效果如图 3-33 所示。

图3-31 帽子图片

图3-33

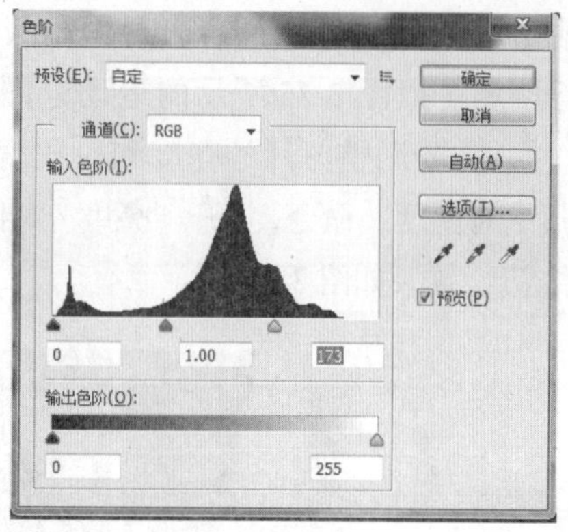

图3-32 设置色阶参数

图3-33 调整色阶的效果

4. 调整图片曲线

通过“曲线”命令可对图片的色彩、亮度和对比度等进行综合调整，使图片色彩更加美观，是调整商品图片色彩时最常用的一种操作。以图 3-34 所示的嘴唇图片为例，图中嘴唇的色彩不够鲜艳，整体画面灰暗，不足以吸引消费者。此时需要用曲线来调整图片。在 Photoshop CS6 中选择“图像”→“调整”→“曲线”命令，打开“曲线”对话框，按图 3-35 所示设置参数。单击“确定”按钮，效果如图 3-36 所示。

图3-36

图3-34 嘴唇图片

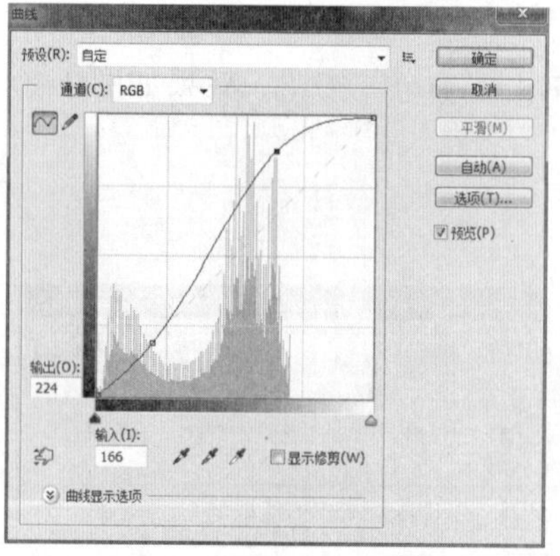

图3-35 设置曲线参数

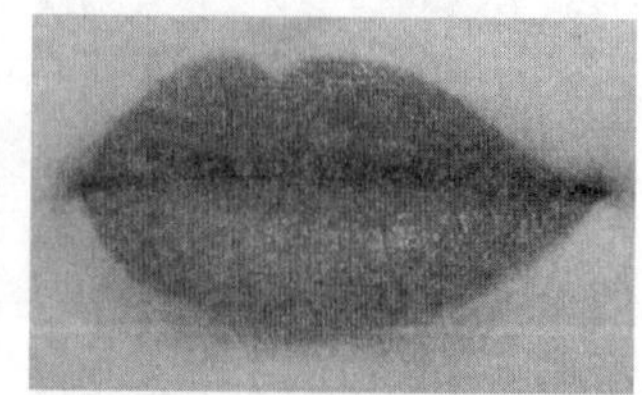

图3-36 调整曲线的效果

5. 调整图片色相/饱和度

使用“色相 / 饱和度”命令可以调整图片整体或者单个色彩的色相、饱和度和明度，常用于处理图片中不协调的单一色彩。以图 3-37 的化妆品图片为例，图中商品的饱和度明显不够，此时需要用“色相 / 饱和度”命令来调整图片。在 Photoshop CS6 中选择“图像”→“调整”→“色相 / 饱和度”命令，打开“色相 / 饱和度”对话框，按图 3-38 所示设置参数。单击“确定”按钮，效果如图 3-39 所示。

图3-37 化妆品图片

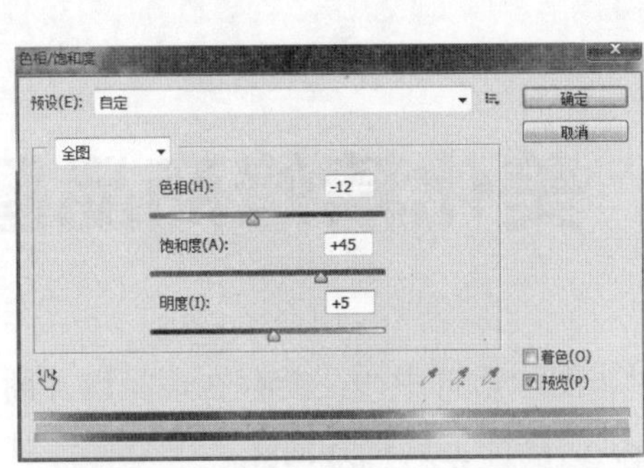

图3-38 设置色相/饱和度参数

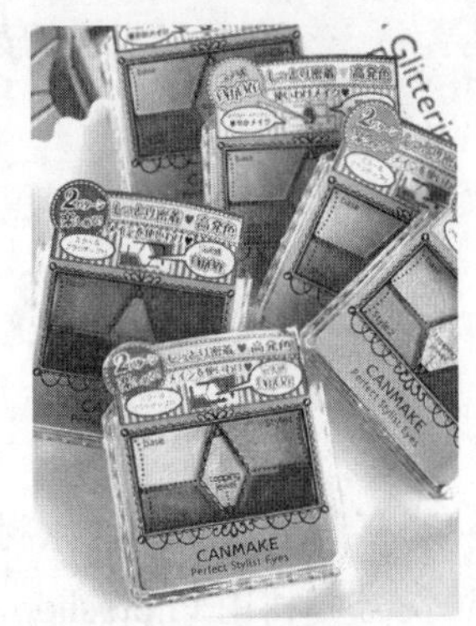

图3-39 调整色相、饱和度和明度的效果

图3-39

3.2.2 处理偏色的图片

偏色指色彩在显示时不准确，如偏红、偏绿等。在拍摄的过程中，由于光线或角度的问题，拍摄的照片有可能存在偏色的情况。这时就需要使用 Photoshop 对图片进行处理。图 3-40 所示即为樱桃商品图片处理偏色前后的对比，处理后的图片颜色更鲜艳。

(a) 处理前

(b) 处理后

图3-40 处理偏色前后对比

其具体处理过程如下。

Step1. 使用 Photoshop CS6 软件打开素材文件“偏黄的樱桃 .png”，如图 3-41 所示。

Step2. 选择“图像”→“调整”→“色彩平衡”命令，打开“色彩平衡”对话框，具体参数设置如图 3-42 所示。单击“确定”按钮完成操作，效果如图 3-40（b）所示。

图3-41　偏黄的樱桃

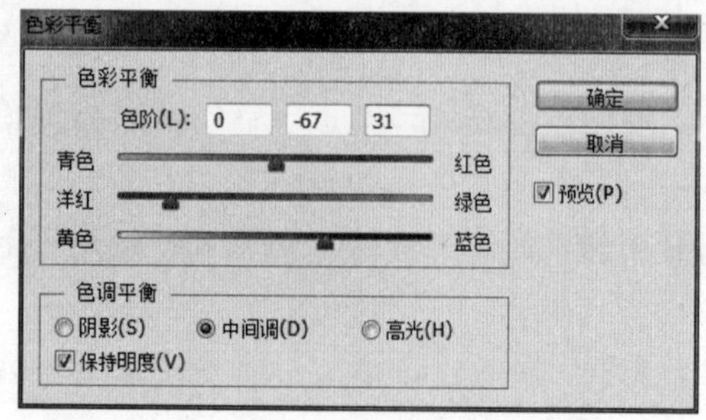

图3-42　色彩平衡参数设置

3.3　美化精修商品图片

在选取商品图片素材时，图片素材中往往会存在瑕疵以及商品主体不突出等问题，这时就需要利用 Photoshop 提供的修饰工具将其消除。本节将针对修饰工具的相关内容进行讲解。

3.3.1　快速修复图片瑕疵

修复商品图片瑕疵的方法有很多种，如污点修复画笔工具、修复画笔工具、修补工具、仿制图章工具等。下面通过不同案例对常用的图像修饰工具的使用方法逐一介绍。

1. 使用污点修复画笔工具修复瑕疵

污点修复画笔工具主要用于快速修复图像中的斑点或者小块杂物等。如图 3-43 所示，陶瓷罐经过修复后，表面的污点都被修复干净了。

(a) 修复前

(b) 修复后

图3-43　污点修复前后对比

具体修复过程如下。

Step1. 使用 Photoshop CS6 软件打开素材文件“脏脏的陶瓷罐 .jpg”，如图 3-44 所示。

Step2. 选择污点修复画笔工具，根据污点大小按“[”和“]”键调整画笔大小，在需要处理的污点上进行涂抹，如图 3-45 所示，污点即刻消失。

Step3. 按照 Step2 的方法清除其余污点。污点去除后的效果如图 3-46 所示。

图3-44 陶瓷罐图片

图3-45 去除污点

图3-46 污点去除后的效果

图3-46

2. 使用修复画笔工具修复瑕疵

修复画笔工具主要是从图片中无瑕疵处取样，并将样本的纹理、光照、透明度和阴影等与瑕疵附近的像素匹配，从而去除照片中的污点和划痕。其具体操作方法如下：使用 Photoshop CS6 软件打开素材文件“黑点盘子 .jpg”。选择修复画笔工具，按住 Alt 键在污点周围单击进行取样，如图 3-47 所示。松开鼠标，在污点处涂抹，效果如图 3-48 所示。

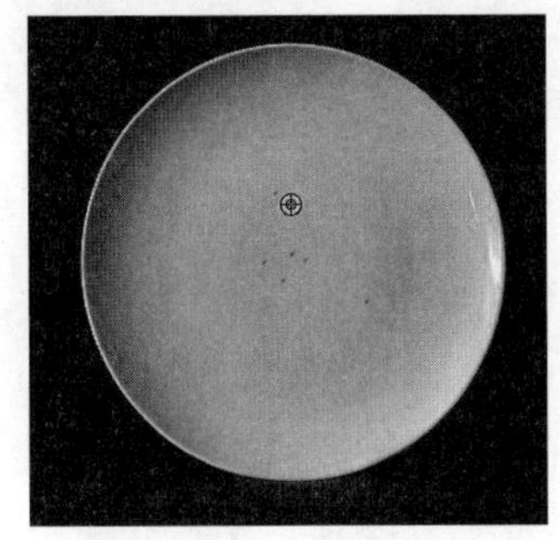

图3-47 盘子图片

图3-48 修复后的效果

图3-48

3. 使用修补工具修复瑕疵

修补工具是修复图片时使用最频繁的工具之一，其工作原理与修复画笔工具相同。图 3-49 是带有瑕疵的商品图片使用修补工具修复前后的对比，修复后的商品已经完全看不出凹陷痕迹。其修复的具体过程如下。

Step1. 使用 Photoshop CS6 软件打开素材文件“脏脏包 .png”，如图 3-50 所示，方框内即为要消除的凹陷痕迹。

Step2. 选择修补工具，按住鼠标左键并在凹陷痕迹上面绘制选区，如图 3-51 所示。

Step3. 将鼠标放置在选区中，按住鼠标左键并拖动选区，如图 3-52 所示。松开鼠标即可完成商品瑕疵修复，效果如图 3-49（b）所示。

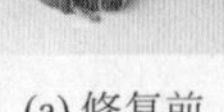

(a) 修复前

(b) 修复后

图 3-49　商品图片修复前后对比

图 3-50　手提包图片

图 3-51　绘制选区

图 3-52　拖动选区

4. 使用仿制图章工具修复瑕疵

仿制图章工具可以从图片中复制信息，将其应用到其他区域或其他图片中。以图 3-53 所示带有污点的花瓶图片为例，通过仿制图章工具将污点部分修复，效果如图 3-54 所示。

图3-54

图 3-53　花瓶图片

图 3-54　修复后的效果

具体操作如下。

Step1. 使用 Photoshop CS6 软件打开素材文件“脏脏的花瓶 .jpg”，如图 3-55 所示，方框内即为要消除的瑕疵部分。

Step2. 选择仿制图章工具，将鼠标放置在花瓶中污点右侧，按住 Alt 键，当光标变为圆形十字图标时单击进行取样，如图 3-56 所示。然后松开 Alt 键，在污点处涂抹。效果如图 3-54 所示。

图3-55　打开素材文件

图3-56　取样

3.3.2　使图片中的商品更突出

拍摄商品图片时会带有一个背景，但这些背景可能会使商品不够突出。这时可使用模糊工具弱化背景或使用锐化工具突出主体的方法，使图片中要展示的商品更清晰、更突出。

1. 使用模糊工具弱化背景

模糊工具通过降低图片中相邻像素之间的对比度，从而使图片产生模糊的效果。图 3-57 是一款茶叶商品图经过背景模糊处理前后的对比。可以看出，经过背景模糊的商品图片主次关系更明显。

(a) 模糊处理前

(b) 模糊处理后

图3-57　商品图片背景模糊前后的对比

其具体操作如下。

Step1. 使用 Photoshop CS6 软件打开素材文件“茶 .png”，如图 3-57（a）所示。

Step2. 选择模糊工具，在选项栏设置“笔刷大小”为 200，“硬度”为 0，“强度”为 50%，在图 3-58 所示的方框内对需要弱化的部分进行涂抹，使商品主体更加突出。模糊后的效果如图 3-57（b）所示。

图3-58　需要弱化的部分

2. 使用锐化工具突出商品

锐化工具的作用正好与模糊工具相反，它能使模糊的图片变清晰，常用于增强商品的细节，但并不是进行模糊操作后的图像再经过锐化处理就能恢复到原始状态。继续用图片“茶”举例，图 3-59 为锐化前后的对比。

(a) 锐化前

(b) 锐化后

图3-59　锐化前后的对比

3.4　商品图片的特殊处理

对商品图片不仅要进行简单的色调调整，还需要通过对图片进行特殊处理使其更加美观。常见的商品图片特殊处理方法包括使用擦除法和图层混合模式拼合图片以及添加图层样式和滤镜以美化图片。本节对这些处理方法进行介绍。

3.4.1　使用擦除法拼合图片

在制作商品主图或者设计轮播图时，一张图片很难满足设计需求，往往需要几张素材图片拼合而成，这时就需要使用擦除工具将素材图片拼合起来。如图 3-60 所示的海报，其背景即是运用擦除的方法将多张图片拼合而成的。下面通过示例对橡皮擦工具、背景橡皮擦工具和魔术橡皮擦工具进行介绍。

图3-60　图片拼接的海报

1. 使用橡皮擦工具使素材拼合

橡皮擦工具主要用来擦除图像。以图 3-61 所示的戴耳机的狗图片为例，耳机和狗没有融在一起，此时需要用橡皮擦工具擦除耳机的多余部分。其操作方法如下：选择橡皮擦工具，在选项栏设置笔刷的大小及形状，在图像中拖曳鼠标进行擦除，效果如图 3-62 所示。

图3-62

图3-61　狗和耳机

图3-62　擦除效果

2. 使用背景橡皮擦工具将素材和背景拼合

背景橡皮擦工具的操作方法与橡皮擦工具类似，但背景橡皮擦是一种智能橡皮擦，它可以自动采集画笔中心的色样，同时删除在画笔涂抹范围内出现的这种色彩，使擦除区域变成透明区域。简单地说，背景橡皮擦工具可以将图像背景擦至透明色，并可用于擦除指定颜色。

以图 3-63 所示的插花瓶图片为例，在 Photoshop CS6 中选择背景橡皮擦工具，在选项栏中设置“笔刷大小”为 175 像素，“笔刷硬度”为 0%，“限制”选择为不连续，“容差”为 30%，在插花瓶的背景上按住鼠标左键进行拖曳，插花瓶的背景即擦除完成，效果如图 3-64 所示。

图3-63

图3-64

图3-63　插花瓶和背景

图3-64　擦除插花瓶背景的效果

3. 使用魔术橡皮擦工具将素材和背景拼合

魔术橡皮擦工具可以自动分析图像的边缘，根据像素色彩擦除图像。用魔术橡皮擦工具在图像中需要擦除的任一区域单击，所有相似的颜色区域将会被擦除并变成透明区域。以图 3-65 所示的吉他图片为例，在 Photoshop CS6 中选择魔术橡皮擦工具，设置“容差”为 32，勾选“连续”复选框，在吉他的背景上单击，则擦除吉他的背景，效果如图 3-66 所示。

图3-65

图3-66

图3-65　吉他和背景

图3-66　擦除吉他背景的效果

3.4.2　使用图层混合模式拼合图片

图层混合模式决定了当前图层的图片与其下面图层的图片以何种模式进行混合。它是 Photoshop 中的核心功能之一，也是图片处理中最为常用的一种技术手段。

以图 3-67 的保温杯素材和小老鼠素材为例，如果想要将两个素材融合起来，则需要使用图层混合模式中的“正片叠底”效果。操作方法如下：在 Photoshop CS6 软件中打开素材文件“保温杯 .jpg”，再将“小老鼠 .jpg”置入其中并调整大小。单击图层上方的 正常 按钮，在弹出的下拉列表中选择“正片叠底”选项。进行正片叠底操作后的效果如图 3-68 所示。

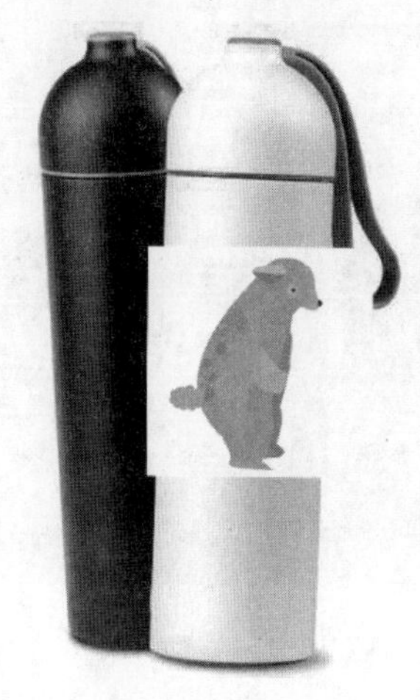

图3-67 保温杯和小老鼠素材

图3-68 进行正片叠底操作后的效果

图3-68

3.4.3 利用图层样式美化商品图片

图层样式可以为图层中的图像内容添加投影、发光、浮雕、描边等效果，创建具有真实质感的特效，有非常强的灵活性。下面通过一个示例介绍如何用图层样式美化图片。在 Photoshop CS6 软件中打开素材文件“行李箱海报 .psd”，选中文本图层，单击图层下方的图层样式按钮 fx，在打开的下拉列表中选择一种图层样式，即可打开“图层样式”对话框，如图 3-69 所示。图 3-70 和图 3-71 分别为应用图层样式前后的效果。

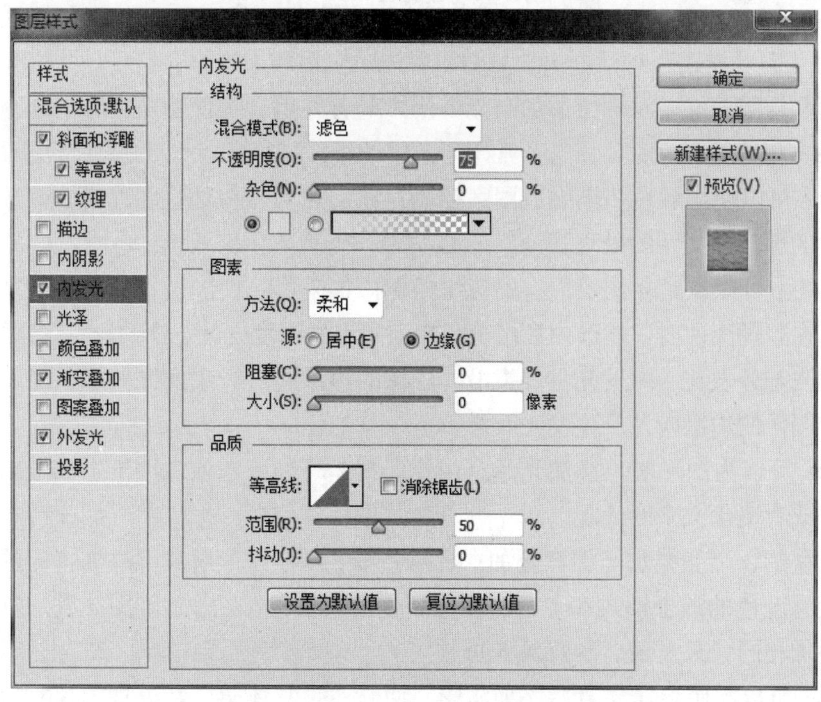

图3-69 “图层样式”对话框

图3-70　应用图层样式前的效果

图3-71　应用图层样式后的效果

下面对“图层样式”对话框中常见的图层样式应用效果进行介绍：

- **斜面和浮雕：**可以对图层添加高光与阴影等各种组合，使图层内容呈现立体的浮雕效果。在处理图片时，该选项常用于文字的美化操作。
- **描边：**可以使用颜色、渐变或图案描画对象的轮廓。在处理图片时，该选项常用于硬边的形状和文字的处理。
- **内阴影：**可以在紧靠图层内容的边缘内侧添加阴影，使图层中的对象产生凹陷的效果。在处理图片时，该选项常用于图片内元素的深度处理，让图片看起来更有层次。
- **内发光与外发光：**内发光主要指沿着图像的边缘向内产生发光效果，外发光主要指沿着图像的边缘向外产生发光效果。
- **光泽：**可以为图形对象添加光泽。在处理图片时，该选项常用于生成金属表面的光泽感或者美化文字的外观。
- **颜色叠加、渐变叠加与图案叠加：**颜色叠加可以在图形对象上叠加指定的颜色，通过设置颜色的混合模式和不透明度控制叠加效果；渐变叠加和图案叠加的目的与颜色叠加相同，只是最后的效果不同。
- **投影：**可以在图形对象背后添加阴影，使其产生立体感。在处理图片时，该选项可以增强图片的层次感，效果比较自然。

3.4.4 利用滤镜美化商品图片

滤镜主要用来实现图像的各种特殊效果。在处理商品图片时，滤镜是常用的工具，它可以使商品图片更有美感，吸引力更强。Photoshop 提供了多种滤镜。下面通过示例介绍几种常用的滤镜。

1. 使用液化滤镜美化商品图片

液化滤镜可以对图片的任何部分进行变形处理，包括收缩、膨胀或旋转。具体操作方法如下：使用 Photoshop CS6 软件打开素材文件“女模特 .jpg”，选择“滤镜”→“液化”命令或按 Ctrl+Shift+X 组合键调出该命令面板，设置相关参数，如图 3-72 所示。设置参数后即可在左侧画布中用鼠标对模特的腰部进行拖曳变形。液化前后的对比如图 3-73 所示。

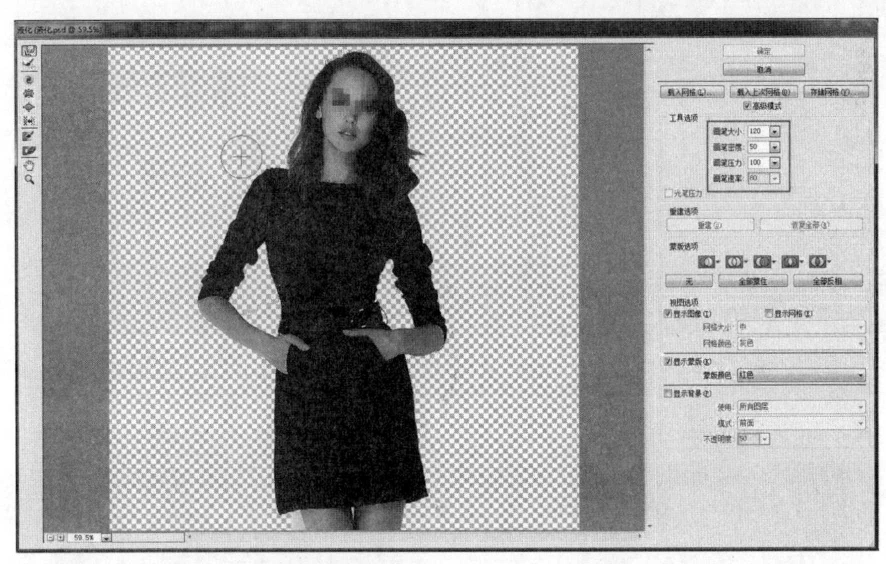

图3-72 液化命令面板

(a) 液化前

(b) 液化后

图3-73 液化前后的效果对比

2. 使用模糊滤镜美化商品图片

模糊滤镜的原理和模糊工具相似，只不过模糊滤镜可以将模糊的区域、强度设置得更为准确。同时，模糊滤镜的效果有很多，常见的模糊滤镜有高斯模糊、动感模糊、径向模糊等。选择菜单栏中的“滤镜”→“模糊”命令，打开如图 3-74 所示的“模糊”菜单，从中选取相应的模糊滤镜。图 3-75 ~ 图 3-77 分别为高斯模糊、动感模糊和径向模糊的效果。

图3-75

图3-76

图3-77

图 3-74　模糊滤镜菜单

图 3-75　高斯模糊

图 3-76　动感模糊

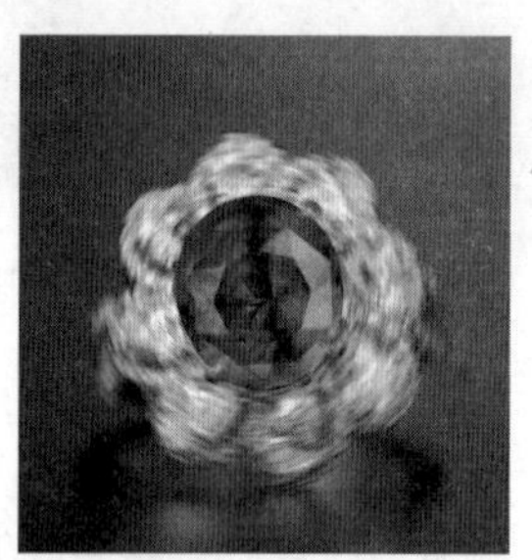

图 3-77　径向模糊

3. 使用锐化滤镜美化商品图片

锐化滤镜的原理和锐化工具相似，只不过锐化滤镜只能针对整个图像或者整个选区内的图像进行调整。锐化滤镜的效果有很多，常见的锐化滤镜有 USM 锐化、进一步锐化、锐化边缘等。选择菜单栏中的“滤镜”→“锐化”命令，即可打开如图 3-78 所示的“锐化”菜单，从中选取相应的锐化滤镜。以图 3-79 所示的鲜花图片为例，锐化后的效果如图 3-80 所示。

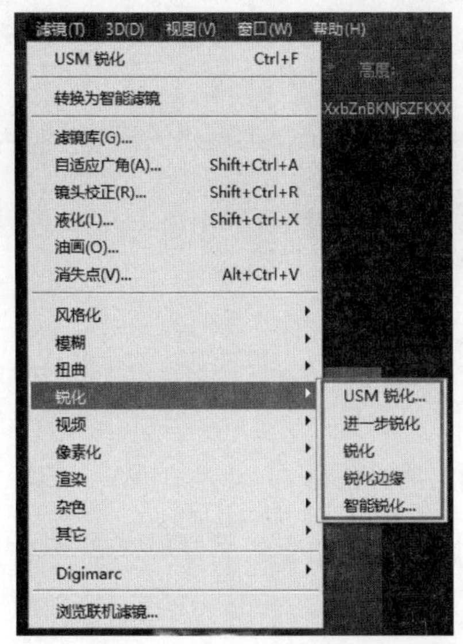

图3-78 锐化滤镜菜单

图3-79

图3-79 锐化前

图3-80 锐化后

3.5 轻松学会抠图换背景

抠图主要是为了将商品图片从拍摄的照片中抠取出来，可以更方便地对商品图片进行进一步处理。在 Photoshop 中，抠图的方法有很多，这些方法分别用于不同形状及背景。本节对有规则的图形、简单图形、复杂图形和毛发型图形的抠图进行介绍。

3.5.1 从背景中抠取有规则的图形

从背景中抠取有规则的图形时可以使用磁性套索工具，该工具适用于为图形边缘与背景颜色反差较大的图片建立选区。图 3-81 为一款钱包商品图抠图前后的对比。具体操作如下。

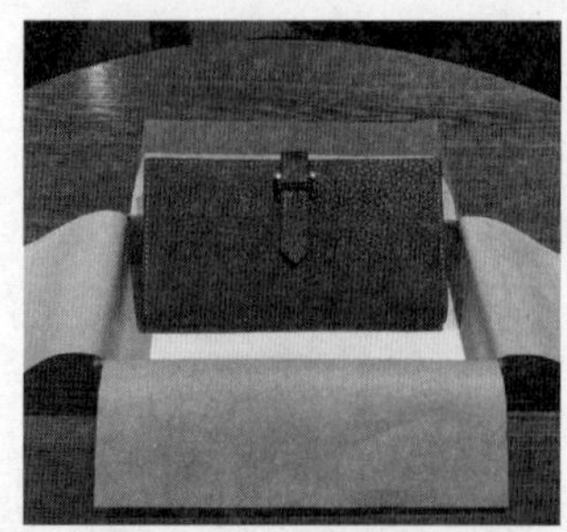

(a) 抠图前

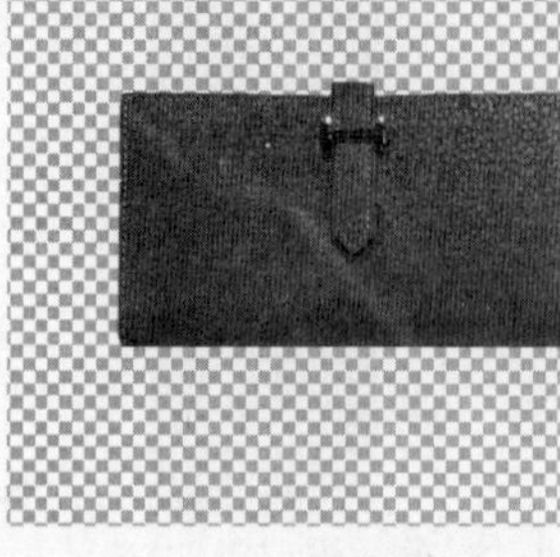

(b) 抠图后

图3-81　钱包抠图前后的对比

Step1. 使用 Photoshop CS6 软件打开素材文件“钱包 .jpg”，选择磁性套索工具，在选项栏设置“频率”为 100，如图 3-82 所示。

图3-82　工具选择及属性设置

Step2. 在钱包边缘单击以确定选区绘制起点，然后沿着钱包边缘拖动鼠标，如图 3-83 所示，在最终回到起点时再次单击，即可得到对应的选区，如图 3-84 所示。

图3-83　确定选区绘制起点

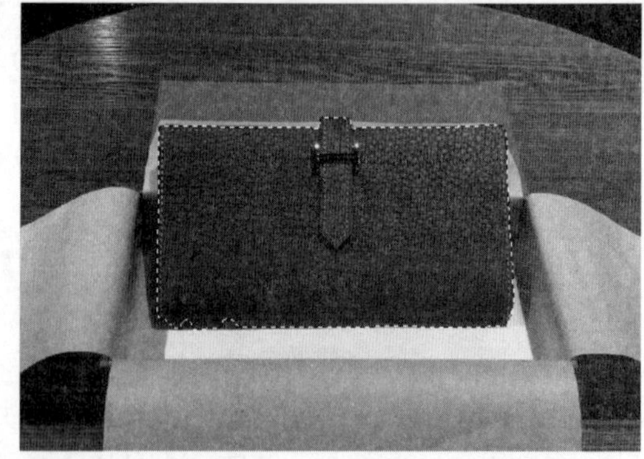

图3-84　选区绘制完成

Step3. 选择多边形套索工具，按住 Alt 键，当多边形套索工具变成带减号的图标时，沿着钱包边缘对多余选区进行修剪，如图 3-85 所示。

Step4. 按 Ctrl+J 组合键对该选区的内容进行复制，单击背景图层左侧的隐藏按钮。按 Ctrl+Shift+S 组合键将其另存为 PNG 格式的文件，保存至指定文件夹内。

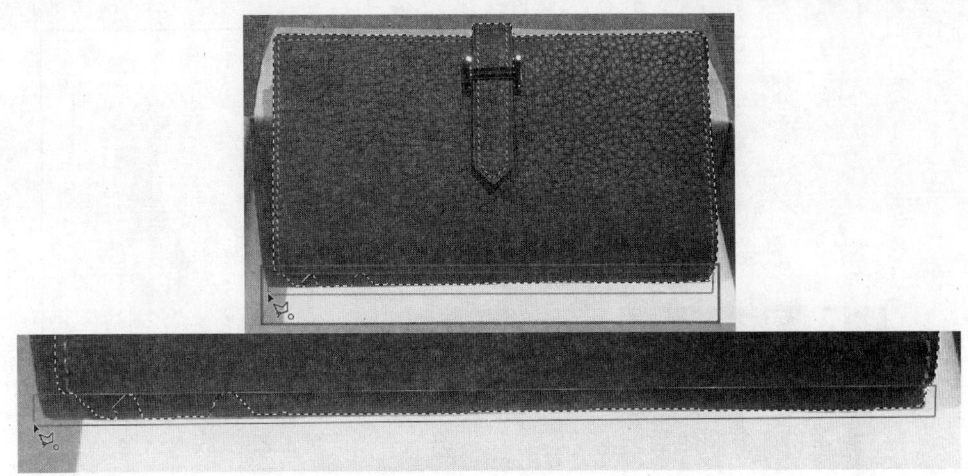

图3-85　用多边形套索工具修剪多余选区

3.5.2　从背景中抠取简单图形

从简单背景中抠图可以使用魔棒工具和快速选择工具。魔棒工具可以抠出背景色单纯、物体边界清晰的图片，快速选择工具可以对色差较大的图片进行抠图。下面以玉镯商品图为例，将玉镯背景制作成透明色，如图 3-86 所示。

(a) 抠图前

(b) 抠图后

图3-86　玉镯抠图前后对比

具体操作如下。

Step1. 使用 Photoshop CS6 软件打开素材文件“玉镯 .jpg”，并按 Ctrl+J 组合键复制图层，如图 3-87 所示。然后将背景图层隐藏。

Step2. 选择魔棒工具，在选项栏中设置“容差”为 30。

Step3. 在背景上单击载入选区，如图 3-88 所示。按住 Shift 键，当出现带加号的魔棒工具时，单击手镯中间增加选区，如图 3-89 所示。按 Delete 键删除选区内的背景。

Step4. 选择快速选择工具，在手镯的阴影部分单击，以快速选择阴影，可配合 Shift 和 Alt 键添加或减小选区，如图 3-90 所示。抠图效果如图 3-86（b）所示。

图3-87　复制图层

图3-88　载入选区

图3-89　增加选区

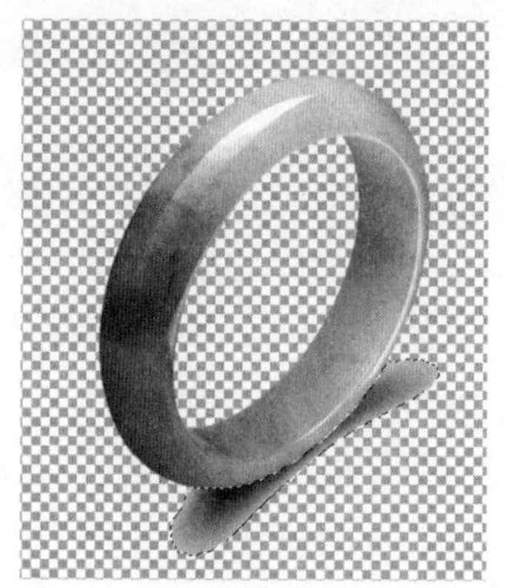

图3-90　快速选择阴影部分

3.5.3　从背景中抠取复杂图形

从背景中抠取复杂图形可以使用路径抠图的方式。路径抠图属于常用的抠图工具，适用于物体边界有长弧线的物体。路径抠图是使用钢笔工具进行的。下面对图 3-91 中的花瓶使用钢笔工具进行抠图，将其放入另一个背景中。换背景后的效果如图 3-92 所示。

图3-91

图3-92

图3-91　换背景前

图3-92　换背景后

具体操作如下。

Step1. 使用 Photoshop CS6 软件打开素材文件“花瓶 .psd”，按 Ctrl+J 组合键复制图层，创建“背景 副本”图层，如图 3-93 所示。然后隐藏背景图层。

图3-93　素材文件“花瓶”

Step2. 选择钢笔工具或者按 P 键调出钢笔工具，将工具选项栏中的工具模式设置为“路径”，在花瓶的边缘单击，确定路径起点，如图 3-94 所示。

Step3. 沿着花瓶的边缘再次单击，确定下一个锚点，这时不要松开鼠标左键，如图 3-95 所示。

Step4. 用 Step3 的方法继续沿着花瓶边缘绘制路径。当绘制过程中发现路径不够准确时及时按 Ctrl+Z 组合键撤销操作。若描绘完毕发现路径不够准确，可以通过添加锚点工具、删除锚点工具和移动锚点的方法对锚点进行调整，使其与花瓶贴合。最终绘制的路径如图 3-96 所示。

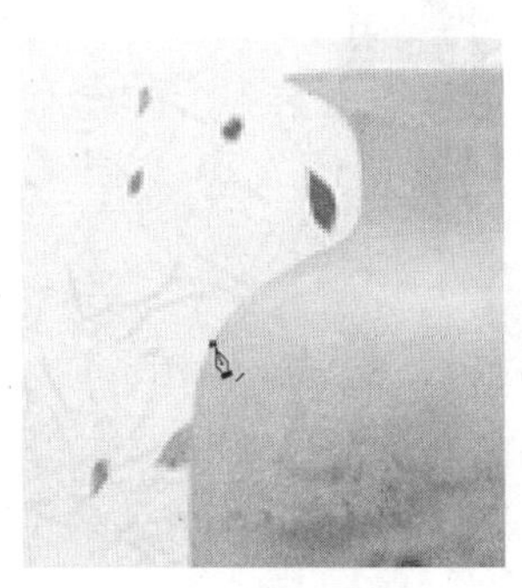

图3-94　确定路径起点

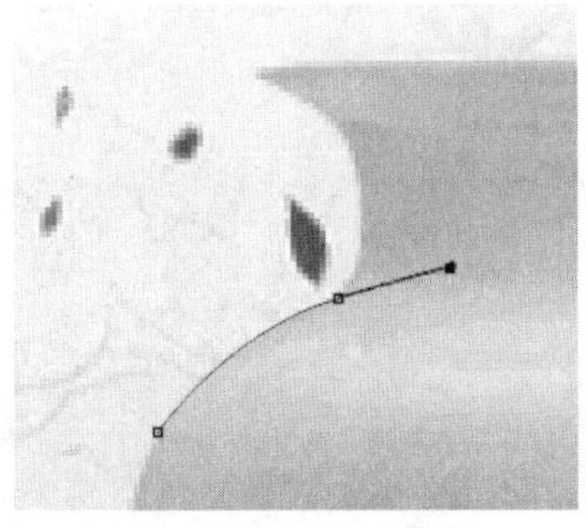

图3-95　绘制路径

图3-96　最终绘制的路径

Step5. 将鼠标放置在花瓶上右击，在弹出的快捷菜单中选择“建立选区”命令，按 Ctrl+Shift+I 组合键对选区进行反向选择，再按 Delete 键删除背景，效果如图 3-97 所示。

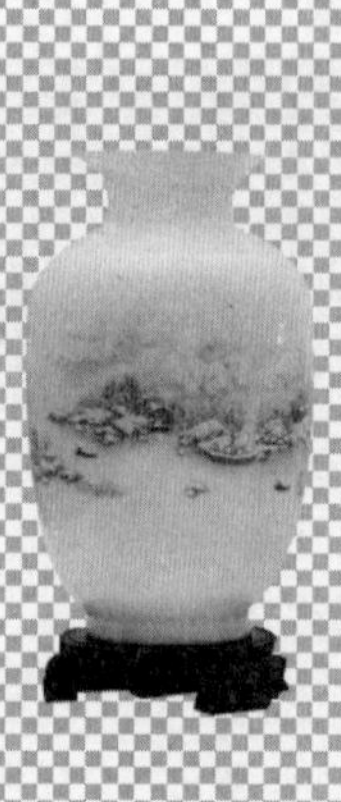

图3-97　删除背景

Step6. 使用 Photoshop CS6 软件打开背景素材文件“花瓶背景 .jpg”。将“花瓶 .psd”文件中选中的“背景 副本”图层复制到“花瓶背景 .jpg”文件中，调整位置及大小，最终效果如图 3-92 所示。

3.5.4　从背景中抠取毛发型图形

商品图中模特发丝的抠取是抠图的难点。利用通道抠图可以抠取毛发，而且抠取的发丝自然美观。例如，要将图 3-98 所示的模特图片中的背景更换为纯白色，更换背景后模特部分仍保持完整，如图 3-99 所示。具体操作如下。

图3-98

图3-99

图3-98　抠图前

图3-99　抠图后

Step1. 使用 Photoshop CS6 软件打开素材文件“模特 .jpg”，如图 3-98 所示。复制背景图层。

Step2. 选择“图像”→“计算”命令，打开“计算”对话框以新建通道，具体参数设置及效果如图 3-100 所示。

图3-100　新建通道

Step3. 切换到通道面板，选中“Alpha 1”通道，右击该通道，在快捷菜单中选择“复制通道”命令，创建“Alpha 1 副本”通道，如图 3-101 所示。

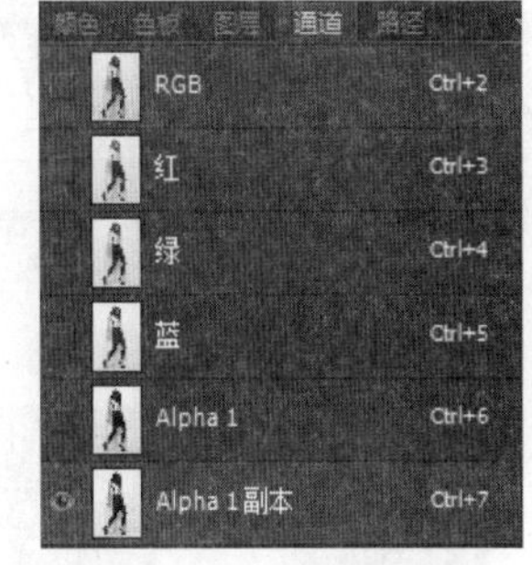

图3-101　复制通道

Step4. 按 Ctrl+L 组合键调整通道色阶，具体参数设置及对应效果如图 3-102 所示。

Step5. 按 Ctrl+M 组合键调整通道曲线，具体参数设置及对应效果如图 3-103 所示。

Step6. 按 Ctrl+I 组合键对图片进行反相操作，如图 3-104 所示。

Step7. 选择画笔工具，将前景色改为白色，沿着模特的内边缘进行涂抹，根据需要涂抹的区域按“[”键缩小笔刷大小，按“]”键增大笔刷大小。涂抹完成的效果如图 3-105 所示。

Step8. 按照 Step7 的方法，沿着模特外边缘，将背景处偏灰白的区域涂抹成黑色。涂抹后的效果如图 3-106 所示。

Step9. 将鼠标放置在“Alpha 1 副本”通道上，按住 Ctrl 键，当鼠标箭头变为图 3-107 所示的图标时单击，载入选区，如图 3-108 所示。

Step10. 选中 RGB 通道，然后切换到图层面板，按 Ctrl+Shift+I 组合键对选区进行反向选择，按 Delete 键删除模特的背景，如图 3-109 所示。按 Ctrl+D 组合键取消选择。

Step11. 在“图层 1”下方新建图层，并将其填充为白色。最终效果如图 3-99 所示。

图3-102　调整色阶

图3-103　调整曲线

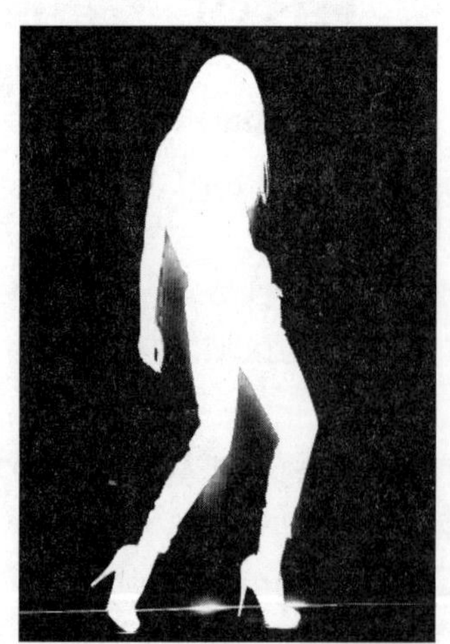

图3-104　图片反相

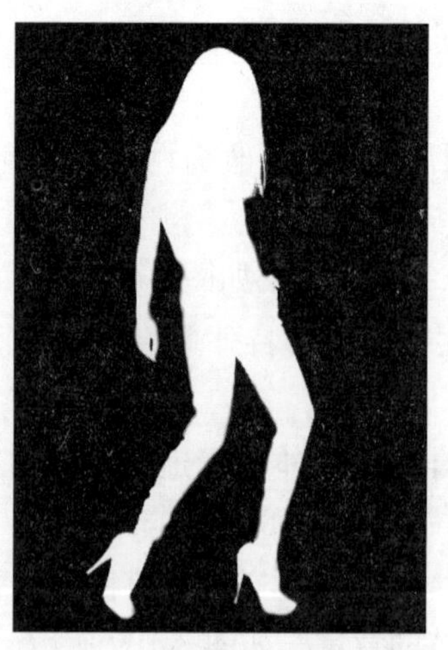

图3-105　涂抹模特内边缘

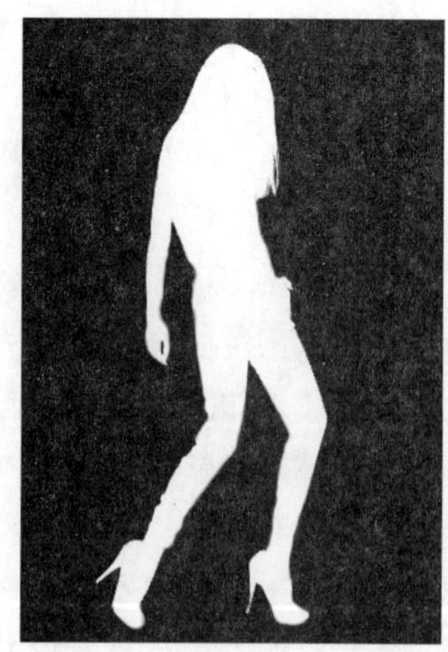

图3-106　涂抹模特外边缘

图3-107 载入选区

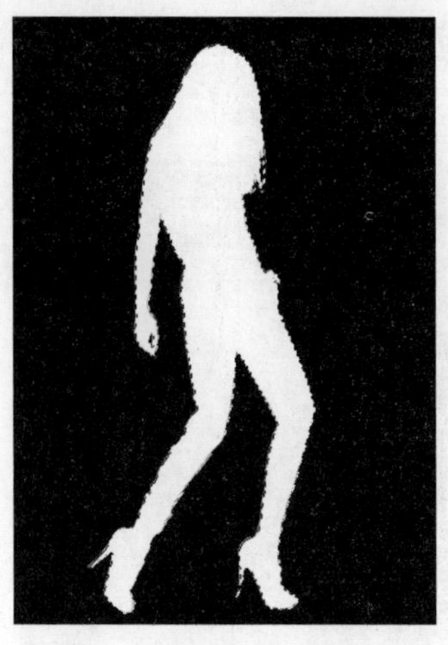
图3-108 载入选区效果

图3-109 删除背景

3.6 为商品图片添加文字

文字作为商品图片的组成要素之一，不但能传递产品信息，还能促进消费。可读性强、搭配合理的文本能直观地向买家提供商品的详细信息。本节对文字工具的相关知识进行讲解。

3.6.1 添加多种文字效果

1. 添加横排文字

横排是最常见的文字排列方式，在网店中常用于店招、海报以及主页中。横排文字不但大气美观，而且便于阅读。横排文字的添加过程如下。

Step1. 使用 Photoshop CS6 软件打开素材文件“大红樱桃 .psd”，如图 3-110 所示。

图3-110 素材文件

Step2. 选择横排文字工具T，选择“窗口”→“字符”命令，在“字符”面板中设置参数，具体参数设置如图3-111所示。

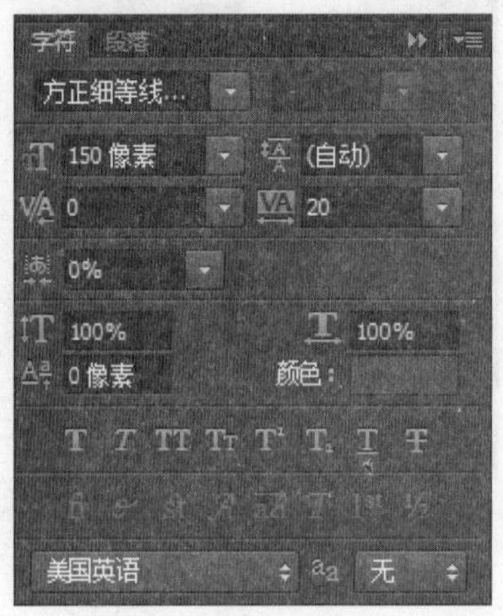

图3-111　设置字符参数

Step3. 在图片中输入文本“香甜”，按Ctrl+Enter组合键结束文本输入，将其放置在合适位置。按此方法再分别输入“·”和“樱桃”，摆放位置如图3-112所示。

图3-112　输入文字

Step4. 选中“樱桃”图层，单击“字符”面板中的加粗按钮T，对字符进行加粗处理，效果如图3-113所示。

图3-113　设置字符样式

Step5. 按照Step2和Step3的方法输入其他文本。最终效果如图3-114所示。

图3-114 横排文字效果

2. 添加竖排文字

竖排也是较常见的文字排列手法，常用于要突出的区域。通过竖排文字可以对横排的内容进行简单的区分，突出重点。竖排文字的操作方法和横排文字相同，图 3-115 为竖排文字的效果。

图3-115 竖排文字效果

3. 添加蒙版文字

蒙版文字在网店图片中主要用于突出文字，图 3-116 所示图片中的“味道”两个字即添加了蒙版。

图3-116 蒙版文字效果

添加蒙版文字的具体操作如下。

Step1. 使用 Photoshop CS6 软件打开素材文件“舌尖上的味道 .jpg”，如图 3-117 所示。

图3-117　素材文件“舌尖上的味道.jpg”

Step2. 在图片中输入文字“味道”，设置字符参数，如图 3-118 所示，并调整文字位置。

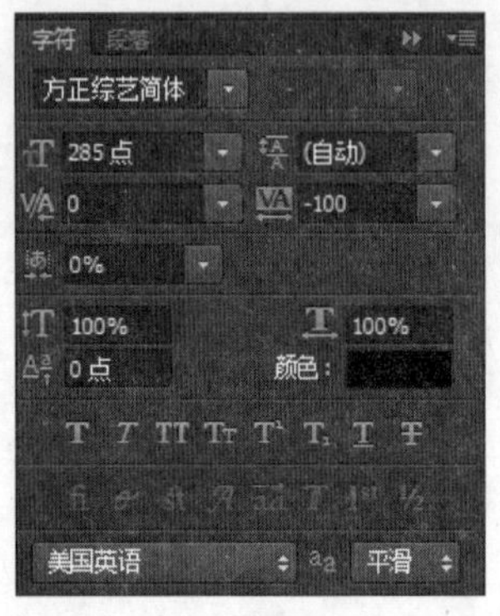

图3-118　“字符”面板

Step3. 将素材文件“蒙版图片 .jpg”拖曳至画布中，按 Enter 键确认，如图 3-119 所示。

图3-119　置入蒙版图片

Step4. 选中“蒙版图片”图层，按 Ctrl+Alt+G 组合键为“蒙版图片”创建剪切蒙版，如图 3-120 所示。调整其大小及位置，以更好地实现文本的展示效果。最终效果如图 3-116 所示。

图3-120　创建剪切蒙版

4. 路径文字

路径文字指沿着绘制的路径输入的文字。网店详情页中常使用路径文字来描述细节图片，如图 3-121 所示。这种方法能以图文结合的形式展现细节，使画面更加美观。路径文字的添加过程如下。

Step1. 使用 Photoshop CS6 软件打开素材文件“路径文字素材 .psd”，如图 3-122 所示。

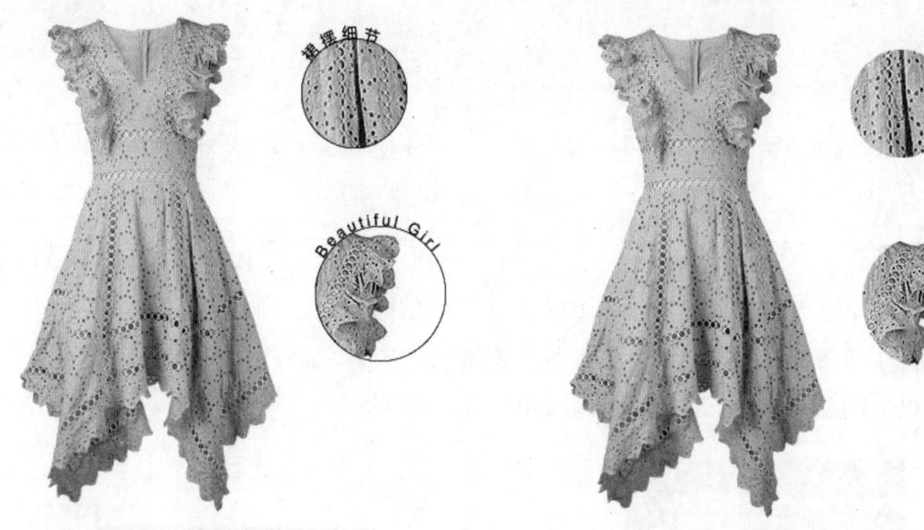

图3-121　详情页中的路径文字　　　　图3-122　路径文字素材

Step2. 选择椭圆工具，在选项栏设置“填充”为无，“描边颜色”为黑色，“描边粗细”为 1 像素。按住 Shift 键绘制两个正圆，套住两个细节图片，如图 3-123 所示。

Step3. 选中“椭圆 1”图层，选择横排文字工具，并将鼠标移动到路径上，当出现图 3-124 方框中的图标时，单击创建路径文字。路径文字效果如图 3-121 所示。

图3-123　绘制两个正圆

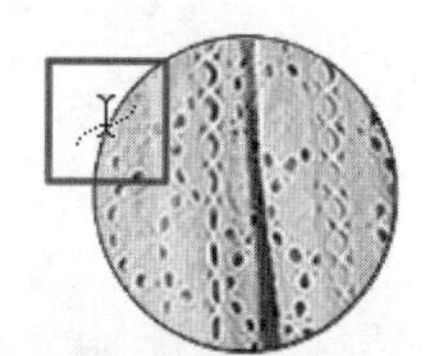

图3-124　创建路径文字

多学一招

■ 自定义形状路径文字

可以用钢笔工具绘制任意路径，然后用文字工具在路径上输入文字，效果如图3-125所示。

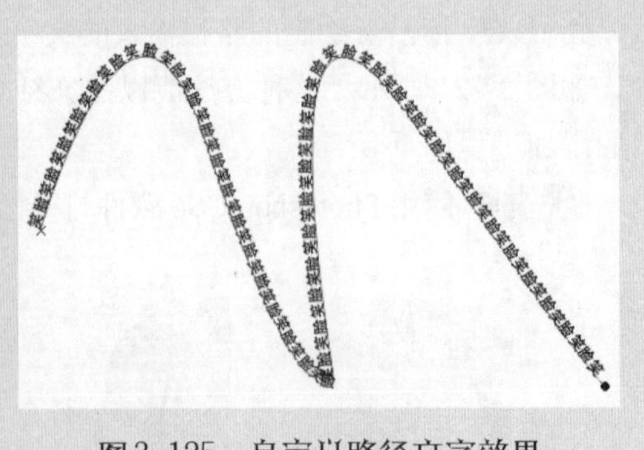

图3-125 自定义路径文字效果

5. 段落文字

选择文字工具以后，在图片中画出文本框，在文本框中输入的文本就是段落文本。段落文本适用于详情页中的长文本。其参数主要通过“字符”面板或“段落”面板设置，如图 3-126和图 3-127 所示。段落文字效果如图 3-128 所示。

图3-126 “字符”面板

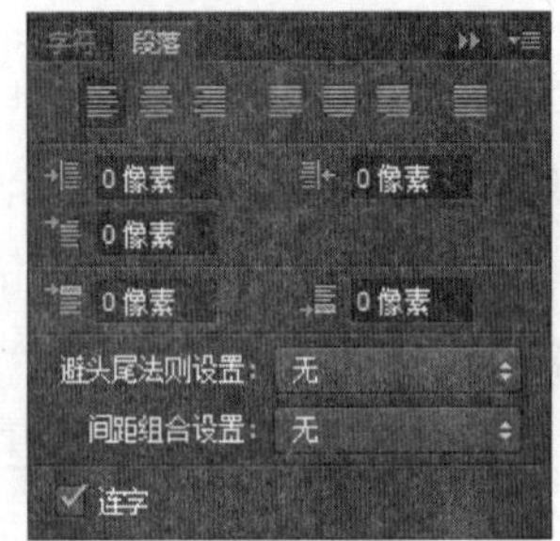

图3-127 “段落”面板

图3-128 段落文字效果

3.6.2 文字的变形

为了使广告更吸引人，可对某些文字进行变形处理。可以使用变形工具、路径变形、栅格化文字变形等方法进行文字变形，如图 3-129 ~ 图 3-131 所示。其中不同的变形效果由不同的变形工具实现，具体介绍如下。

图3-129　使用变形工具进行文字变形的效果

图3-130　使用路径变形进行文字变形的效果

图3-131　使用栅格化文字变形进行文字变形的效果

1. 变形工具

使用变形工具进行文字变形的步骤如下。

Step1. 使用 Photoshop CS6 软件打开素材文件“零食大促销 .psd”，如图 3-132 所示。

Step2. 选中“零食大促销”文本图层，选择文字工具，在选项栏中单击文字变形按钮。在弹出的“变形文字”对话框内设置相关参数，如图 3-133 所示。单击“确定”按钮后，调整文本位置。变形的效果如图 3-129 所示。

图3-132　素材文件“零食大促销.psd”

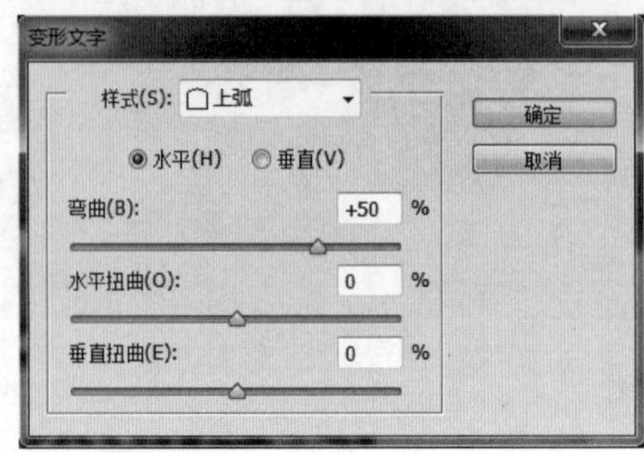

图3-133　变形文字参数设置

2. 路径变形

使用路径变形进行文字变形的步骤如下。

Step1. 使用 Photoshop CS6 软件打开素材文件“泡椒凤爪海报 .psd”，如图 3-134 所示。

图3-134　素材文件“泡椒凤爪海报.psd”

Step2. 在“泡椒凤爪”文本图层上右击，在弹出的快捷菜单中选择“转化为形状”命令，要转换为形状的文字如图 3-135 所示。

泡椒凤爪

图3-135　要转化为形状的文字

Step3. 选择路径选择工具，选中需要变形的文字，如图 3-136 所示。再选择钢笔工具进行添加锚点、删除锚点等操作。

图3-136　利用路径选择工具选中的文字

Step4. 选择直接选择工具，对选中的锚点进行移动或删除。此时要注意，选中的锚点是实心的，未选中的锚点是空心的，如图 3-137 所示。最终的文字变形效果如图 3-138 所示。

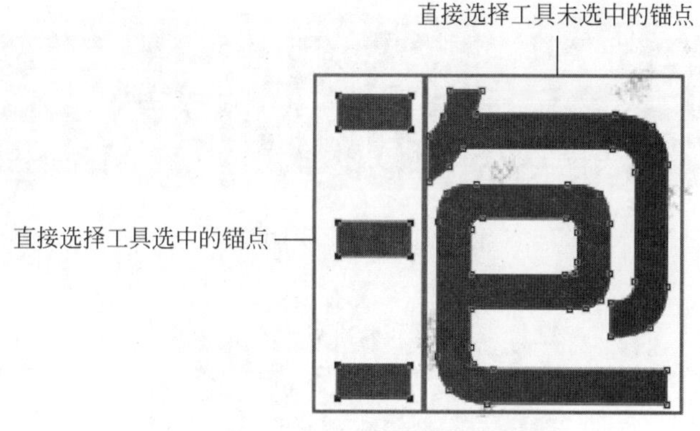

图3-137　选中和未选中的锚点

图3-138　泡椒凤爪海报最终效果

3. 栅格化文字变形

图片变形的方法对文字变形同样适用，但变形前要将文字栅格化，其原理和图片变形相同。使用栅格化文字变形进行文字变形的步骤如下。

Step1. 使用 Photoshop CS6 软件打开素材文件“香浓咖啡豆 .psd”，如图 3-139 所示。

Step2. 选择“咖”文本图层，右击，在弹出的快捷菜单中选择“栅格化文字”命令，按 Ctrl+T 组合键变换图层，如图 3-140 所示。

Step3. 右击“咖”字，在弹出的快捷菜单中选择“变形”命令，拖曳控制点即可进行变形操作，如图 3-141 所示。

图3-139　素材文件“香浓咖啡豆.psd”

图3-140　变换图层

图3-141　变形操作

Step4. 对“啡”文本图层进行相同的操作。最终效果如图 3-142 所示。

图3-142　栅格化文字变形的效果

3.7　本 章 小 结

本章主要介绍了商品图片的修复与修饰，包括商品图片的多样裁剪、调整商品图片的色调、美化精修商品图片、商品图片的特殊处理、抠图换背景以及为商品图片添加文字等知识。

通过本章内容的学习，读者应该掌握商品图片修复与修饰的常用方法。

本章素材

第4章

商品图片的切片与管理

学习目标

知识目标	• 了解切片的作用及制作方法。 • 了解空间的作用及使用方法。
技能目标	• 掌握切片工具的使用方法。 • 熟悉标尺和辅助线的使用方法。

商品详情页通常是在Photoshop中制作的一张完整的图片。但是，如果将整张详情图片上传到平台，将会影响网页加载速度，降低用户体验满意度。这时就需要将完整的图片切分成多个小图片进行保存和上传。然而，应该如何切分和管理商品图片呢？本章将对商品图片的切片和管理技巧做具体讲解。

4.1 图片的切片与优化

由于网络加载受到网速的限制，所以图片在上传到网络之前都要进行切片处理。能够快速制作图片切片并合理优化商品图片，是网店美工的基本技能。本节将对图片切片的作用、制作、优化与保存等进行介绍。

4.1.1 认识图片切片

图片切片指的是将一张大图分割为若干小图的过程，通常使用 Photoshop 中的切片工具来完成。

1. 切片的作用

网页切片在店铺装修中起到非常重要的作用，具体表现在以下几个方面。

- 浏览店铺时，图片的大小对页面整体的影响非常大，将一张大图分割成多张小图，可以加快页面图片的打开速度，改善买家的购物体验。
- 进行店铺装修时，方便替换单一商品。
- 对大图进行切片后，方便对首页与详情页中的商品进行链接。

2. 认识标尺、辅助线

在 Photoshop CS6 中创建切片时，通过标尺、辅助线可以精确测量或定位图像，使切片更精准，从而提高工作效率及质量。

- **标尺**。选择“视图”→“标尺”命令，或按 Ctrl+R 组合键，即可在打开的素材文件左侧和顶部显示或隐藏标尺。
- **参考线**。参考线是浮动在图像上方的直线，分为水平参考线和垂直参考线。参考线主要用于给设计者提供参考位置，不会被打印出来。参考线是切片常用的辅助工具。在菜单中，选择“视图”→“新建参考线”命令，可在弹出的“新建参考线”面板中创建精确位置的参考线；将光标置于窗口顶部或左侧标尺处，按住鼠标不放并向图像区域拖动，可快速创建参考线。创建参考线后，按 Ctrl+;（分号）组合键可隐藏或显示参考线。如图 4-1 所示。

在图 4-1 中可看到，上端与左端为标尺，中间的两横两纵 4 条线为创建的参考线，通过参考线可以很精确地看出店招的显示区域、主页面的显示区域和背景的显示区域。

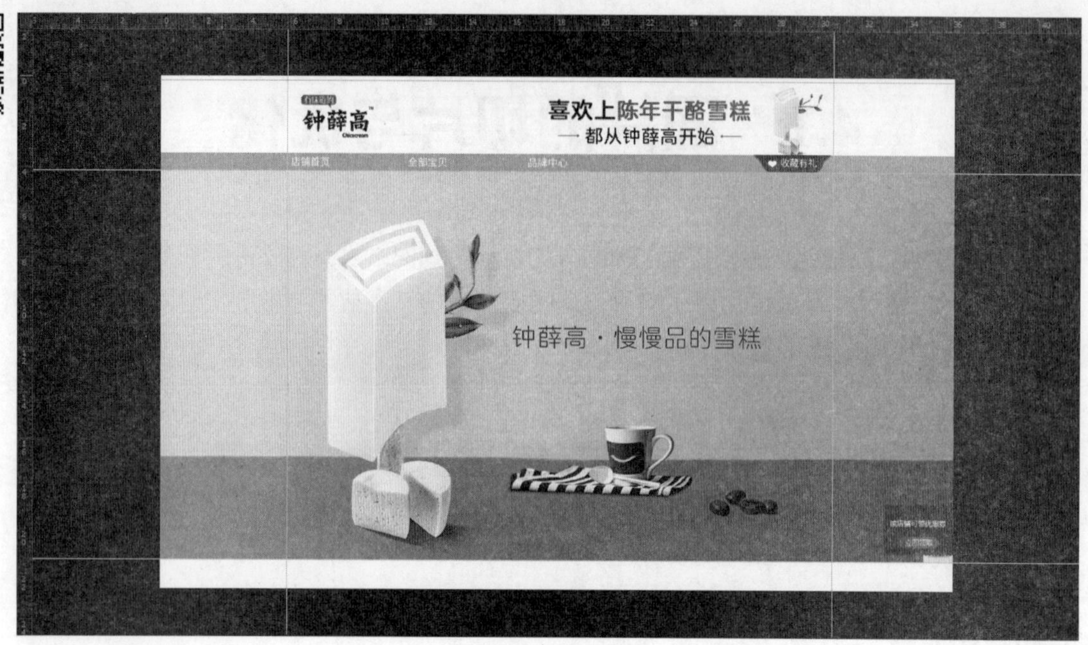

图4-1 参考线

3. 切片的使用技巧

对图片进行切片时，为了保证切片合理、位置精准，需要掌握一定的技巧。主要的几个技巧如下。

- **利用参考线进行切片**。从标尺开始拖动鼠标，为图片创建切片的参考线，可以沿着参考线拖动鼠标创建切片。
- **合理确定切片位置**。切片时不能将一个完整的图片区域断开，应尽量保持图片完整，避免在网速很慢时图片不能完整展现。
- **合理确定切片存储的颜色**。在存储切片时，需要保存为 Web 格式。由于 Web 格式的色彩为网页安全色，而网页安全色是各种显示器都可以无损失、无偏差输出的色彩集合。因此，切片应尽量使用网页安全色，以避免实际商品色彩与商品的效果图不符。
- **合理确定切片存储的格式**。存储切片时，可单独为各个切片设置存储格式，切片存储的格式不同，其大小与效果也会有所不同。一般情况下，色彩丰富、尺寸较大的切片，选择 JPG 格式；尺寸较小、色彩单一和背景透明的切片，选择 GIF 或 PNG-8 格式；半透明、色彩较多的切片，选择 PNG-24 格式。

4.1.2 制作图片切片

在 Photoshop 中可以利用切片工具创建切片。下面以一家家居店铺首页为例，详细讲解制作图片切片的方法。

Step1. 使用 Photoshop CS6 软件打开素材文件“家居用品店铺首页 .png”。按 Ctrl+R 组合键调出标尺。

Step2. 在切片边界创建参考线，以保证切片的完整性，如图 4-2 所示。

图4-2 创建参考线

Step3. 选择切片工具，在店招的左上角按住鼠标不放，沿着参考线拖曳，当到达右侧的目标位置后释放鼠标左键，完成后的切片将显示黄色线框，如图 4-3 所示。

图4-3 对详情页焦点图进行切片

Step4. 确定切片区域后，若切片区域不是想要的区域，可将鼠标指针移动至需要修改的切片的一边的中点上，当鼠标指针变为双向箭头形状后，按住鼠标左键不放进行拖曳，当拖曳到适当位置时释放鼠标左键即可，如图 4-4 所示。

图4-4 对切片区域进行调整

Step5. 在切片区域右击，在弹出的快捷菜单中选择“编辑切片选项”命令，打开“切片选项”对话框。在“名称”文本框中设置切片名称，这里输入“家居用品店铺首页 _ 店招”。在“尺寸”选项区中可以查看切片的尺寸。单击“确定”按钮，如图 4-5 所示。

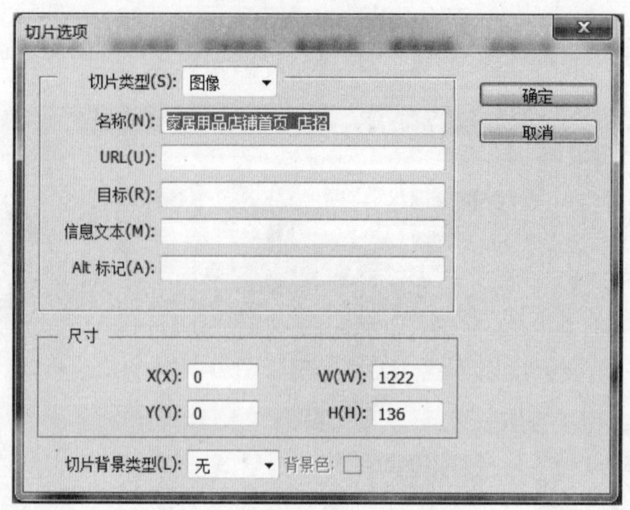

图4–5　设置切片选项

Step6. 对下方的横幅广告图进行裁切，裁切完成后调整切片的位置，并将其命名为“家居用品店铺首页 _banner”，如图 4-6 所示。

图4–6　对横幅广告图进行切片

Step7. 使用切片工具，沿着参考线为商品分类栏创建切片，如图 4-7 所示。

Step8. 将鼠标放置在商品分类栏，右击，在弹出的快捷菜单中选择“划分切片”命令。打开“划分切片”对话框后，选中“水平划分为”和“垂直划分为”复选框，并在其下方的文本框中输入“3”，单击“确定”按钮，即可将切片的区域平均划分为 9 份，如图 4-8 所示。

图4-7　对商品分类栏进行切片

图4-8　划分切片

Step9. 商品分类栏切片完成后，调整切片的位置，并将其命名为“家居用品店铺首页 _ 商品分类栏”。

Step10. 按 Ctrl+ ;（分号）组合键隐藏参考线，然后选择切片选择工具，在工具栏中单击隐藏自动切片按钮。查看切片是否对齐，若没有对齐，可拖曳切片边框线进行调整，完成后的效果如图 4-9 所示。

图4-9　家居用品店铺首页切片效果

Step11. 将制作好的切片保存为 PDS 格式，命名为“家居用品店铺首页切片 .psd”。

4.1.3　优化与保存切片

当切片完成后，即可对切片后的图片进行优化和保存。在优化时可对图片的颜色、大小和动画等进行优化，完成后还可将其保存为对应的格式。在切片中常见的格式包括“仅限图像”“HTML 和图像”“仅限 HTML” 3 种，因为输出的对象不同，所以保存的格式也不相同。

在 4.1.2 节已经将“家居用品店铺首页 .png”素材文件切割完成，接下来需要对切片进行保存，具体操作如下。

Step1. 使用Photoshop CS6软件打开素材文件“家居用品店铺首页切片 .psd”。选择“文件”→“存储为 Web 所用格式”命令，打开“存储为 Web 所用格式”对话框。选择“双联”选项卡，使“原稿”与 GIF 图并列显示，并在右侧单击 按钮，拖曳图片调整显示的位置，如图 4-10 所示。

Step2. 在图 4-10 右侧的“预设”栏中，单击 按钮，在下拉菜单中选择“优化文件大小”命令，打开“优化文件大小”对话框。

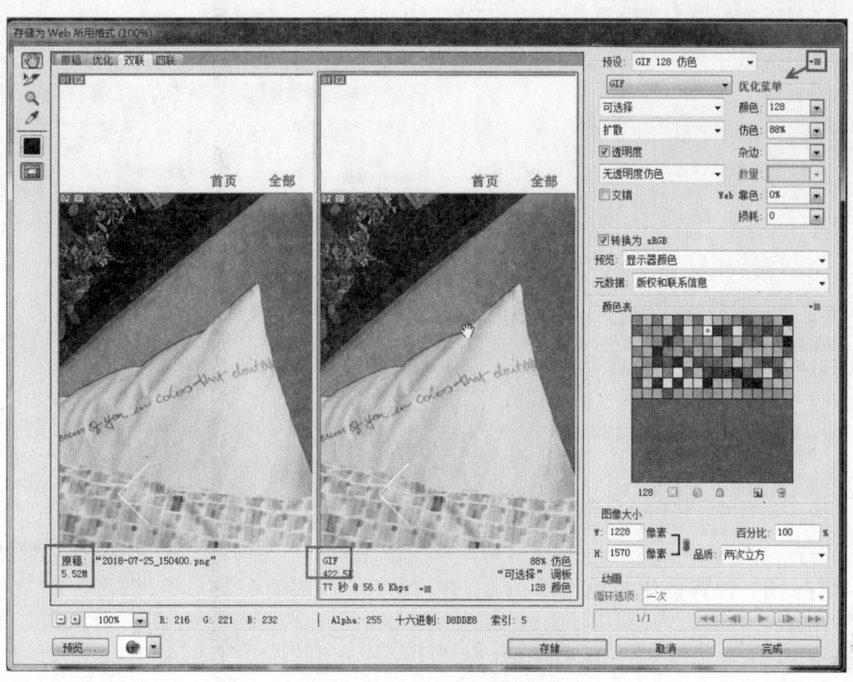

图4-10 双联显示文件

Step3. 在“所需文件大小”右侧的文本框中输入 72，选中“自动选择 GIF/JPEG”单选按钮，单击“确定”按钮，如图 4-11 所示。

Step4. 在“预设”下方的下拉列表框中将优化的文件格式设置为 GIF，并在其下方的下拉列表框中设置减低颜色深度算法为“随样性”，将“颜色”设置为 256，其他设置可参考图 4-12 所示数值。

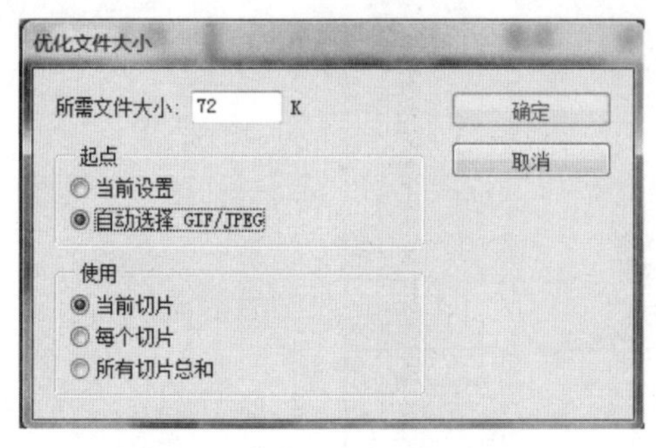

图4-11 设置优化文件大小

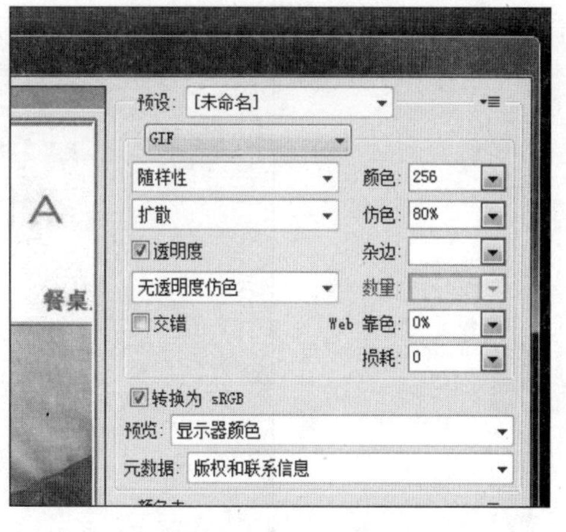

图4-12 设置优化样式

Step5. 将“品质”设置为“两次立方（较锐利）”，如图 4-13 所示。完成后单击“预览”按钮，预览网页显示效果。

Step6. 单击“存储”按钮，打开“将优化结果存储为”对话框，选择文件的存储位置，并在“格式”下拉列表框中选择“HTML 和图像”选项，单击“保存”按钮，如图 4-14

所示。

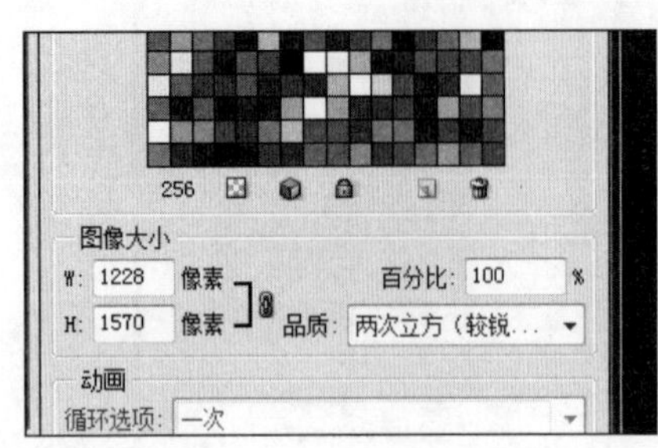

图4-13　设置优化品质

图4-14　存储文件

Step7 在保存的路径中选择 images 文件夹，在其中可查看切片文件以及“家居店铺首页切片 .html”网页文件。双击该网页文件，在打开的页面中可查看切片图的布局样式，右击该页面，在弹出的菜单中选择“查看源”命令，如图 4-15 所示。打开源文件后，即可查看首页的代码，该代码可以用在店铺装修中，如图 4-16 所示。

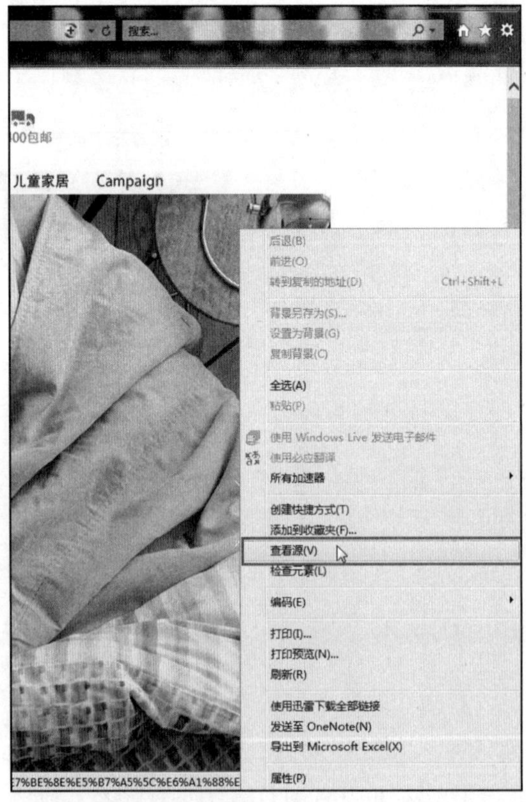

图4-15　打开首页源代码

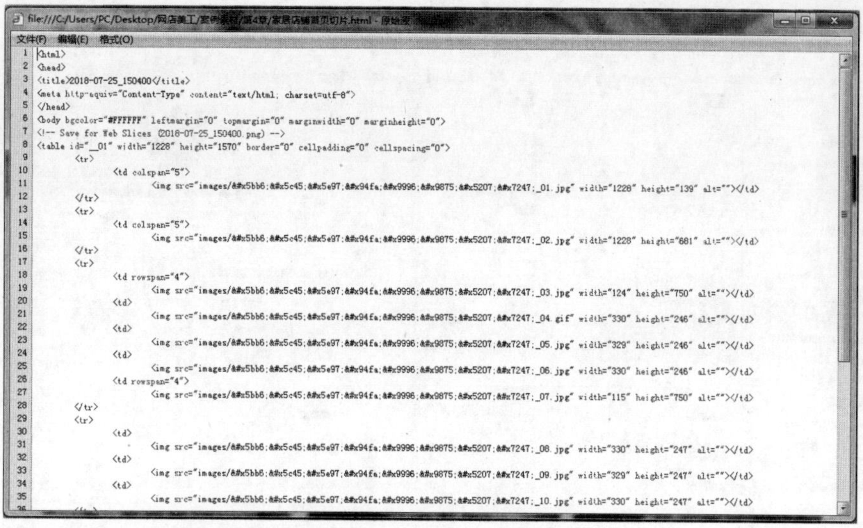

```html
<html>
<head>
<title>2018-07-25_150400</title>
<meta http-equiv="Content-Type" content="text/html; charset=utf-8">
</head>
<body bgcolor="#FFFFFF" leftmargin="0" topmargin="0" marginwidth="0" marginheight="0">
<!-- Save for Web Slices (2018-07-25_150400.png) -->
<table id="__01" width="1228" height="1570" border="0" cellpadding="0" cellspacing="0">
	<tr>
		<td colspan="5">
			<img src="images/&#x5bb6;&#x5c45;&#x5e97;&#x94fa;&#x9996;&#x9875;&#x5207;&#x7247;_01.jpg" width="1228" height="139" alt=""></td>
	</tr>
	<tr>
		<td colspan="5">
			<img src="images/&#x5bb6;&#x5c45;&#x5e97;&#x94fa;&#x9996;&#x9875;&#x5207;&#x7247;_02.jpg" width="1228" height="681" alt=""></td>
	</tr>
	<tr>
		<td rowspan="4">
			<img src="images/&#x5bb6;&#x5c45;&#x5e97;&#x94fa;&#x9996;&#x9875;&#x5207;&#x7247;_03.jpg" width="124" height="750" alt=""></td>
		<td>
			<img src="images/&#x5bb6;&#x5c45;&#x5e97;&#x94fa;&#x9996;&#x9875;&#x5207;&#x7247;_04.gif" width="330" height="246" alt=""></td>
		<td>
			<img src="images/&#x5bb6;&#x5c45;&#x5e97;&#x94fa;&#x9996;&#x9875;&#x5207;&#x7247;_05.jpg" width="329" height="246" alt=""></td>
		<td>
			<img src="images/&#x5bb6;&#x5c45;&#x5e97;&#x94fa;&#x9996;&#x9875;&#x5207;&#x7247;_06.jpg" width="330" height="246" alt=""></td>
		<td rowspan="4">
			<img src="images/&#x5bb6;&#x5c45;&#x5e97;&#x94fa;&#x9996;&#x9875;&#x5207;&#x7247;_07.jpg" width="115" height="750" alt=""></td>
	</tr>
	<tr>
		<td>
			<img src="images/&#x5bb6;&#x5c45;&#x5e97;&#x94fa;&#x9996;&#x9875;&#x5207;&#x7247;_08.jpg" width="330" height="247" alt=""></td>
		<td>
			<img src="images/&#x5bb6;&#x5c45;&#x5e97;&#x94fa;&#x9996;&#x9875;&#x5207;&#x7247;_09.jpg" width="329" height="247" alt=""></td>
		<td>
			<img src="images/&#x5bb6;&#x5c45;&#x5e97;&#x94fa;&#x9996;&#x9875;&#x5207;&#x7247;_10.jpg" width="330" height="247" alt=""></td>
```

图4-16 查看首页源代码

4.2 网店图片管理

装修店铺和发布商品时会使用大量的图片素材，图片空间对于店铺来说是必不可少的一部分。充分利用图片空间，可以提升图片管理的效率，提高商品图片的展示速度，改善消费者购物体验。

4.2.1 认识图片空间

图片空间不但包含店铺装修中用到的所有图片，还包含了不同风格的模块样式。下面对图片空间的基础知识进行介绍。

1. 图片空间的进入方法

进入图片空间的方法主要有3种：

- **通过装修页面后台进入**。登录淘宝店铺账号后，进入卖家中心首页，单击“店铺管理”下方的“图片空间”超链接，即可进入图片空间页面。该方法是进入图片空间的常用方法。
- **使用网页直接进入**。在浏览器的地址栏中输入网址 tu.taobao.com，即可直接进入图片空间。
- **使用千牛进入**。进入千牛界面，即可看到卖家中心首页，单击“店铺管理”下方的“图片空间”超链接，即可进入图片空间页面，如图4-17所示，在其中可进行图片的上传操作。

图4-17　千牛界面

2. 图片空间的优势

图片空间与其他空间不同的是，其中的图片不但可以直接复制链接，还能在装修过程中快速进行图片查找。使用淘宝图片空间的优势主要有以下几点。

- **管理方便。**淘宝图片空间相对于其他外网空间，在功能方面更全面，包括替换、引用、搜索、搬家和批量处理等，更方便图片的管理。
- **安全稳定。**图片空间是淘宝官方的产品，在图片安全性、稳定性等方面比较有保障。
- **浏览速度快。**在图片空间中浏览图片，就像在计算机中查看本地图片一样。利用图片空间中的图片可以加快页面打开的速度，这样不但提高了买家的浏览速度，还可以促进销售。

4.2.2　图片空间的管理

上传图片时，如果没有对图片的类别进行设置，上传的图片会存放在“默认分类”下。如果商品较多，众多商品图堆积在一起，既不利于美工查找，也容易出现少传或错传等问题。为了方便区分不同的图片，可以通过“图片管理”页面对图片进行分类管理。管理图片空间的方法有很多种，下面对常用的管理方法进行介绍。

1. 图片空间显示方式

在图片空间中，显示的方式主要为图标显示、列表显示和自定义显示。在这 3 种显示方式中，图标显示方式更直观，而列表显示方式可以看到更多的图片信息。下面对这 3 种显示方式进行介绍。

- **图标显示**。与列表显示相比，图标显示的展现效果更直观，通常在制作店铺模板时使用。其设置方式为：打开图片空间首页，在该页面最右侧单击大图模式按钮▦，如图 4-18 所示，即可将图片空间中的图片以大图方式显示，以方便图片查找。图标显示方式的效果如图 4-19 所示。

图4-18　选择大图模式

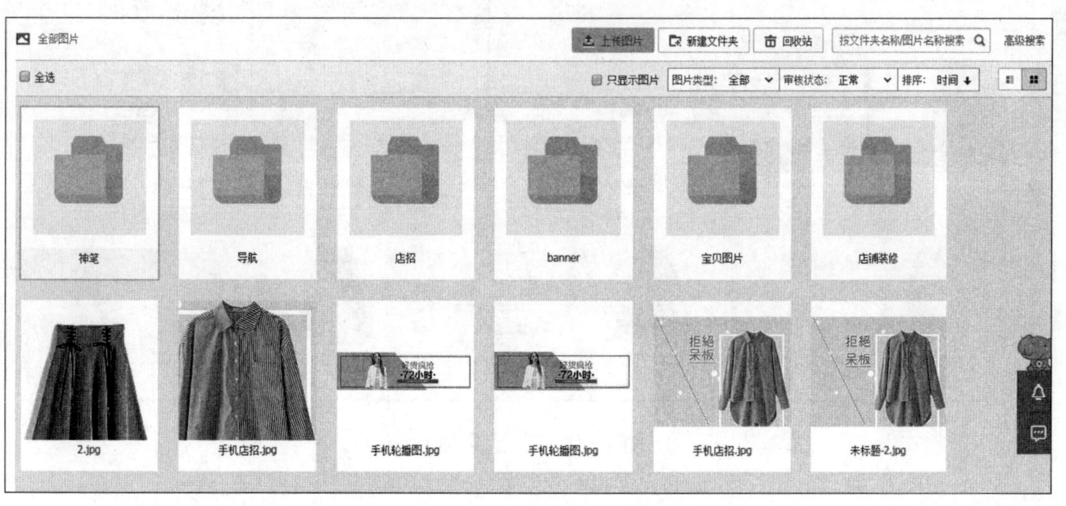

图4-19　图标显示方式的效果

- **列表显示**。列表显示的图片将以列表形式分列给出图片的多个信息。使用列表显示可以查看图片的类型、尺寸、大小和更新时间，常用于删除图片或图片转移操作。其设置方法为：单击图 4-18 右侧的列表模式按钮▤，即可将图片空间中的图片以列表形式显示，以方便查看图片信息，如图 4-20 所示。
- **自定义显示**。与图标显示及列表显示不同，自定义显示可根据不同的需求对图片进行显示。其设置方法为：打开“图片空间”首页，选中“只显示图片”复选框，并单击其右侧的下拉按钮，在下拉列表中选择“PC 端”，如图 4-21 所示。

尊敬的用户，图片空间将升级新版本，现已开始公测，点击试用。

全部图片　上传图片　新建文件夹　回收站　按文件夹名称/图片名称搜索

全选　只显示图片　图片类型：全部　审核状态：正常　排序：时间

名称	类型	尺寸	大小	是否引用	更新时间
神笔	文件夹				2018/03/16 08:45
导航	文件夹				2018/03/16 08:45
店招	文件夹				2018/03/16 08:45
banner	文件夹				2018/03/16 08:45
宝贝图片	文件夹				2018/03/16 08:45
店铺装修	文件夹				2018/03/16 08:45
2.jpg	jpg	320x320	59.97k	否	2018/07/04 09:44
手机店招.jpg	jpg	320x320	70.21k	否	2018/07/04 09:44
手机轮播图.jpg	jpg	750x199	54.38k	否	2018/07/02 15:51

图 4-20　列表显示

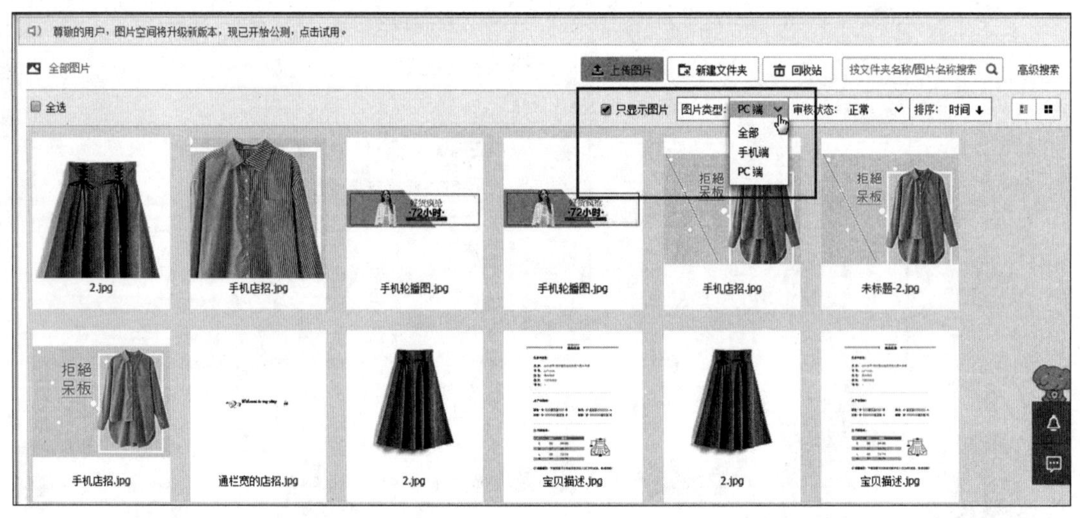

图 4-21　自定义显示

2. 图片的授权

将图片上传至店铺的图片空间后，这些图片只允许本店铺使用，而不能共享给其他店铺。但是很多淘宝店铺都存在多个子店铺，若需要逐一上传图片会很麻烦，此时可以通过图片授权的方式来共享图片。设置方法为：打开图片空间首页，单击“授权管理”选项卡，进入“授权管理”页面，在“添加授权的店铺”文本框中输入需要授权的店铺名称，单击“添加”按钮，将弹出提示对话框，单击“确定”按钮即可完成授权，如图 4-22 所示。授权成功后，将会显示授权店铺的授权时间。

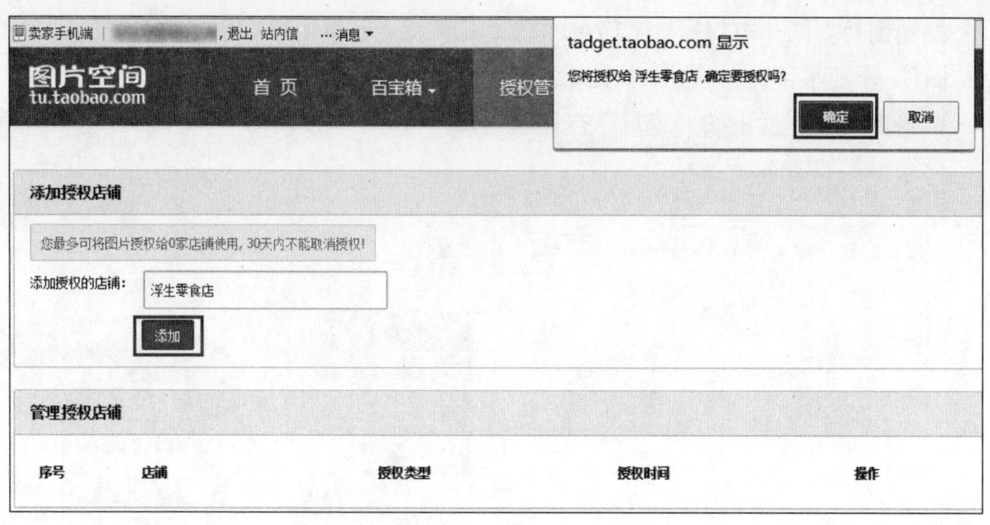

图 4-22　添加授权店铺

3. 其他管理方法

图片空间管理除上述两项外，还有重命名图片、移动图片和编辑图片等。具体介绍如下。

- **重命名图片**。将图片命名为对应商品的名称，可以使图片更加直观，便于管理。其操作方法为：在图片上传之后，选择需要重命名的图片，单击图片下方的文件 / 文件夹名称，即可快速复制和修改名称，如图 4-23 所示。
- **移动图片**。如果需要将上传到图片空间中的图片移动到其他文件夹中，可以选择该图片，然后右击，在弹出的快捷菜单中选择“移动”命令，打开“移动到”对话框，在其中选择要移动到的文件夹，然后单击“确定”按钮，如图 4-24 所示。返回图片空间，打开相应的文件夹，即可查看被移动的图片。

图 4-23　重命名图片

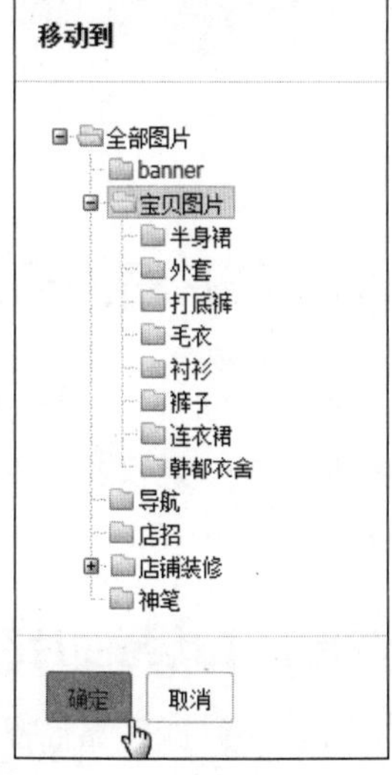

图 4-24　移动图片

- **编辑图片**。图片空间提供了简单的图片编辑功能，供用户对图片进行调整，如美化图片、添加水印、添加边框、拼图、添加文字等。其操作方法为：单击需要编辑的图片，单击上方操作栏中的“编辑”按钮 编辑 ，如图 4-25 所示，打开图片编辑界面进行编辑，如图 4-26 所示。

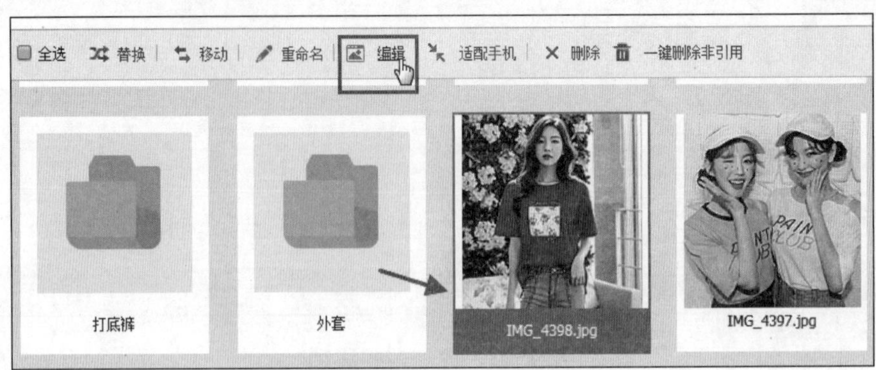

图 4-25　选择要编辑的图片

图 4-26　编辑图片

4.2.3　图片空间的功能

图片空间是一个店铺在互联网中的相册，它具有普通相册的基本功能，如存储图片、替换图片等。除这些基本功能外，图片空间还具有上传、替换、引用、搜索及搬家等辅助功能。

1. 将图片上传至图片空间

进行装修或发布商品前，卖家即可将要使用的图片上传到图片空间。当需要使用图片时，即可直接从图片空间的相应文件夹中选择，具体操作如下。

Step1. 登录淘宝卖家中心，在左侧列表框中的“店铺管理”栏中单击“图片空间”超链接，如图 4-27 所示。

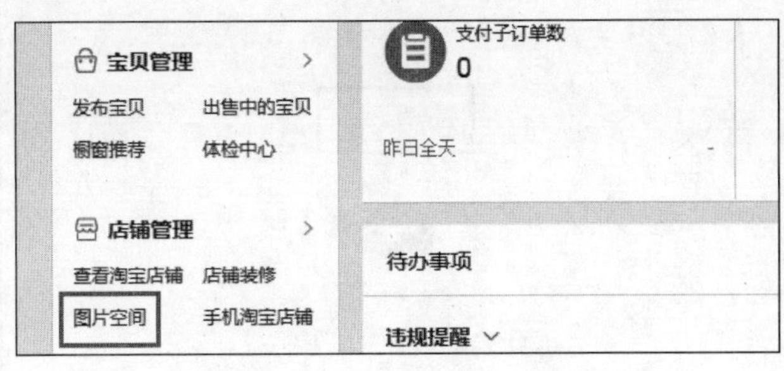

图4-27　进入图片空间

Step2. 在页面右上方单击“新建文件夹”按钮 ，打开“新建文件夹”对话框，输入保存上传图片的文件夹名称，此处输入“宝贝图片”，单击“确定”按钮，如图 4-28 所示。

图4-28　新建文件夹

Step3. 在图片空间中，双击打开新建的“宝贝图片”文件夹，在页面右上方单击“上传图片”按钮 ，如图 4-29 所示。

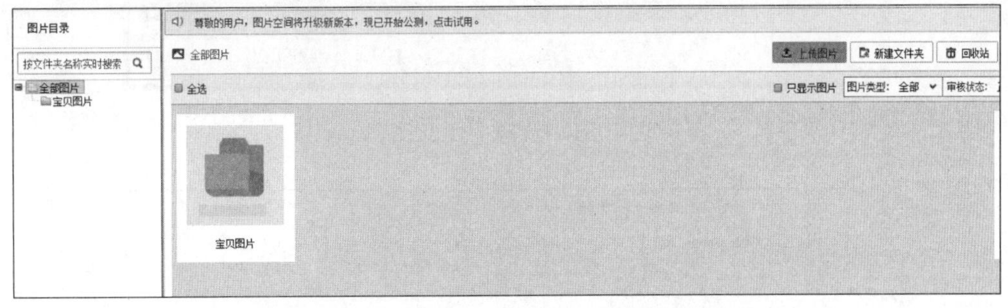

图4-29　选择保存上传图片的文件夹

Step4. 打开“上传图片”对话框，单击“点击上传”按钮，如图 4-30 所示。

Step5. 打开“打开”对话框，选中需要上传的单张图片，或按 Ctrl 键选择多张图片批量上传，最后单击“打开”按钮，如图 4-31 所示。

Step6. 此时，将打开“图片上传提示”对话框，并显示图片的上传速度。上传完成后，自动返回图片空间并提示已完成图片上传。关闭提示对话框，即可查看上传的图片，如图 4-32 所示。

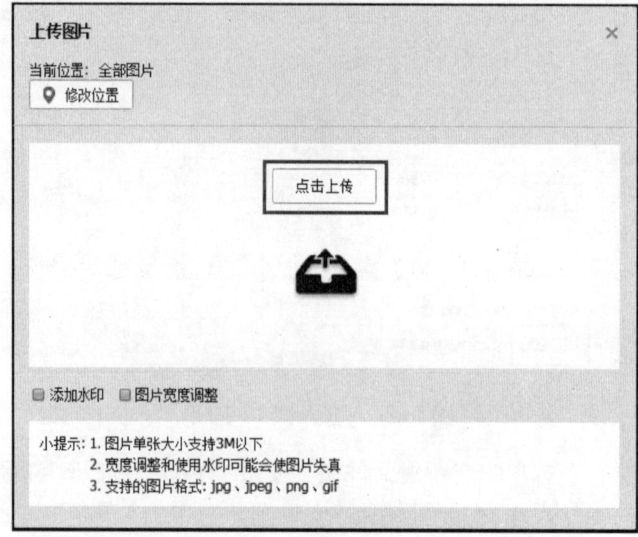

图4-30　启动图片上传

图4-31　选择上传的图片

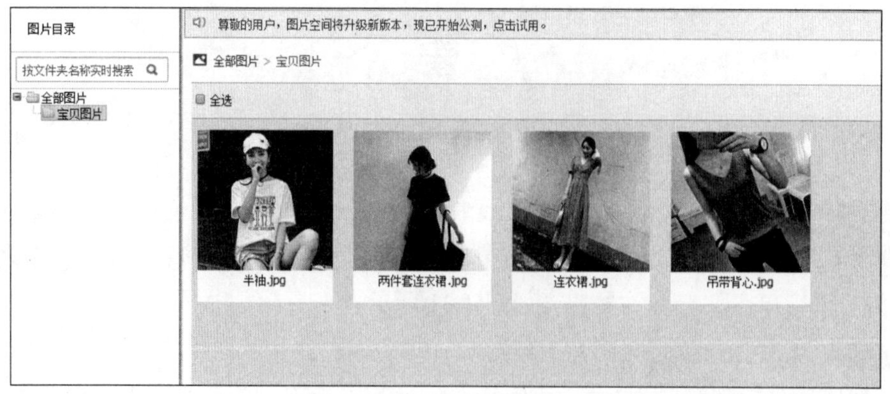

图4-32　查看上传的图片

2. 删除与还原图片空间中的图片

删除图片空间中未被引用的图片，可以节约图片空间容量，方便以后上传其他商品图片到图片空间中。删除的图片会在回收站中存储 7 天，若在 7 天内需要再次使用该图片，可以将其从回收站中恢复到图片空间，具体操作如下。

Step1. 进入图片空间页面，打开要删除的图片所在的文件夹，右上角出现“引”字符号的图片为已经被引用的图片，如图 4-33 所示。

图4-33　已经被引用的图片

Step2. 按住 Ctrl 键单击选择未被引用的图片，在图片上方的工具栏中单击“删除”按钮× 删除，即可删除未被引用的图片，如图 4-34 所示。

图4-34　删除未被引用的图片

Step3. 在图片空间页面上方单击“回收站”按钮，进入回收站页面，如图 4-35 所示。选择需要还原的图片，单击“还原”按钮↶ 还原，如图 4-32 所示，即可将该图片还原到图片空间中。

↶ 还原 | × 永久删除

名称	类型
吊带背心.jpg	jpg
连衣裙.jpg	jpg
两件套连衣裙.jpg	jpg

图4-35　在回收站中还原图片

3. 替换空间图片

在淘宝图片空间中，可以将已上传图片替换为其他图片，店铺引用的图片也会随着发生变化，其具体操作如下。

Step1. 选中图片空间中要替换的图片，单击顶部工具栏中的“替换”按钮，如图 4-36 所示。

图 4-36　选中要替换的图片

Step2. 打开“替换图片”对话框，单击“选择文件”按钮，如图 4-37 所示。

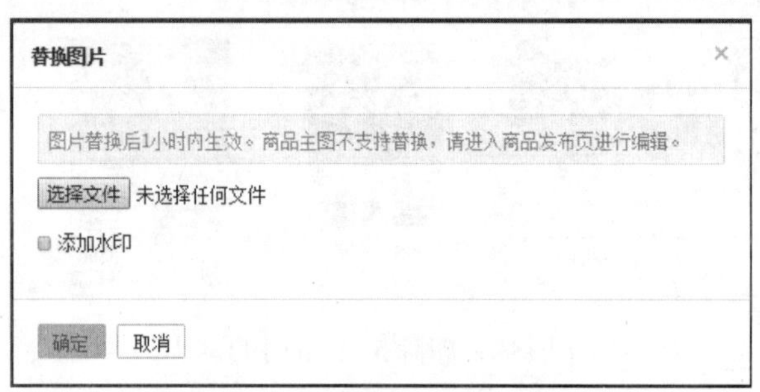

图 4-37　选择新的图片文件

Step3. 在“打开”对话框中选择要替换原有图片的新图片，单击“打开”按钮，如图 4-38 所示。

图 4-38　选择要替换原有图片的新图片

Step4. 返回“替换图片”对话框，单击“确定”按钮即可完成替换。替换后的效果如图 4-39 所示。

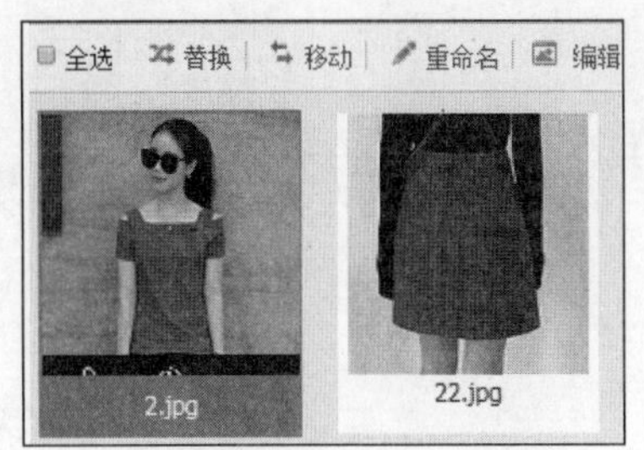

图4-39 替换后的效果

4.3 本章小结

本章主要介绍了商品图片的切片与优化和网店图片空间管理的相关知识。

通过本章内容的学习，读者应该认识切片的作用，了解图片空间的作用及管理方法，熟悉标尺和辅助线的使用方法，能够将图片制作成切片。

本章素材

第5章

网店装修元素的设计与制作

学习目标

知识目标	• 了解店铺Logo的定义与类型。 • 了解店标的设计要点。
技能目标	• 掌握静态店标的制作方法和设计要点。 • 掌握动态店标的制作方法。 • 掌握店铺背景的制作方法。

店铺装修元素设计水平直接影响买家对店铺的第一印象。例如，Logo作为最具标志性的元素，可以反复加强买家对品牌的印象，形成品牌烙印；精美的店标可以在第一时间吸引买家进入店铺；店铺背景可以烘托整个店铺的氛围。本章将从店铺Logo的设计、店标的设计、店铺背景的制作三方面介绍店铺最基础的装修元素的设计与制作方法。

5.1 店铺Logo的设计

店铺 Logo 是店铺最重要的标志之一，常常出现在店铺页面和商品图片中，通过店铺 Logo 可以展示和宣传店铺，将店铺的形象、特点与其他店铺区分开来，提高店铺的辨识度，从而使客户形成对店铺品牌的烙印。

5.1.1 什么是店铺Logo

Logo 也称标志，主要通过造型简单和意义明确的视觉符号，将经营理念、企业文化、经营内容和产品要素等的一个方面或几个方面传递给买家。店铺 Logo 是店铺视觉形象的核心，也是构成店铺形象的基本特征，能够体现店铺的内在素质，它不仅是调动店铺视觉的主导因素，也是整合视觉要素的中心。

店铺 Logo 既可以应用在店招中，也可以应用在宝贝主图、店标设计中，图 5-1 是一些较为成功的店铺 Logo 在店招中的应用。

图5-1　店铺Logo案例

5.1.2 店铺Logo的类型

店铺 Logo 是店铺的形象，优秀的店铺 Logo 可以起到宣传店铺的作用，吸引买家。Logo 的外形丰富多变，设计者的想象空间很大。店铺 Logo 从视觉上可以分为文字 Logo、图形 Logo 和图文结合型 Logo 3 种。

- **文字 Logo**。以文字、名称为表现主体，一般是由品牌名称、缩写或者从其中抽取的个别有趣的文字，通过重新排列、文字扭曲、颜色调整等方式设计而成的。例如，“卫龙”标志即采用了品牌名称，以红色为底色，以白色为文字颜色，颜色对比鲜明，文字醒目，且采用可爱又简单的形式，容易记忆，如图 5-2 所示。

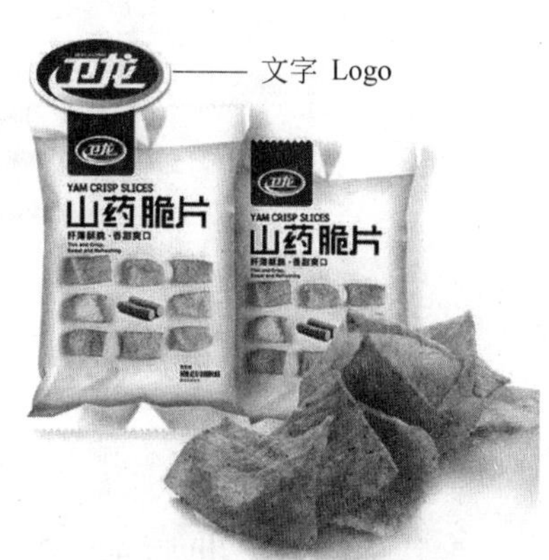

图5-2　文字Logo

- **图形 Logo**。以具体的图形来表现品牌的名称或商品的属性，相对于文字 Logo 更为直观和富有感染力。例如，大嘴猴童装店铺使用大嘴猴的卡通形象作为店铺 Logo，如图 5-3 所示。
- **图文结合型 Logo**。由图形与文字结合构成，表现为文中有图、图中有文的特征，如图 5-4 所示。

图5-3

图5-4

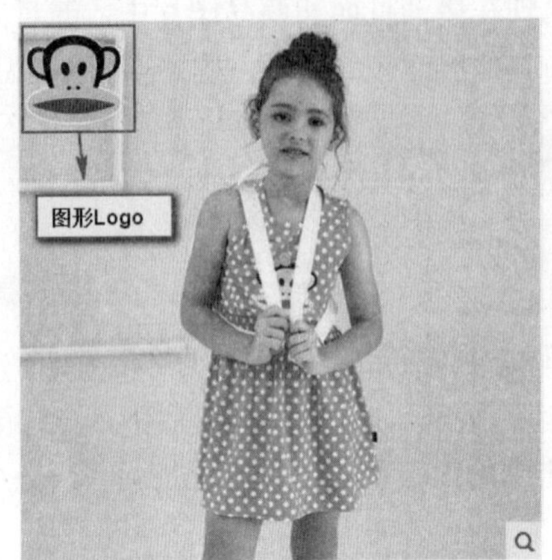

图5-3　图形Logo

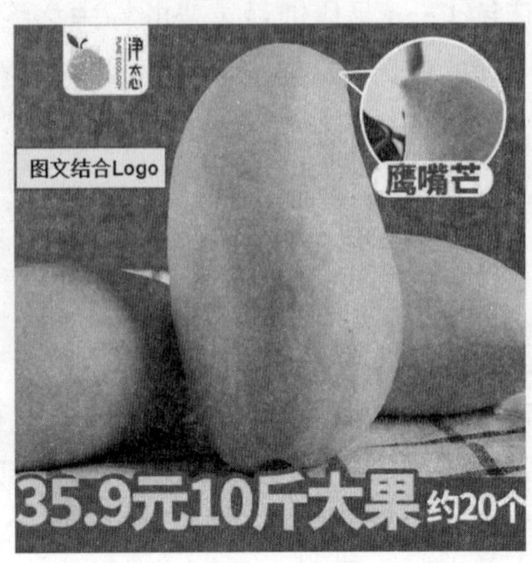

图5-4　图文结合型Logo

5.1.3　店铺Logo的制作

店铺 Logo 是一个店铺最具标志性的元素，是店铺装修中必不可少的一部分。下面以大魔树女装店铺 Logo 制作为例，讲解店铺 Logo 的制作方法。首先分析 Logo 的表现形式，本案例采取图文结合型 Logo，绘制一个大树的图形，配合“大魔树”大写拼音作为 Logo 主体。然后选取 Logo 的色调，由于店铺经营的是高端女装，故选用高贵、大气的紫色和代表女性的粉色。Logo 的制作效果如图 5-5 所示。

图5-5　店铺Logo

具体操作方法如下。

Step1. 打开 Illustrator CS6 软件，按 Ctrl+N 组合键新建一个宽度为 400 像素、高度为 400 像素的画布，并命名为“大魔树女装 Logo”，如图 5-6 所示。

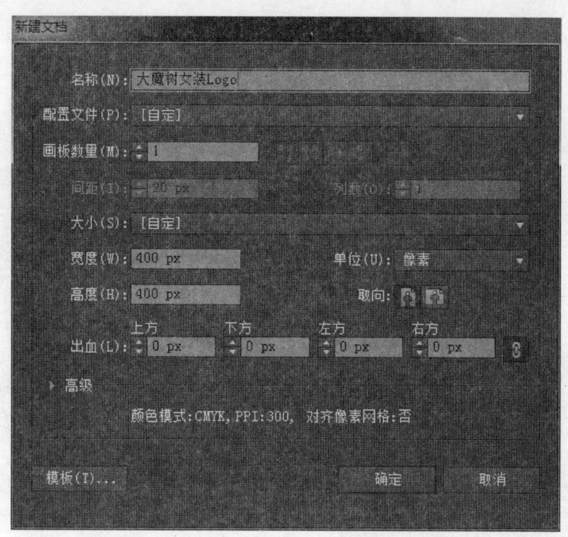

图5-6 新建画布

Step2. 选择椭圆工具，在选项栏中设置“填充”为无，“描边”为1像素。在画布上单击，绘制一个大小为293像素的圆形，如图5-7所示。

Step3. 选择矩形工具，在选项栏中设置“填充”为黑色，“描边”为“无”。绘制一个大小为45像素 ×130像素的矩形，放置位置如图5-8所示。

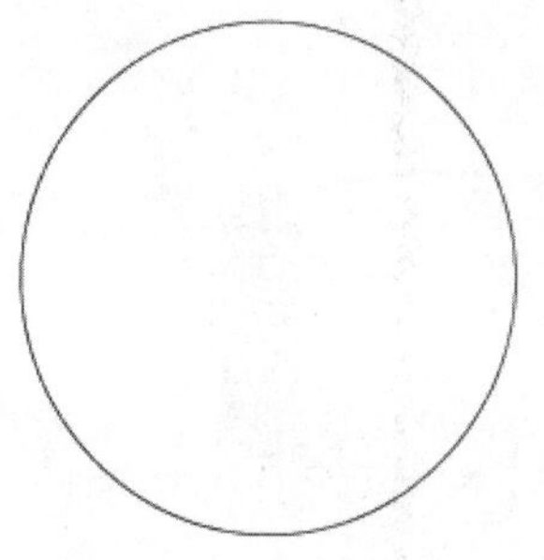

图5-7 绘制圆形

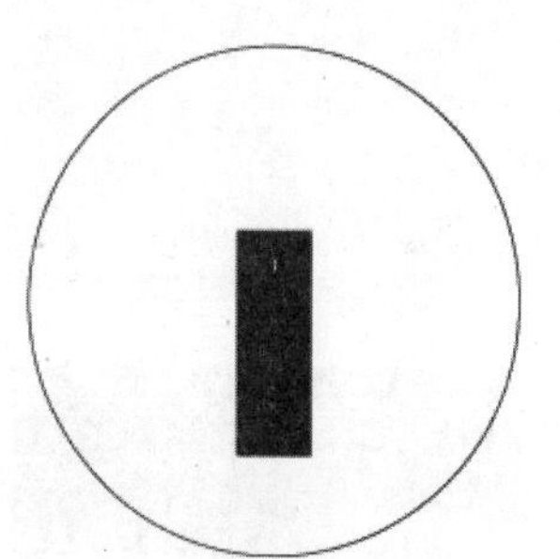

图5-8 绘制矩形

Step4. 选择添加锚点工具，在矩形顶边添加一个锚点，并单击工具栏中的将所选锚点转化为平滑锚点按钮，将其转化为平滑锚点，如图5-9所示。

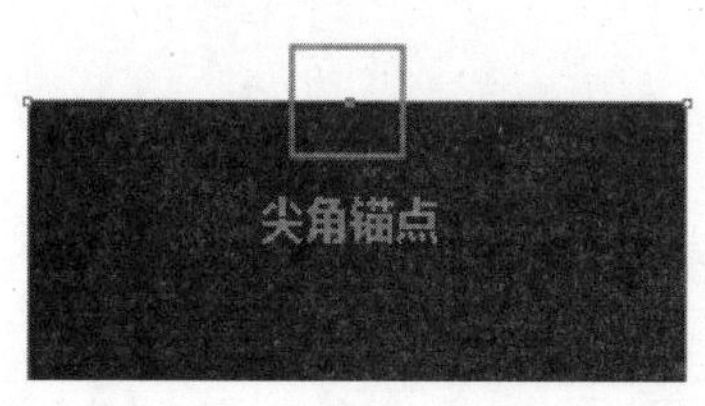

图5-9 转换为平滑锚点

Step5. 选择直接选择工具，选中新添加的锚点，向上拖曳锚点，并适当调整控制柄，得到图5-10所示的效果。

Step6. 按照 Step4 和 Step5 的方法，对矩形其余 3 边也进行调整，将矩形调整至图 5-11 所示的树干形状。

图5-10 移动和调整矩形顶边锚点

图5-11 调整矩形形状

Step7. 选择钢笔工具，在工具属性栏中设置“填充”为“无”，描边的“粗细”为 4pt，“端点”为圆角端点，参数如图 5-12 所示。设置完成后在圆内绘制出图 5-13 所示的一条路径。

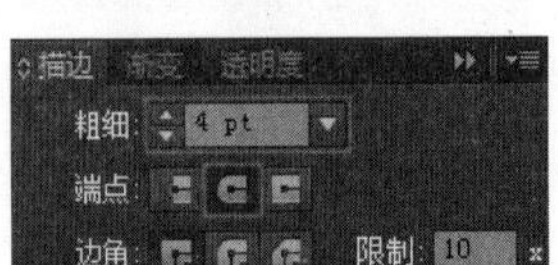

图5-12 设置描边参数

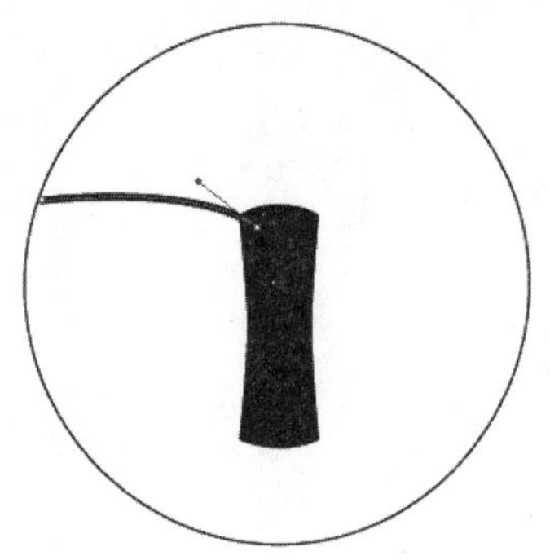

图5-13 绘制路径

Step8. 按照 Step7 的方法继续绘制路径，效果如图 5-14 所示。按住 Alt 键，依次按 O、X 键，将路径扩展为形状，扩展前后的对比如图 5-15 和图 5-16 所示。

图5-14 绘制全部路径

图5-15 将路径扩展为形状前

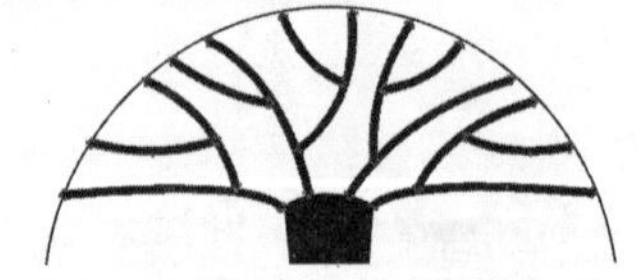

图5-16 将路径扩展为形状后

Step9. 按 Shift+Ctrl+F9 组合键，调出“路径查找器”面板。选中树干及树枝，单击联集按钮，将树干和树枝合并，如图 5-17 所示。

图5-17 合并树干和树枝

Step10. 选择钢笔工具绘制树叶，如图 5-18 所示。将其复制并排列为如图 5-19 所示的效果。选中所有树叶，按 Ctrl+G 组合键进行编组。

图5-18 绘制树叶

图5-19 复制并排列树叶

Step11. 选择钢笔工具，在工具属性栏中设置“描边”为“无”，绘制树根，如图 5-20 所示。按照 Step9 的方法将其合并，效果如图 5-21 所示。

图5-20 绘制树根

图5-21 合并树根

Step12. 选择椭圆工具，在工具属性栏中设置“描边”为“无”，绘制一个大小为 80 像素的圆形，放置在如图 5-22 所示的位置。

Step13. 选中树干形状及刚绘制的圆形，在“路径查找器”中，单击减去顶层按钮，减去圆形所占区域，效果如图 5-23 所示。

图5-22　绘制圆形

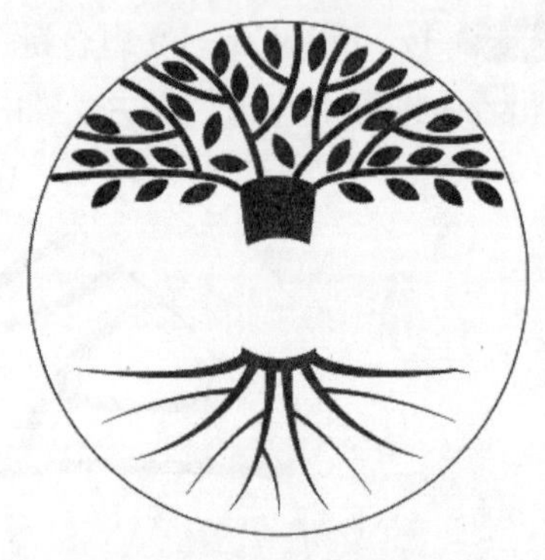

图5-23　减去顶层圆形

Step14. 用钢笔工具绘制土地，如图 5-24 所示，将其放置在合适位置。删除最外面的圆形描边，效果如图 5-25 所示。

图5-24　绘制土地

Step15. 选择文字工具 T，在工具属性栏设置字符为 2006、regular，大小为 76 像素，在画布中输入文本 DAMOSHU，并将其放置在如图 5-26 所示的位置。

图5-25　删除圆形描边

图5-26　输入文本

Step16. 选中文本并右击，在弹出的快捷菜单中选择“创建轮廓”命令，效果如图 5-27 所示。

Step17. 按 Ctrl+A 组合键，选中所有形状，如图 5-28 所示。

图5-27　创建轮廓

图5-28　选中所有形状

Step18. 双击渐变工具，设置渐变参数，具体设置如图 5-29 所示。添加颜色后的 Logo 如图 5-30 所示。

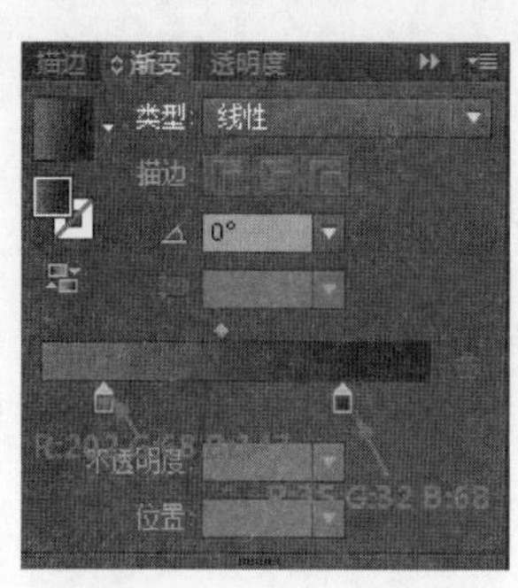

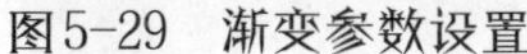

图5-29　渐变参数设置

图5-30　添加颜色后的Logo

Step19. 选中 DAMOSHU，在工具栏中选择渐变工具，在 DAMOSHU 上拖曳出一条渐变条，如图 5-31 所示。

图5-31　渐变条

Step20. 按 Ctrl+A 组合键选中所有形状，再按 Ctrl+G 组合键对其进行编组。最后选择“文件”→“导出”命令，将图片导出为 PNG 格式，Logo 制作完成，效果如图 5-5 所示。

5.2　店标的设计

5.2.1　什么是店标

店标是指店铺的标志，通常显示在无线端店铺首页左下角，或者在买家搜索店铺时和店铺名称、主营项目等一起展示在搜索结果中，如图 5-32 所示。好的店标可以表达店铺的独特风格，且可辨识度较高，能让人一眼记住。好的店标还可以吸引买家进入店铺。因此，制作一个有个性的店标是网店必须完成的一项工作。

图5-32-1

图5-32-2

图5-32　店标显示位置

店标分为静态店标与动态店标。静态店标主要为 GIF、JPG、JPEG、PNG 格式的静态图片，而动态店标则为 GIF 格式的动态图片。卖家可根据需求选择使用静态店标或动态店标。

5.2.2 店标的设计要点

店标的设计会因店铺的产品定位、店铺风格的不同而有所不同，所以店标的设计千变万化，有的比较时尚新颖，有的比较大气稳重，有的比较标新立异，有的比较简洁明快。设计店标时，通常需要注意以下几个方面。

- **店标的尺寸要求**。店标的设计应符合店铺后台的尺寸要求，否则很容易导致图片变形，这样不仅影响视觉效果，也会影响店铺形象。淘宝店标的文件格式为 GIF、JPG、JPEG、PNG，尺寸建议为 80 像素 × 80 像素，文件大小为 80KB 以内。
- **店标的外观**。由于店标有尺寸限制，所以设计店标时不宜太复杂，要便于查看，因此店标要尽量简洁，可以是简单的图形或图形组合，甚至直接将店名制作成店标。动态店标的动画不宜过于复杂，动画跳转速度不宜过快，否则容易造成买家视觉疲劳。
- **视觉吸引力**。一个好的店标要从颜色、图案、字体和动画等方面入手。制作的店标要在符合店铺类型的基础上，使用醒目的颜色、独特的图案、漂亮的字体或直观的动画效果，以给人留下深刻印象。
- **统一性**。店标的外观、颜色要与店铺风格统一，不能只考虑店标本身，而与店铺主题不符。若制作动态店标，还要考虑效果的变化是否符合需求。

5.2.3 店标的制作

上面提到店标分为静态店标和动态店标，本节仍以大魔树女装店铺的店标制作为例进行介绍。为符合店铺形象，使店铺整体装修风格统一，本节将基于店铺 Logo 对店标进行设计。下面分别介绍静态店标与动态店标的制作方法。

1. 制作静态店标

静态店标多由文字和图片组成，买家单击店标的任意部分，均可快速跳转到店铺首页。本案例为大魔树女装店铺制作静态店标，制作时以店铺 Logo 为基础，其具体操作如下。

Step1. 打开 Photoshop CS6 软件，新建一个宽度为 80 像素、高度为 80 像素、分辨率为 72 像素 / 英寸、白色背景的文件，并命名为“大魔树店标”，如图 5-33 所示。

Step2. 将素材文件“大魔树 - 树 .png”置入“大魔树店标”文档中，如图 5-34 所示。按 Enter 键确定。

Step3. 选择“窗口”→“字符”命令，调出“字符”面板，在其中设置参数，如图 5-35 所示。选择横排文字工具 T，输入文本“大魔树”，如图 5-36 所示。

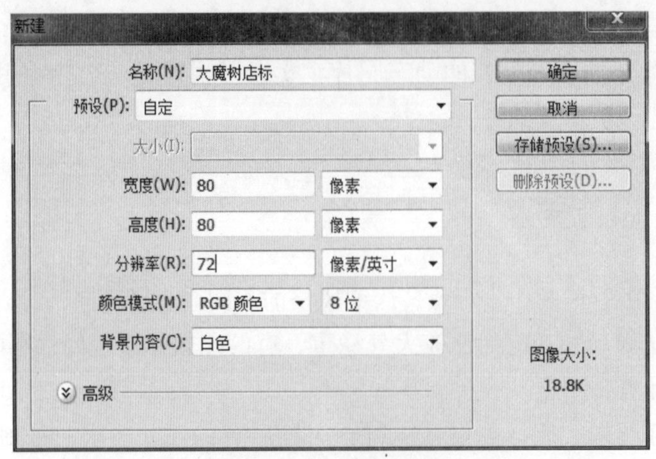

图5-33　新建文档的参数设置

图5-34　置入素材文件

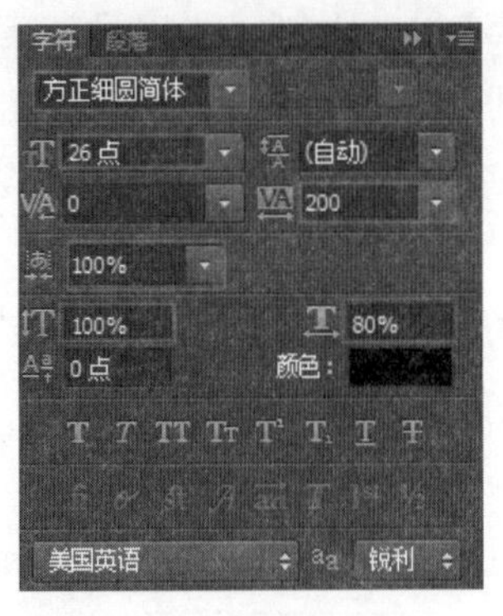

图5-35　设置字符参数

图5-36　输入文本

Step4. 选中“大魔树”文本图层，单击图层下方的图层样式按钮 fx，在弹出的菜单中选择“渐变叠加”选项，为其添加渐变叠加效果。渐变叠加参数设置如图 5-37 所示。

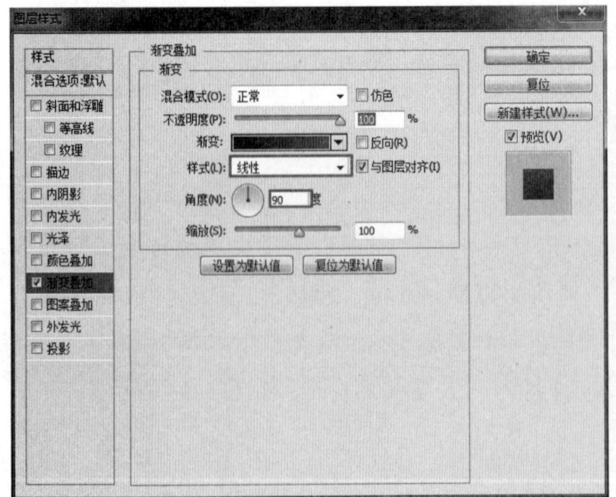

图5-37　渐变叠加参数设置

Step5. 最后按 Ctrl+S 组合键和 Ctrl+Shift+S 组合键将店标的 PSD 格式和 PNG 格式的文件保存到相应文件夹内。至此，大魔树店标制作完成，效果如图 5-38 所示。

图5-38 静态店标效果

2. 制作动态店标

动态店标实际上是将多个图片和文字构成 GIF 动画，该动画不但醒目，而且美观。下面继续在静态店标的基础上制作动态店标。

Step1. 使用 Photoshop CS6 软件打开素材文件“大魔树店标 .psd”，将其另存为“大魔树动态店标”文件。

Step2. 选择“窗口”→“时间轴”命令，单击复制所选帧按钮，复制所选帧。选择第一帧，在图层面板中将“大魔树”文本图层和“矢量智能对象”图层的不透明度设置为 30%，如图 5-39 所示。

Step3. 选择第二帧，在图层面板中将“大魔树”文本图层和“矢量智能对象”图层的不透明度设置为 100%，如图 5-40 所示。

图5-39 设置第一帧的不透明度

图5-40 设置第二帧的不透明度

Step4. 选择第一帧，单击其右下方的按钮，在下拉列表中选择 0.1 选项，设置第一帧的播放时间。选择第二帧，单击其右下方的按钮，在下拉列表中选择 0.5 选项，设置第二帧的播放时间。此时的时间轴如图 5-41 所示。

图5-41 包含两帧的时间轴

Step5. 按住 Shift 键选择两个关键帧，单击过渡动画帧按钮，在“过渡”对话框中，将“要添加的帧数”设置为 2，如图 5-42 所示。添加了过渡动画帧后的时间轴如图 5-43 所示。

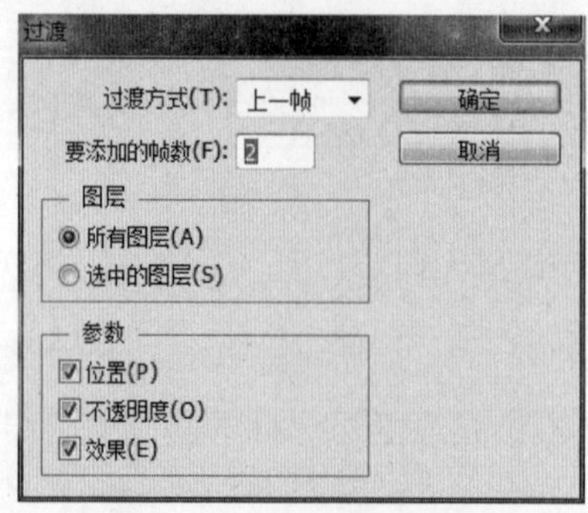

图5-42　过渡动画帧设置

图5-43　添加过渡动画帧后的时间轴

Step6. 若“时间轴”面板下方显示“一次”，则单击其右侧的下拉按钮，在弹出的列表中选择“永远”选项，如图 5-44 所示。单击其右侧的▶、🗑按钮可以分别播放动画和删除选择帧。

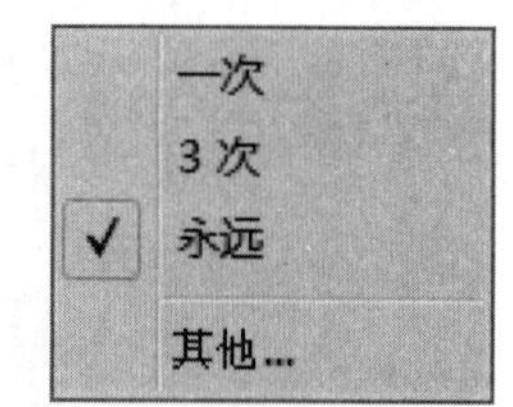

图5-44　播放次数设置

Step7. 按 Ctrl+Shift+Alt+S 组合键将其存储为 Web 所用格式，选择 GIF 格式存储。单击“存储”按钮，在弹出的“将优化结果存储为”对话框中，选择文件的存储位置，并在文本框中为该动态店标起名为“大魔树动态店标”，如图 5-45 所示。单击“保存”按钮进行保存。

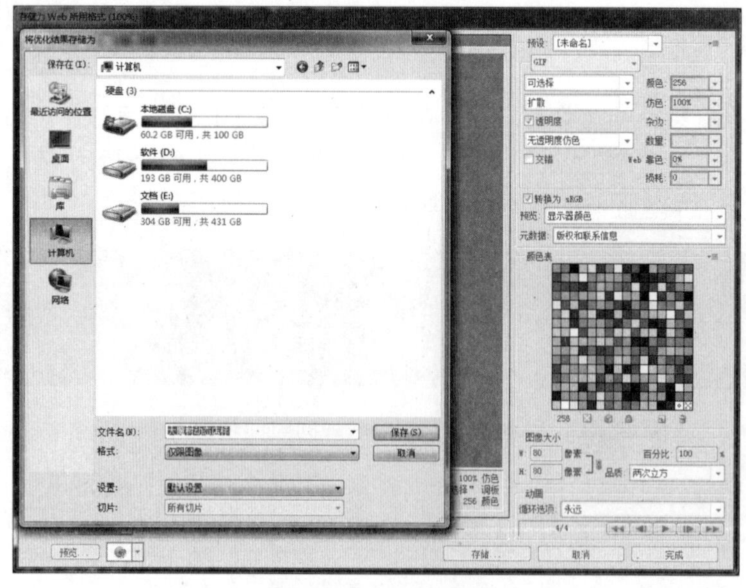

图5-45　存储文件

5.3 店铺背景的制作

店铺背景是店铺装修中必不可少的一部分，除了使用网店系统自带的纯色背景外，还可制作具有独特个性且符合店铺特色的背景。下面对店铺背景的设计要求和制作方法进行具体讲解。

5.3.1 店铺背景的设计要求

店铺背景不只有纯色，卖家还可以根据店铺风格制作不同样式的背景图片。在制作时需要掌握店铺背景的设计要点，主要包括以下几点。

- **大小**。制作背景图片时，背景图片的大小不能过大，以免影响页面的加载速度，最终造成客源的流失。
- **图案**。制作背景图片时，为了页面的整洁，设计的背景图片不能过于花哨，也不能颜色杂乱，以免影响商品显示效果。
- **衔接**。为了使制作的背景图片统一协调，在设计背景时，应注意背景图片是否能在平铺的情况下实现无缝衔接，以免出现页面被背景割裂的情况。

5.3.2 店铺背景的制作

下面以大魔树女装店铺背景制作为例，讲解店铺背景的制作方法。图 5-46 和图 5-47 分别为无背景和有背景的店铺截图。其背景由小方格组成，此种背景既简单又可以使页面保持整洁，而且有设计感。在制作时，不需要绘制整个背景，只需绘制出背景的一小块，最后平铺即可。

图5-46　无背景

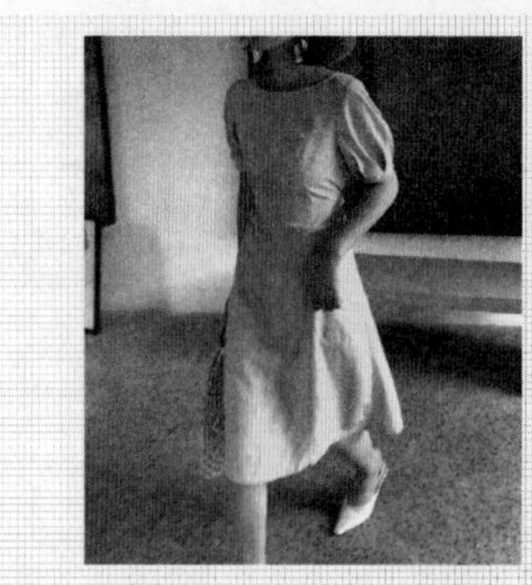

图5-47　有背景

其具体操作方法如下。

Step1. 选择“文件”→“新建”命令，在弹出的“新建”对话框中填写画布名称并设置画布大小，具体参数如图 5-48 所示。

新建
名称(N): 页面背景
预设(P): 自定
大小(I):
宽度(W): 9 像素
高度(H): 9 像素
分辨率(R): 72 像素/英寸
颜色模式(M): RGB 颜色 8 位
背景内容(C): 白色
高级
颜色配置文件(O): 工作中的 RGB: sRGB IEC6196...
像素长宽比(X): 方形像素
确定
取消
存储预设(S)...
删除预设(D)...
图像大小:
243 字节

图5-48　新建画布参数设置

Step2. 在图层面板下方单击新建图层按钮，新建图层，其名称为“图层 1”，如图 5-49 所示。

Step3. 选择缩放工具，将画布放大。设置前景色为灰色（R:210, G:210, B:210）。选择矩形选框工具，在画布中框选 1 像素，并按 Alt+Delete 组合键填充前景色，如图 5-50 所示。按 Ctrl+D 组合键取消选择。

图5-49　新建图层

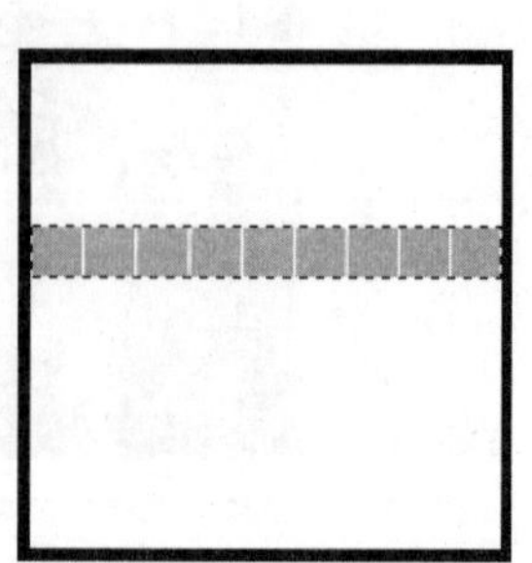

图5-50　绘制并填充选区

Step4. 在图层面板中选中“图层 1”和“背景”图层，选择移动工具，在选项栏中单击垂直居中对齐按钮，对其进行垂直居中对齐操作，如图 5-51 所示。

Step5. 按照 Step3 和 Step4 的方法绘制一个 1 像素的纵向选区。至此，背景图制作完成，如图 5-52 所示。最后按 Ctrl+Shift+S 组合键将其以 PNG 格式保存到指定文件夹内。

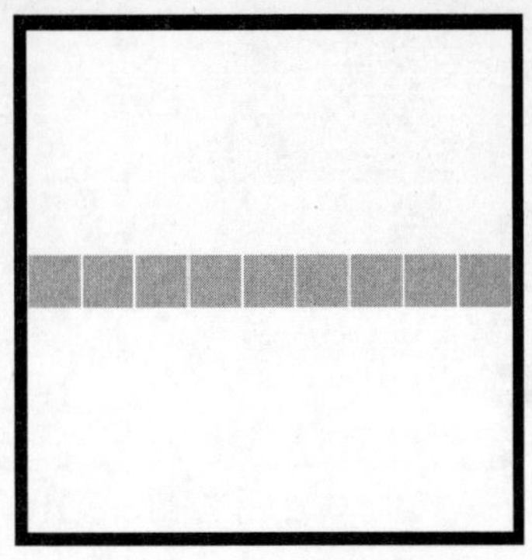

图5-51　垂直居中对齐

图5-52　页面背景图片

5.4 本章小结

本章主要介绍了网店装修元素的设计与制作的相关知识，主要包括店铺 Logo 的设计、店标的设计以及店铺背景的制作。

通过本章内容的学习，读者应该对店铺 Logo 与店标的设计有基本了解，可以设计店铺 Logo，能够制作静态店标、动态店标以及店铺背景。

本章素材

第6章

快速制作店铺首页

学习目标

知识目标	• 了解店铺首页的整体布局和基本模块。 • 了解店招、导航、轮播图、页尾的设计要求。 • 了解无线端首页布局和基本模块。
技能目标	• 掌握PC端首页设计技巧，能够设计店招、导航、轮播图及页尾模块。 • 掌握无线端首页设计技巧，能够对无线端首页各个模块进行设计。

店铺首页是网络商家的门面，也是买家对店铺第一印象的主要来源。设计精良的店铺首页可以引导买家，提高店铺转化率；设计粗糙的店铺首页则会影响店铺的品牌宣传和顾客的购物体验。本章将从PC端和无线端两个角度详细讲解店铺首页的制作技巧。

6.1 PC端首页规划方案

PC 端首页是指在个人计算机上显示的店铺首页页面。店铺首页是店铺形象展示的窗口，体现了店铺的风格和定位。因此，如何规划、设计出具有自身特色的店铺风格，是网店美工面临的重要问题。本节从店铺首页布局、模块、风格、框架几个方面详细讲解 PC 端首页的规划方案。

6.1.1 了解店铺首页布局及模块

在一个完整的店铺中，首页包含很多模块，其中有一些模块的位置相对固定，而另一些模块可以随意调整和移动。总的来说，可以将首页分为头、中、尾三大区域，如图 6-1 所示。在这三块区域中店招、导航条及店铺页尾所在位置为固定区域，无法移动；而中部的模块则可以随意移动。

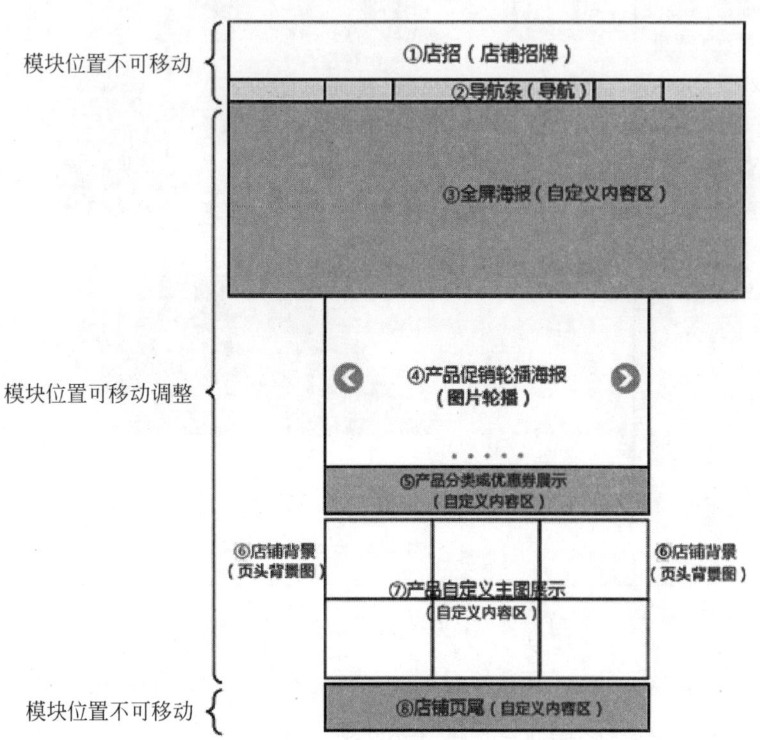

图6-1　店铺首页总体布局

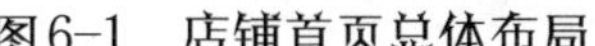

除图 6-1 中涉及的模块外，在店铺首页设计中还有一些常用的小模块，具体介绍如下。

- **宝贝推荐模块**。店铺中的宝贝推荐模块就像是一条横幅，在该模块中可以自动添加店铺中销量最好的商品，或手动添加想要打造的爆款，通常会放置在店铺首页或商品详情页左侧。图 6-2 展示了某店铺详情页中宝贝推荐模块装修后的效果。

搜本店

宝贝详情 累计评论 0 专享服务 手机购买 加入购物车

查看更多宝贝

宝贝推荐 更多>

皮夹克女2018新款chic港风短款韩版春秋高腰显瘦机车小皮衣外

¥178.00

网红毛衣女宽松2018新款秋冬季慵懒风彩虹长款针织衫韩版学生

¥108.00

白苏与老男人《比海更深》灯芯绒蓝色风衣

¥188.00

白苏与老男人《刹那》灰色波点复古抽绳网

尺码详情	衣长	胸围	袖长
XS	50	98	55
S	51	102	56
M	53	106	57
L	55	110	58

注意：因测量方式的不同存在1~2CM的误差，数据仅供参考，以实物为准。

BUYERS MUST READ

——买家须知——

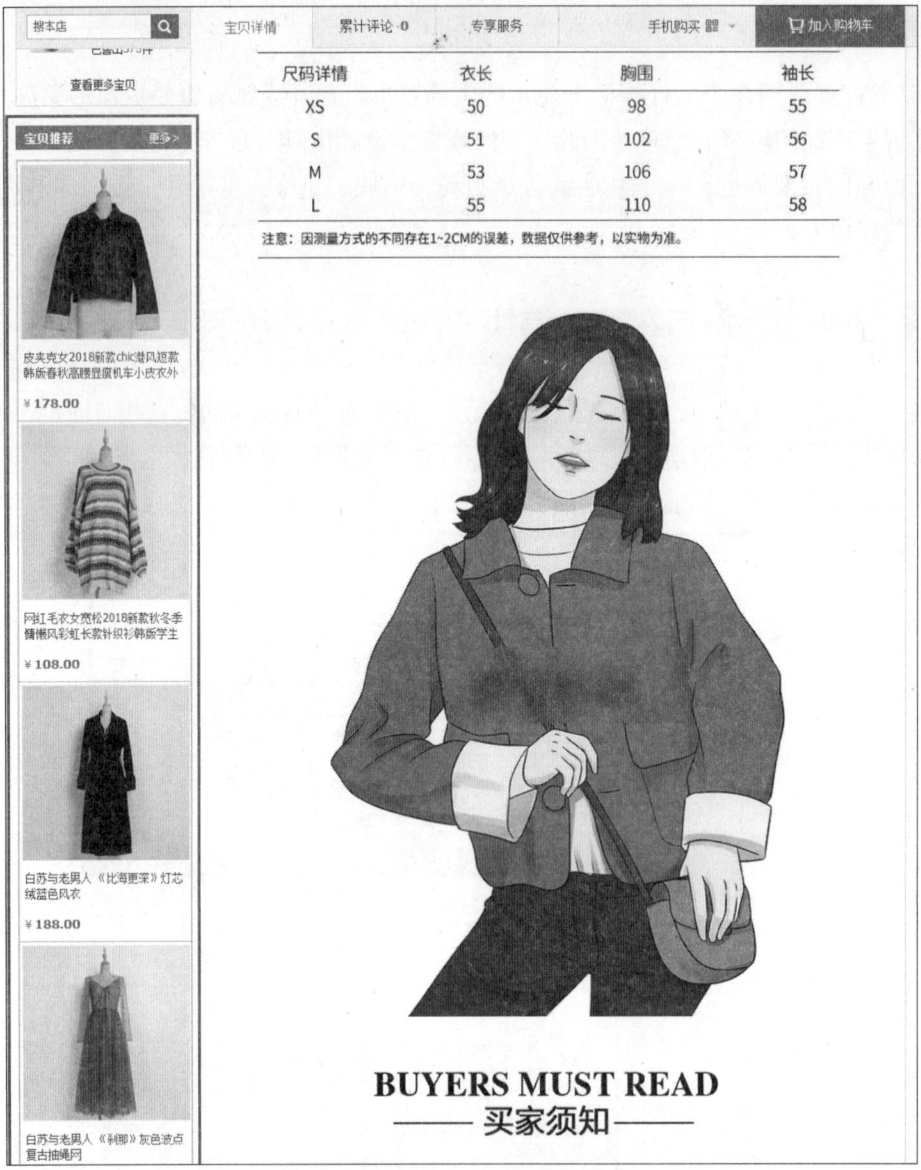

图6-2 宝贝推荐模块装修后的效果

- **宝贝排行模块**。可以对买家起到流量向导的作用，是店铺营销以及打造爆款的必备模块，推荐方式可以选择自动推荐或者手工推荐。图 6-3 为某店铺宝贝排行模块装修后的效果。
- **宝贝分类模块**。将店铺的宝贝进行分类，并在类中将宝贝按销量、收藏、价格、新品进行排列，以引导买家按类选择需要的宝贝。该模块常用于宝贝分类页面，也就是二级页面中。图 6-4 为某店铺二级页面中的宝贝分类模块装修后的效果。

图6-3　宝贝排行模块装修后的效果

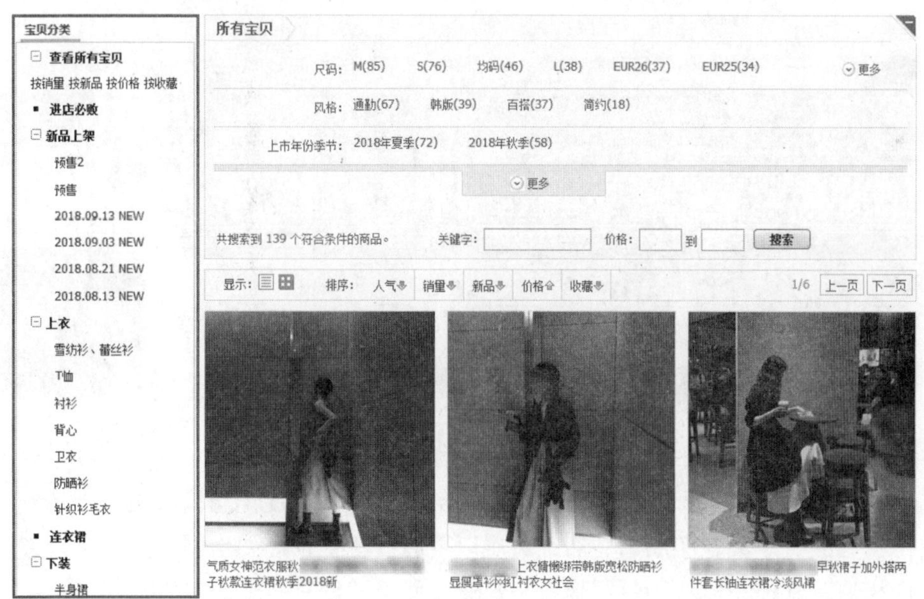

图6-4　宝贝分类模块装修后的效果

- **宝贝搜索模块**。设置搜索的关键词和价格区间，以便买家搜索整个店铺中的商品。图 6-5 为某店铺宝贝搜索模块装修后的效果。
- **客服中心模块**。页头、页中以及页尾一般都需要添加店铺的客服中心模块，其目的在于让买家很快找到客服人员并咨询宝贝的相关信息。图 6-6 为某店铺客服中心模块装修后的效果。

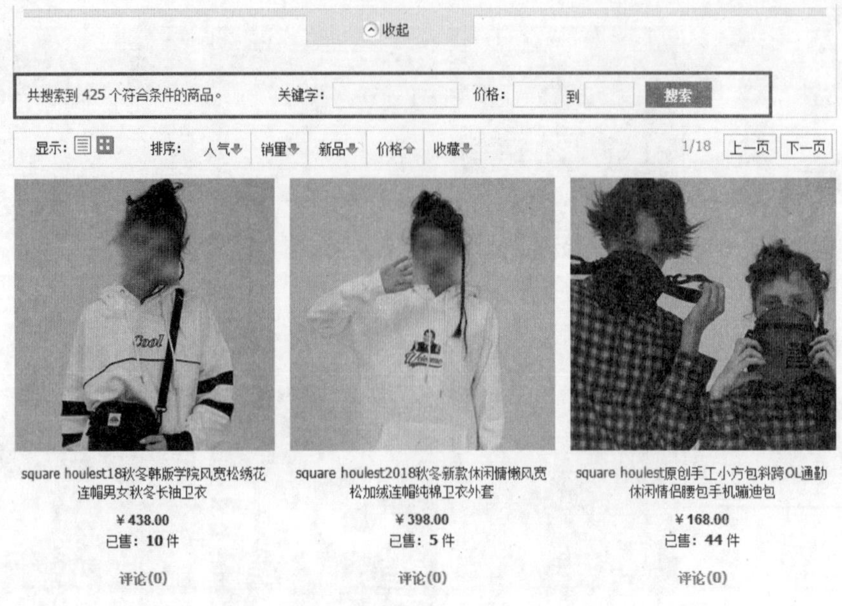

图6-5　宝贝搜索模块装修后的效果

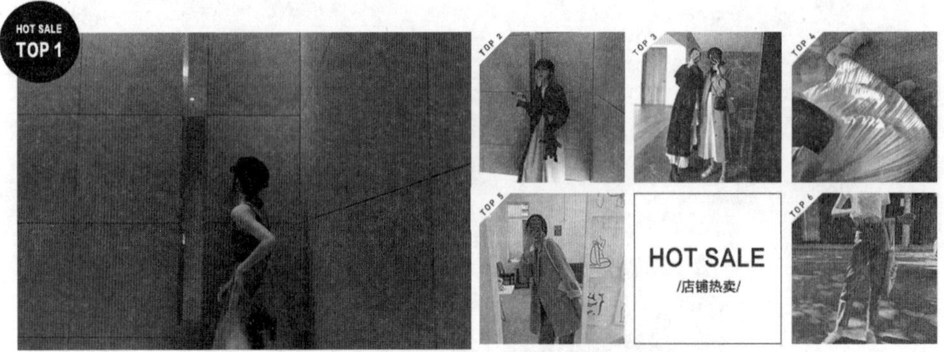

图6-6　客服中心模块装修后的效果

在上面提到的模块中，店招、导航条、全屏海报、产品促销轮播海报、产品分类或优惠券展示、产品自定义主图展示、店铺页尾以及店铺背景都需要由网店美工设计，然后上传至相应模块。其他小模块则只需拖曳至装修页面，然后进行相应的设置即可，系统会自动展示相关内容。

6.1.2　店铺首页布局原则

店铺布局好坏，直接影响买家的浏览体验。要把握住店铺的每一点流量，提高整体流量，店铺首页除了要根据店铺风格、商品、促销活动分门别类地进行清晰、完整的布局外，还要求讲究整体布局的合理性，使浏览者获得流畅的视觉体验。要使店铺页面布局合理，需要遵守以下原则。

- **主次分明，中心突出**。视觉中心一般在屏幕的中心位置或中部偏上的位置。将店铺促销信息或爆款等重要商品安排在最佳的视觉位置，会迅速抓住买家眼球。在视觉中心以外的地方可安排稍微次要的内容，这样可以在页面上突出重点，做到主次有别。图 6-7 为某店铺首页的部分布局，从中可以看到视觉中心为主推的度假风服装。

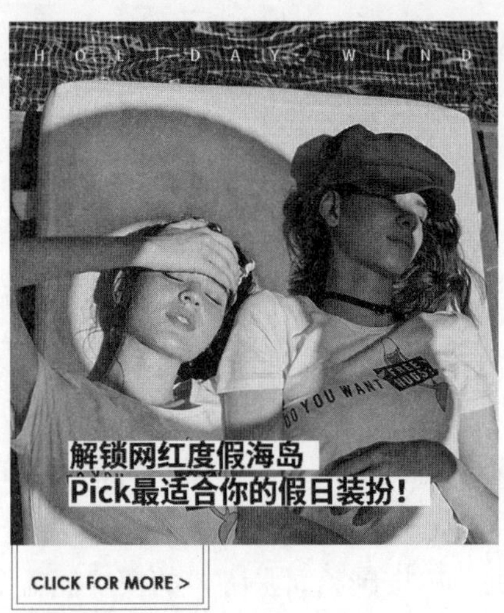

图6-7　中心突出

- **大小搭配，相互呼应**。展示多个商品时，可通过大小搭配的方式使页面错落有致，如图 6-8 所示。

图6-8　大小搭配展示

- **区域划分明确**。合理、清晰的分区可以引导消费者快速找到自己的目标商品。图 6-9 所示为某店铺的商品分类，买家可以根据分类找到所需的商品。

图6-9 商品分类

- **保持简洁与一致性**。保持页面简洁与一致性是网页布局的基本要求。例如，标题要醒目，页面、字体搭配得当，各页面的文本、商品的间距以及图形、标题之间的留白一致。
- **合理使用页面元素**。页面元素的选用要合理、精确，在页面中的大小、间距与位置要合适。例如，背景图片生动，页面文本无错别字且可读性强，等等。
- **布局完整**。布局完整并非是所有模块的简单堆砌，而是必要的模块涵盖全面。除了包含商品常规模块外，页面还包括收藏模块、客服模块、搜索模块等必备模块，以增加店铺的黏性，提升买家的忠实度，改善店铺的用户体验。

6.1.3 确定首页的风格与色调

店铺出售的商品不同，装修的风格及色调就会有很大差异。例如，服装类店铺的装修风格一般都比较华丽，多以模特图片为主，注重美观性；家居用品类店铺的页面装修则比较注重物品的搭配和摆放；运动、数码、五金等类目的店铺则更注重实用性和功能性。

图 6-10 为 ONLY 官方旗舰店首页。从中可以看出这家店铺从商品、模特到店铺装修都是统一的欧美风格，更容易吸引那些喜欢欧美风格的时尚女性。

同样的商品，不同的装修风格会给买家不同的心理暗示。例如，某买家准备购买几件日常穿着的休闲服饰，如果进入一家装修奢华的店铺，买家会有一种“进错门”的不适感，或者产生商品价格昂贵的错觉。因此，网上店铺在确定自己的装修风格时一定要贴近自己的消费群体，了解自己的消费群体是哪些人，他们的喜好和顾虑是什么，商品定位是什么，经过这几方面的综合分析后形成自己店铺的装修风格。

本书所有案例围绕大魔树女装店铺进行讲解。首先，其主要消费群体是 20 ~ 35 岁的女性，该店铺装修就要符合她们的审美习惯，色彩搭配要鲜活亮丽。其次，店铺商品定位为中高端，所以商品图片一定要精美、有档次。最后，要统一店铺整体装修风格，装修风格应与商品风格一致。

图6-10　ONLY官方旗舰店首页

6.1.4　搭建首页框架

确定店铺的风格与色调后，就可以搭建首页框架。下面以大魔树女装店铺为例，详细讲解搭建首页框架的步骤。

Step1. 登录淘宝账号，进入卖家中心，选择“店铺管理”→“店铺装修”，店铺装修后台如图 6-11 所示。

Step2. 在店铺装修后台中，选择“PC 端”→“基础页”，然后单击“首页”右侧的“装修页面”按钮，进入店铺首页装修页面，如图 6-12 所示。

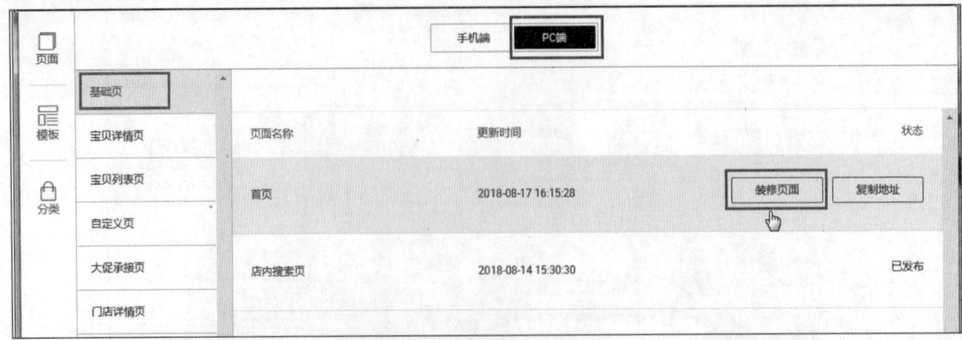

图6-11　店铺装修后台

图6-12　店铺首页装修页面

Step3. 单击店铺首页装修页面顶端的“布局管理”按钮，进入布局管理页面，如图 6-13 所示。

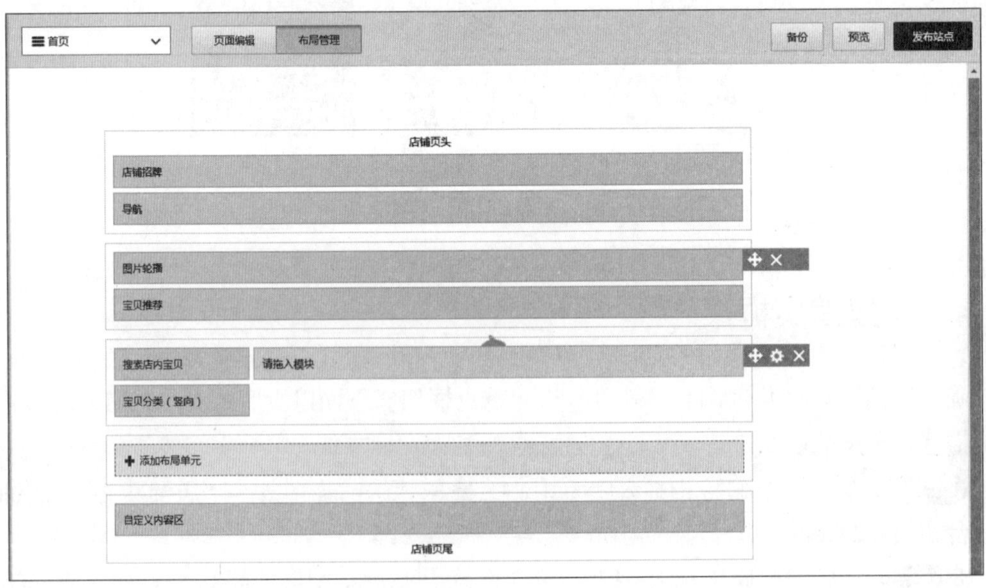

图6-13　布局管理页面

Step4. 选择“图片轮播”模块，单击其右侧的✖图标删除该模块，如图 6-14 所示。使用同样的方法删除其他不需要的模块。

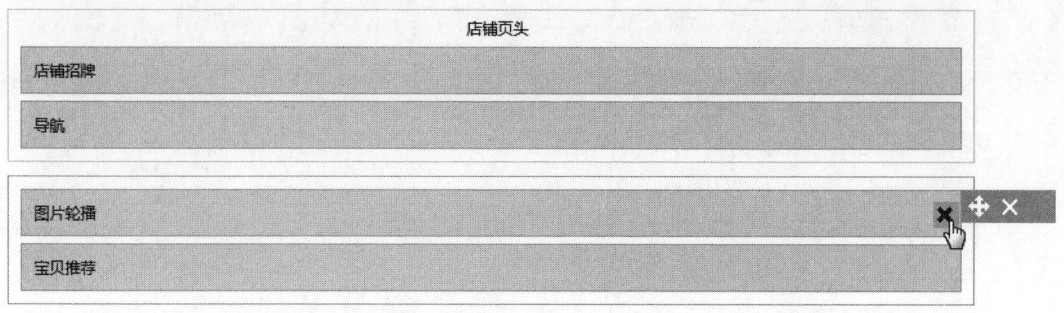

图6-14　删除不需要的模块

Step5. 在左侧的“模块”列表中，根据需求选择需要添加的单元尺寸，此处选择 950 选项，如图 6-15 所示。

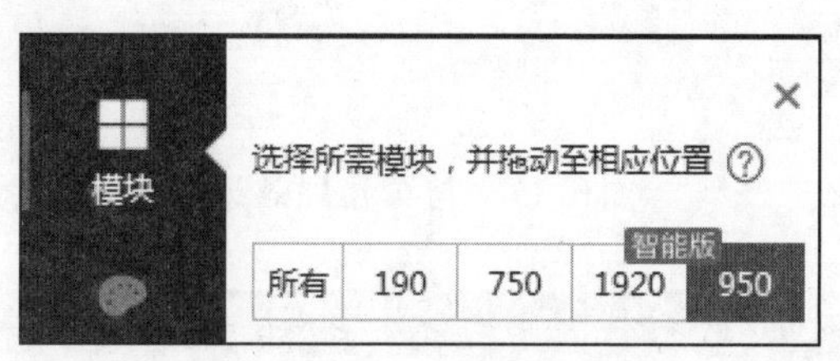

图6-15　选择模块尺寸

Step6. 在“基础模块”列表中选择需要添加的模块，拖入新建的布局单元中，即可将该模块添加至布局中，如图 6-16 所示。

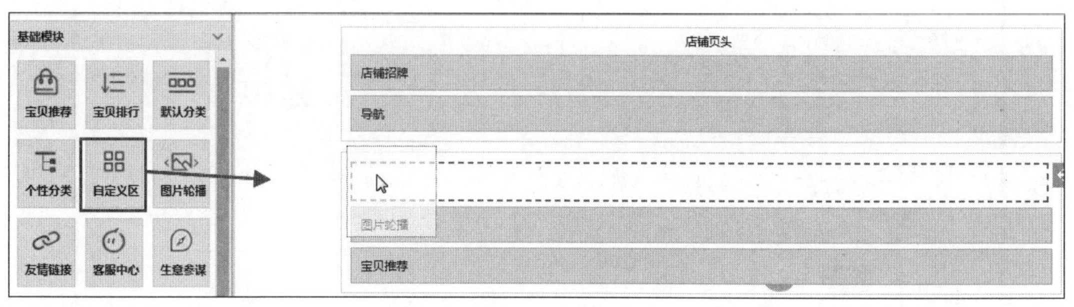

图6-16　添加模块

Step7. 使用相同的方法编辑页面中的其他模块，完成首页布局后的效果如图 6-17 所示。

Step8. 当需要使用淘宝提供的“宝贝推荐”模块时，需要切换回“页面编辑”页面，选择“宝贝推荐”模块，单击 编辑 按钮打开“宝贝推荐”对话框，在“宝贝设置”选项卡中可根据需要设置“推荐方式”“自动推荐分类”“宝贝分类”“宝贝数量”等参数，如图 6-18 所示。

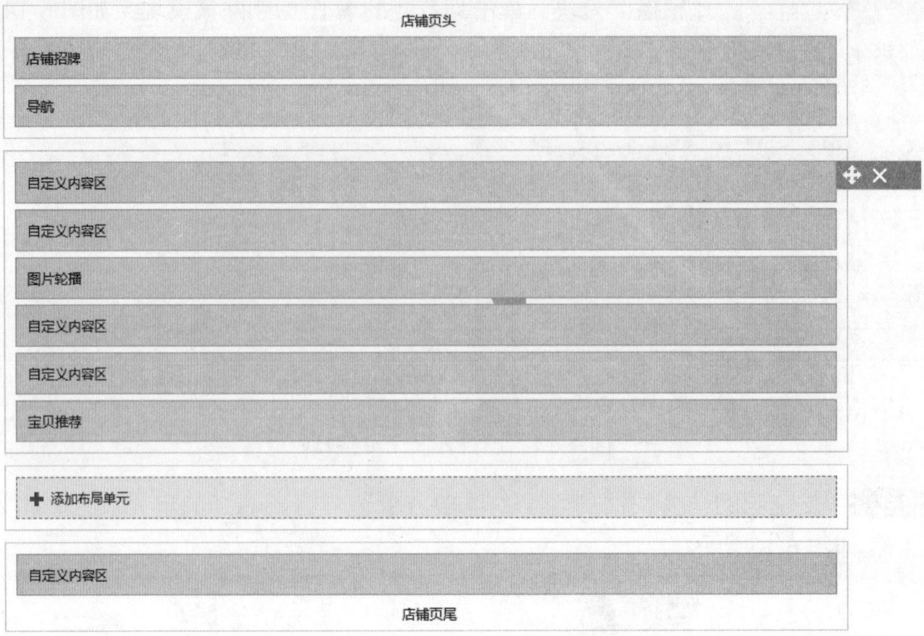

图6-17　首页布局效果

图6-18　“宝贝推荐”模块设置

Step9. 切换至“电脑端显示设置”选项卡，设置宝贝展示方式，此处选择“展示方式”为“一行展示3个宝贝”，单击“保存”按钮，如图6-19所示。

Step10. 完成后切换至“布局管理”页面，即可看到店铺首页的布局设计效果，如图6-20所示。

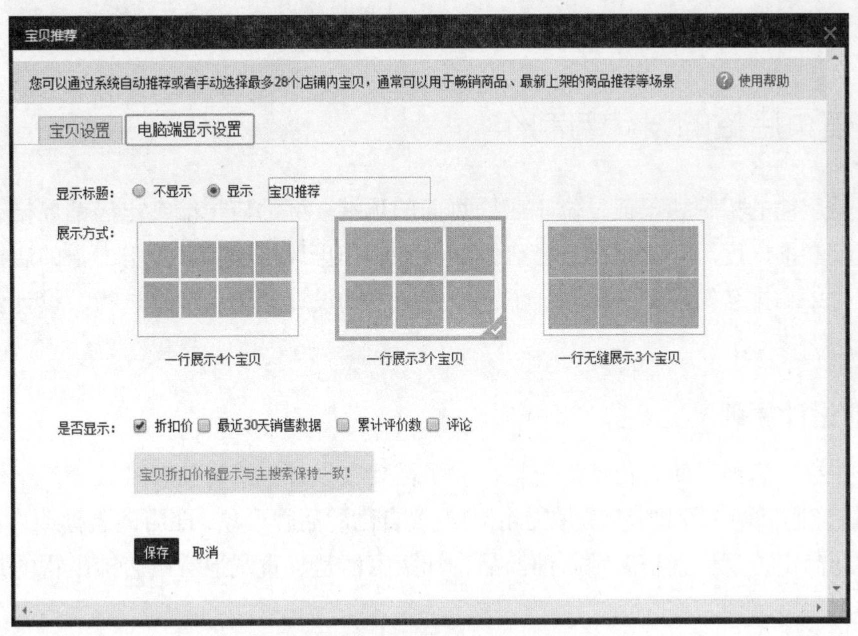

图6-19　设置宝贝展示方式

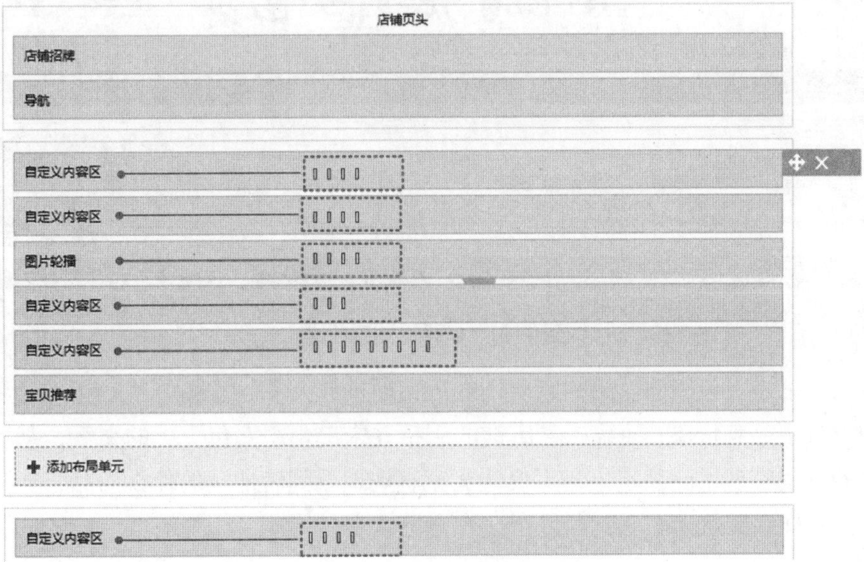

图6-20　店铺首页布局设计效果

6.2　PC端首页设计与制作

淘宝网店首页的美观度直接影响销量和买家对店铺的印象。网店主要由店招、导航栏、分类模块、轮播图、页尾模块等组成，各个模块的作用和使用方法都不相同。下面对各个模块的设计与制作方法分别进行介绍。

6.2.1 首页店招的设计与制作

店招是店铺的招牌和象征，位于店铺页面的顶端。好的店招能突出店铺风格，提高店铺的美观度和推广度。若能根据自己店铺的特点制作出风格独特、吸引力强的店招，对提高店铺转化率和排名等都非常有利。下面介绍店招的设计原则、风格选择、设计要求及店招制作方法。

1. 店招的设计原则

为了在推广店铺时使店招便于记忆，除了需要在设计上具有新颖别致、易于传播的特点以外，还应遵循两个原则：一是在店招中放置自己的品牌形象，即店铺名称或店铺标志；二是抓住商品定位，也就是展示店铺商品，让买家清楚、直观地看出店铺出售的是什么商品。图 6-21 为两种店招的对比。

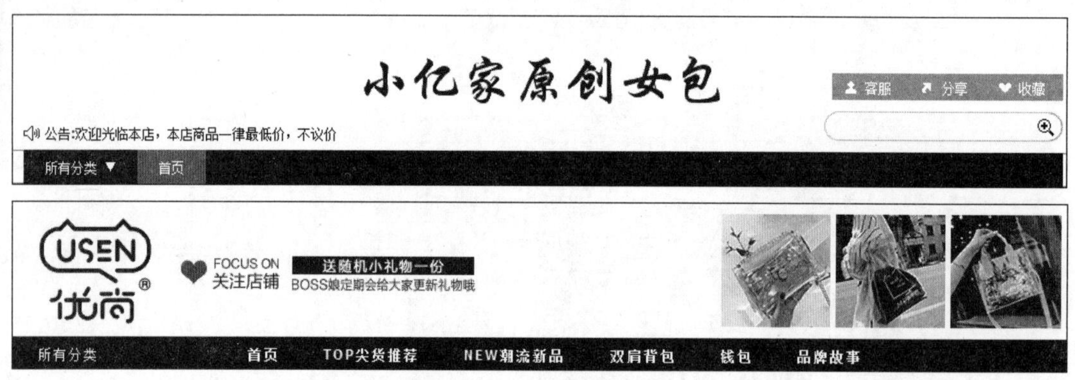

图6-21　两种店招对比

两家店铺都是女包店铺。第一家店铺的店招通过放大“小亿家原创女包”文字的方式，在店招中放置了品牌形象；而第二家店铺的店招并未出现“女包”类的文案，却通过放置店铺商品的方式实现了商品定位，不仅让买家直观地看到店铺卖的什么商品，还让买家了解商品的大致样式，从而准确判断是否适合自己。

2. 店招的风格选择

店招风格取决于店铺的风格，而店铺风格很大程度上取决于店铺所经营的商品。一般来说，一个完整的店铺要求店招、商品、店铺风格具有统一性。

3. 店招的设计要求

在进行店招设计时，为了使店招完美地展现在店铺首页，需要按照店招的制作规范进行制作。店招主要分为常规店招和通栏店招两类，这两类店招的大小不同。下面以淘宝店铺为例进行介绍。

- **常规店招**。是旺铺专业版店招。该店招的宽度为 950 像素，高度不超过 120 像素，可以上传 GIF、JPG、JPEG 和 PNG 4 种图片格式。
- **通栏店招**。是淘宝店铺常用的店招类型，包括页头背景、常规店招和导航条。这类店招的尺寸要求是 1920 像素 × 150 像素，其图片文件大小不可超过 200KB。

常规店招与通栏店招的区别在于：常规店招在上传至店铺页面后，店招两侧为空白，如图 6-22 所示。通栏店招在上传至店铺页面后，店招两端会根据设计的效果通栏显示，如图 6-23 所示。

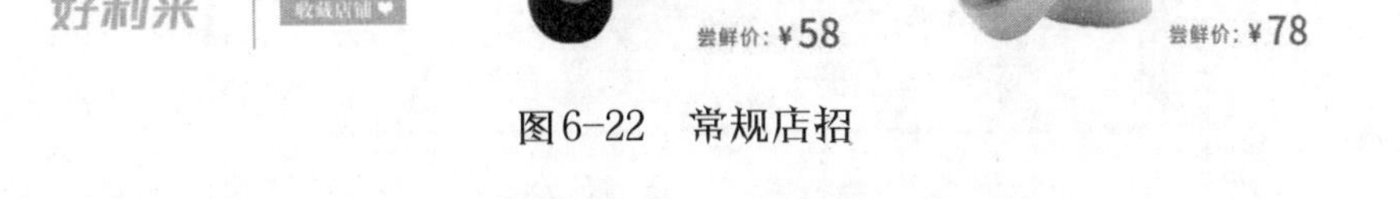

图6-22　常规店招

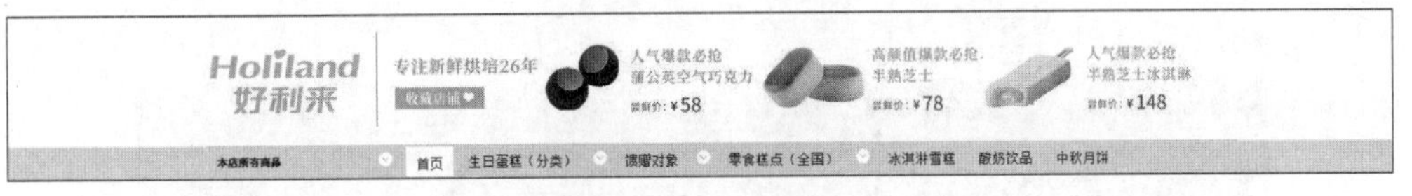

图6-23　通栏店招

4. 常规店招的制作

本案例为大魔树女装店铺设计店招。首先要确定店招的色调，大魔树女装店铺的 Logo 颜色为粉色和紫色搭配，为了更好地体现女装店特色，这里继续采用粉色和紫色搭配制作背景。然后添加文案及素材。图 6-24 所示即设计的常规店招。具体操作步骤如下。

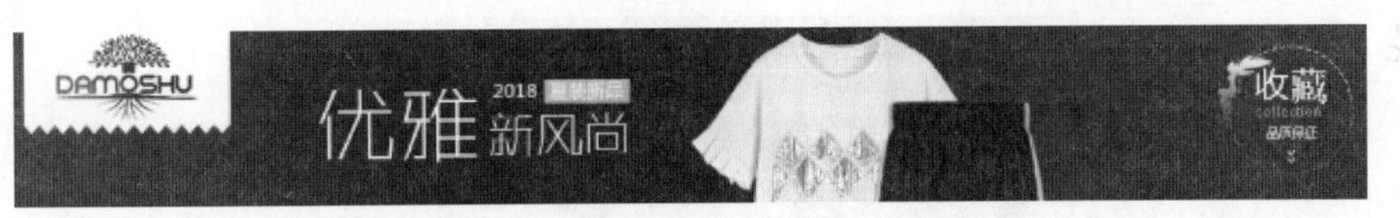

图6-24　常规店招设计效果

Step1. 打开 Photoshop CS6 软件，新建一个宽度为 950 像素、高度为 120 像素、分辨率为 72 像素 / 英寸的文件，并命名为“常规店招”，如图 6-25 所示。将背景填充为紫色（R:58，G:37，B:75）。

Step2. 按住 Alt 键，再依次按 V、E 键，在弹出的“新建参考线”对话框中选中“水平”单选按钮，“位置”参数设置为 10，在画布水平方向 10 像素的位置创建参考线，按此方法再在画布水平方向的 940 像素处创建参考线，如图 6-26 所示。

Step3. 单击“新建图层”按钮，新建一个图层，将其命名为“渐变图层”，如图 6-27 所示。

Step4. 在工具栏中选择渐变工具按钮，并在选项栏单击线性渐变按钮，单击渐变编辑器，在弹出的“渐变编辑器”对话框中设置参数，如图 6-28 所示。

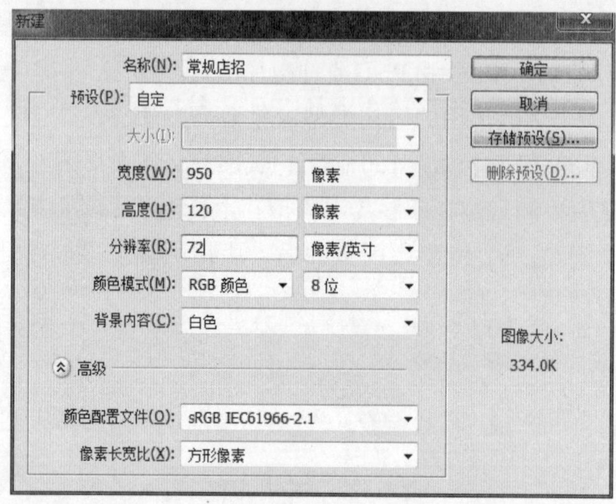

图6-25　新建文档

图6-26　创建参考线

图6-27　新建“渐变图层”

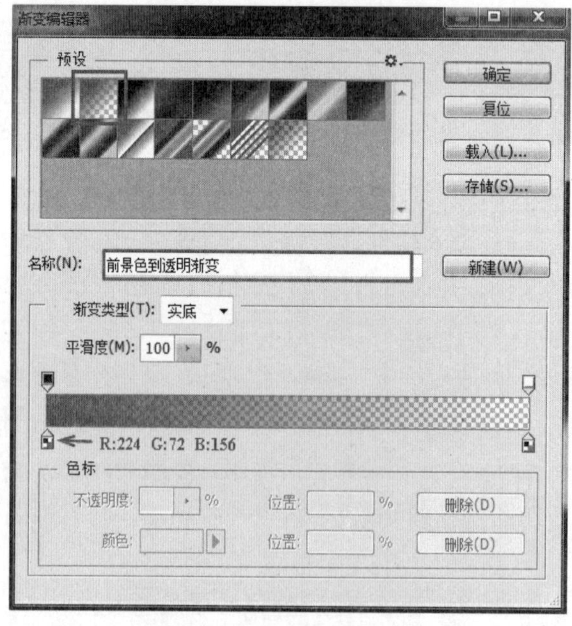

图6-28　设置渐变参数

Step5 在画布外侧单击以确定渐变起点，按住 Shift 键向右移动鼠标到适当位置，再次单击以确定渐变终点，如图 6-29 所示，单侧渐变效果如图 6-30 所示。右侧渐变也按此方法实现，效果如图 6-31 所示。

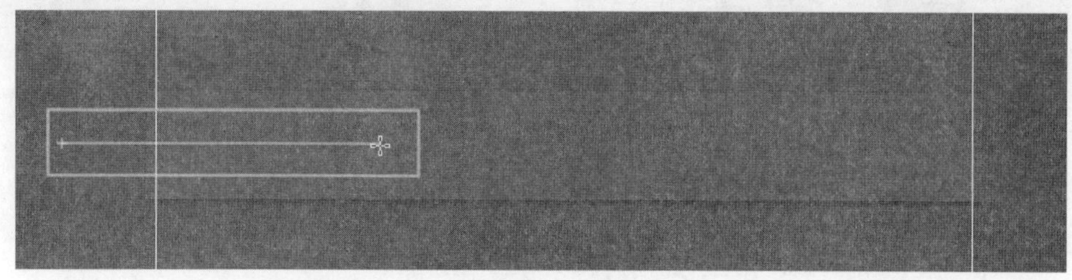

图6-29　拉直线

图6-30　单侧渐变效果

图6-31　两侧渐变效果

Step6 选择矩形工具，绘制一个大小为 144 像素 × 65 像素的矩形，将其填充为白色，并调整位置，如图 6-32 所示。

图6-32　绘制矩形

Step7 绘制一个大小为 8 像素的正方形，命名为“三角边”，并按 Ctrl+T 组合键将该矩形旋转 45°，如图 6-33 所示，按 Enter 键确认操作。

Step8 选择直接选择工具，选中该矩形最上方的锚点，将该矩形移动到合适位置，如图 6-34 所示。

Step9 选中“三角边”图层，右击，在弹出的快捷菜单中选择“栅格化图层”命令，按 Ctrl+Alt+T 组合键将其平移合适的距离，如图 6-35 所示。按 Enter 键确认操作。

图6-33　旋转45°

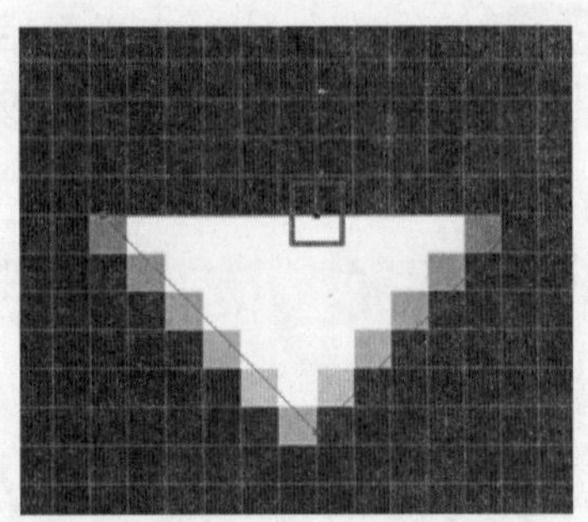

图6-34　移动锚点

图6-35　平移“三角边”图层

Step10. 按 Ctrl+Shift+Alt+T 组合键对三角边进行多次复制。选中“三角边”图层以及所有三角边复制图层，按 Ctrl+E 组合键将其合并。

Step11. 按 Ctrl+T 组合键对合并后的“三角边”图层进行等比缩放。如图 6-36 所示。调整之后的效果如图 6-37 所示。选中“矩形 1”和“三角边”图层，按 Ctrl+E 组合键将其合并，并命名为“logo 底座”。

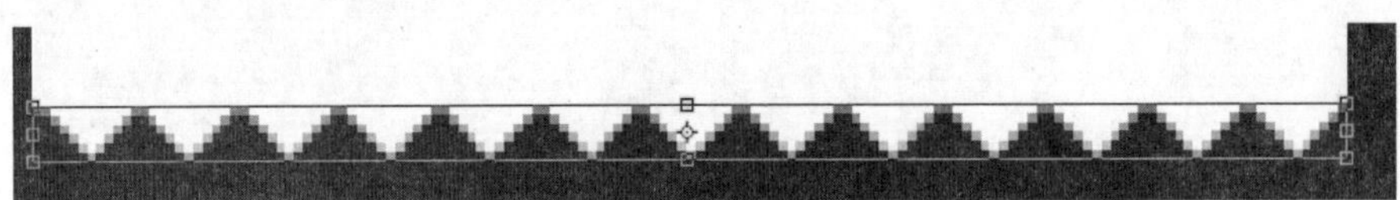

图6-36　对“三角边”图层进行等比缩放

图6-37　调整后的效果

Step12. 置入“大魔树女装 Logo.png”素材，将其缩放至合适大小，如图 6-38 所示。

图6-38　置入店铺Logo

Step13. 选择横排文字工具 T，在空白区域输入文本“优雅”，设置“字体”为“张海山锐线体简”，“大小”为“58 像素”，按 Ctrl+Enter 组合键结束输入。使用相同方法输入其他文本，效果如图 6-39 所示。

Step14. 选择矩形工具▣，绘制一个大小为 60 像素 × 16 像素的矩形，填充为黄色（R:255，G:198，B:0），将该图层重命名为“黄色点缀”，将其放置在 2018“夏装新品”图层的下方，如图 6-40 所示。

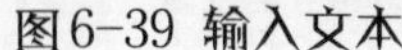

图6-39 输入文本

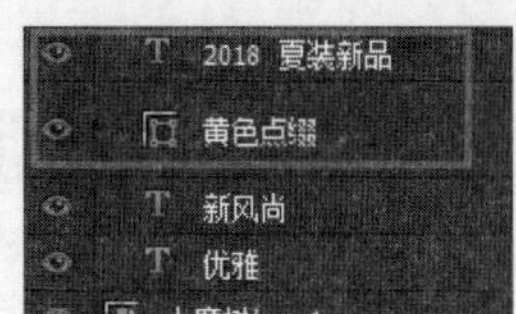

图6-40 图层位置及效果

Step15. 选中“优雅”“新风尚”“黄色点缀”和“2018 夏装新品”图层，按 Ctrl+G 组合键对选中图层进行编组。

Step16. 置入素材文件“衣服 .jpg”和“裤子 .jpg”，将其放置在合适位置，如图 6-41 所示。

图6-41 置入衣服和裤子素材

Step17. 置入素材文件“收藏店铺 .png”，并将其放置在合适位置。按 Ctrl+;（分号）组合键隐藏标尺。至此，常规店招制作完成，效果如图 6-24 所示。最后将文件保存至指定文件夹内。

5. 通栏店招的制作

通栏店招主要基于常规店招进行设计，不过通栏店招的上传需要分为 3 步进行，才能展现一个完整的店招，所以需要将通栏店招保存为 3 部分，即页头背景、通栏店招基础部分和导航条背景。图 6-42 所示即通栏店招需要上传的 3 部分。

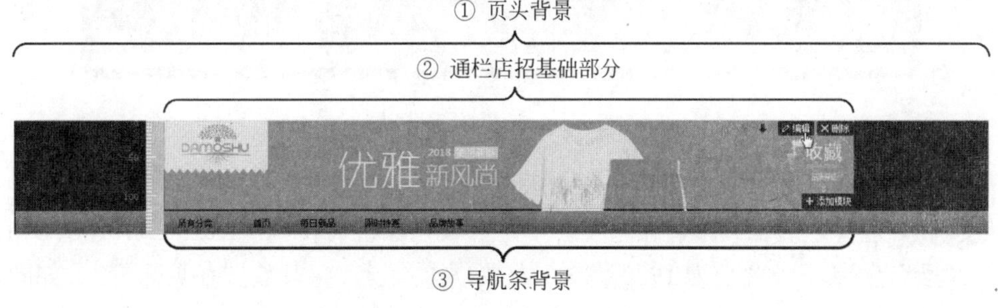

图6-42 通栏店招上传的3部分

通栏店招和常规店招的制作方法相同，只不过通栏店招的尺寸为 1920 像素 × 150 像素。为了更能体现通栏店招和常规店招的区别，这里在常规店招的基础上制作通栏店招。制作时首先将“常规店招”另存为“通栏店招”，将画布扩充至 1920 像素 × 150 像素。

Step1 打开“常规店招 .psd”文件，按 Ctrl+Shift+S 组合键将文件另存至指定文件夹，并重命名为“通栏店招”。

Step2 按 Ctrl+Alt+C 组合键打开“画布大小”对话框，在该对话框设置画布宽度为 1920 像素，高度为 150 像素，如图 6-43 所示。

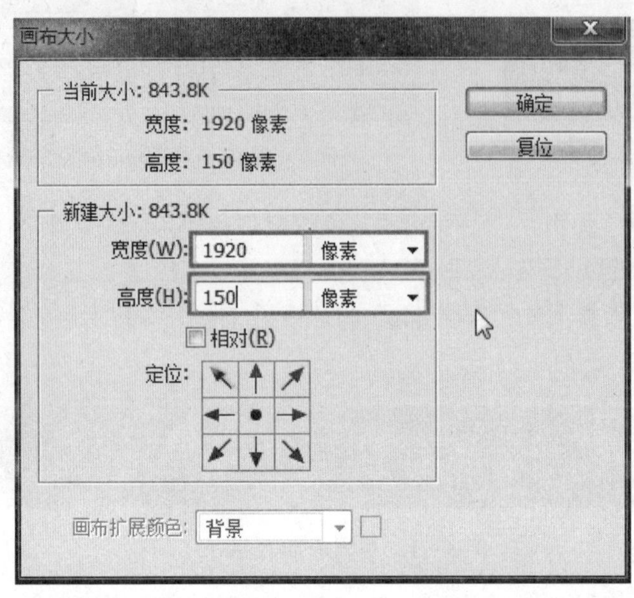

图6-43　修改画布大小

Step3 将背景图层填充为紫色（R:58，G:37，B:75），如图 6-44 所示。选中渐变图层，按 Ctrl+T 组合键将选中图层向两端拉伸，如图 6-45 所示。

图6-44　填充背景图层

图6-45　拉伸渐变图层

Step4 单击图层面板下方的创建新组按钮，命名为“导航栏”。

Step5 选择矩形工具，在选项栏中设置填充颜色为粉色（R:238，G:106，B:137），描边为“无”，绘制一个大小为 1920 像素 × 30 像素的矩形，将其放置在页面下方，如图 6-46 所示。将该图层重命名为“导航条”。

图6-46　绘制导航条

Step6. 选中“导航条”图层，单击图层面板下方的图层样式按钮，为其添加图层样式，具体参数如图 6-47～图 6-49 所示。效果如图 6-50 所示。

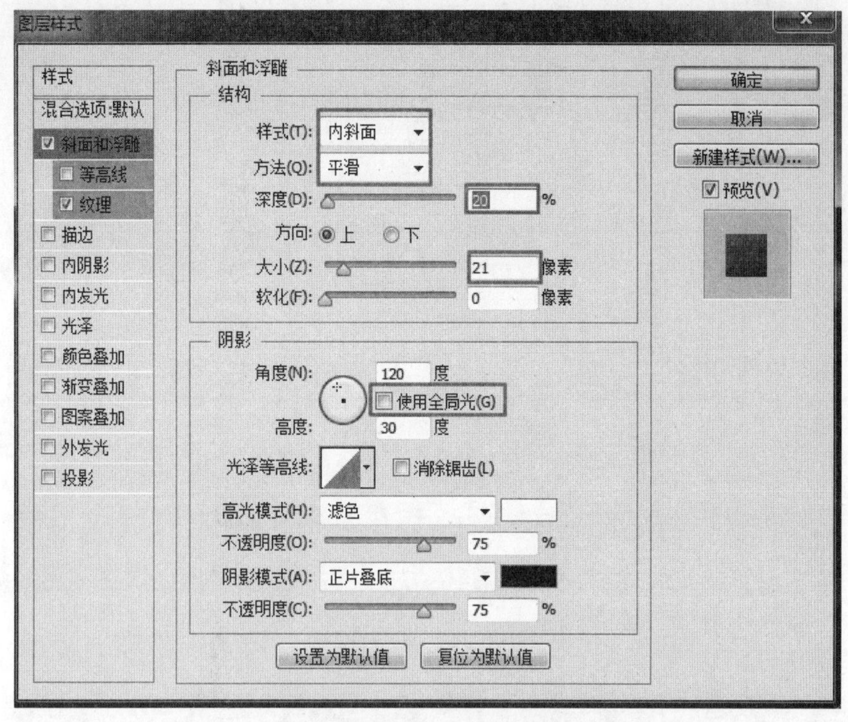

图6-47 设置图层样式之一

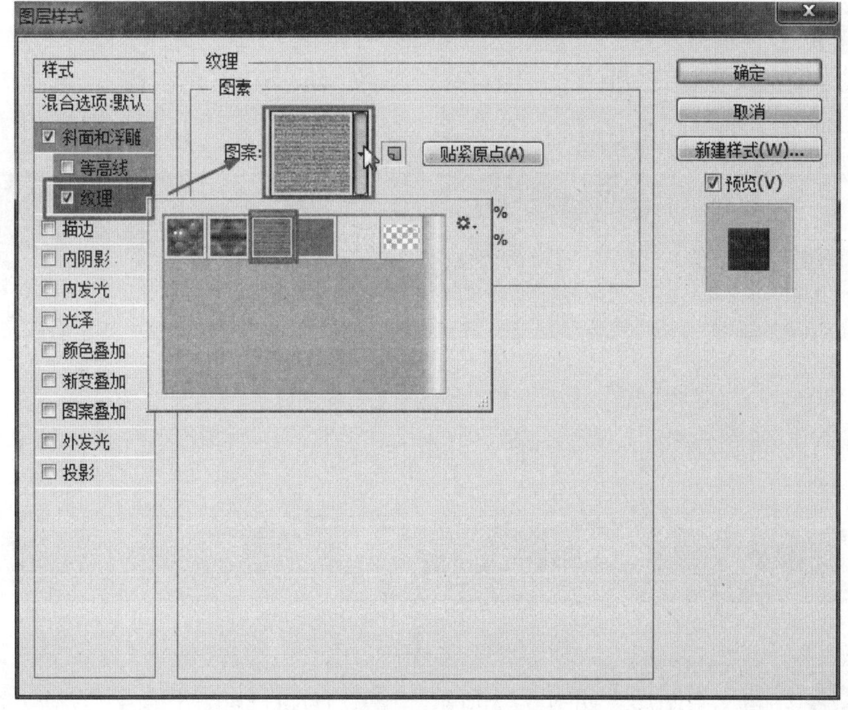

图6-48 设置图层样式之二

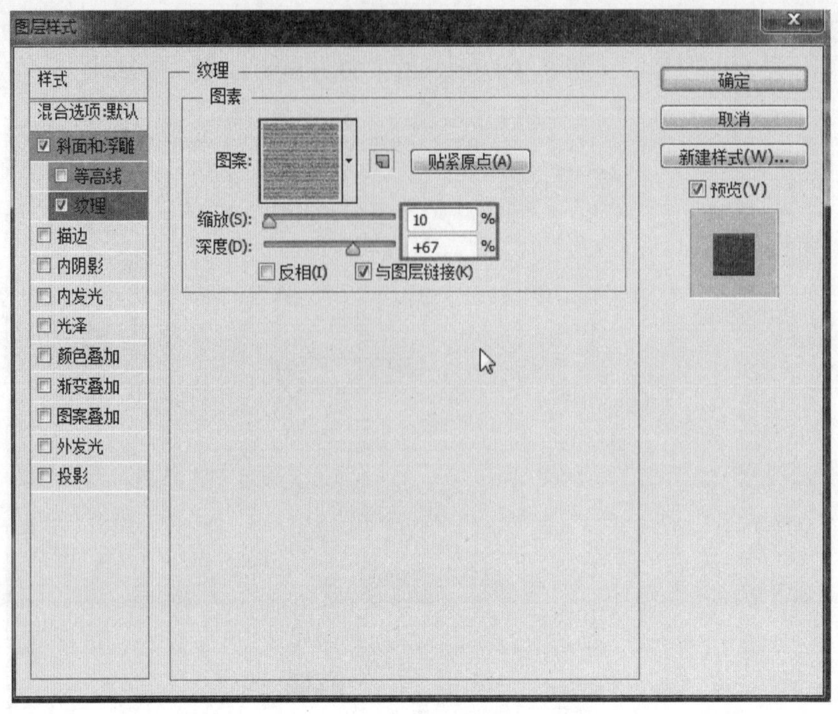

图6-49　设置图层样式之三

图6-50　导航条效果

Step7. 选择横排文字工具T，在选项栏设置文本参数：设置字体为“微软雅黑”，大小为“18 像素”，消除锯齿的方法为“锐利”。在导航条区域依次输入如图 6-51 所示的文本。

图6-51　输入文本

Step8. 按 Ctrl+;（分号）组合键隐藏标尺。至此通栏店招制作完成，效果如图 6-52 所示。

图6-52　通栏店招效果

Step9. 隐藏文字图层，如图 6-53 所示。按 Ctrl+Alt+Shift+S 组合键将页头背景图片保存为 GIF 格式，放在指定文件夹中。

图6-53　保存页头背景图片

Step10. 选择矩形选择工具，在两条参考线中间绘制一个 950 像素 × 120 像素的矩形选区，按住 Alt 键，再依次按 I、P 键，对选中区域进行裁剪，效果如图 6-54 所示。按 Ctrl+Alt+Shift+S 组合键将店招保存为 GIF 格式，放在指定文件夹中。

图6-54　裁剪店招

Step11. 按照 Step10 的方法，再绘制一个尺寸为 950 像素 × 30 像素的矩形选区，对导航条进行裁剪，如图 6-55 所示。

图6-55　裁剪导航条

> 注　意
>
> 为了确保通栏店招的完整性，保存店招时需要保存3种尺寸的图片文件，以叠加使用。

6.2.2　首页分类导航的设计与制作

分类导航是引导买家购买的重要模块。系统自带的分类导航模块只能通过文本的方式显示，比较单一。为了将商品分类的作用发挥到极致，卖家可以将店铺装修风格设计成横向分类模块，提升买家购买体验。本案例针对大魔树女装店制作尺寸为 950 像素 × 200 像素的横向分类导航模块，具体操作步骤如下。

Step1. 打开 Photoshop CS6 软件，新建一个宽度为 950 像素、高度为 200 像素、分辨率为 72 像素 / 英寸、背景内容为白色的文件，并命名为“分类导航模块”。

Step2. 依次在画布的垂直方向的 10 像素处和 940 像素处创建参考线，如图 6-56 所示。

图6-56　创建参考线

Step3. 置入“搭配套餐 .png”“时尚 T 恤 .png”“个性裤子 .png”“唯美裙装 .png”“明星同款 .png”“背心吊带 .png”“卫衣 / 外套 .png”等素材文件，并调整图片大小，如图 6-57 所示。

图6-57　置入素材文件

Step4. 选中所有素材图层，分别单击水平居中分布按钮和垂直居中对齐按钮，对素材图层进行对齐操作。效果如图 6-58 所示。

图6-58　对齐素材图层

Step5. 选择横排文字工具，分别输入导航文本，设置字体为“微软雅黑”，大小为“14 像素”，颜色填充为“黑色”，消除锯齿的方法为“锐利”，并分别单击水平居中分布按钮和垂直居中对齐按钮，使文字排列整齐，如图 6-59 所示。

图6-59　输入导航文本

Step6. 选择矩形工具，在“搭配套餐”下方绘制一个大小及样式如图 6-60 所示的矩形。在其中输入文本“Click in >”，字体为“微软雅黑”，如图 6-61 所示。

Step7. 选中“Click in >”文本图层和“矩形”图层，按 Ctrl+G 组合键进行编组，将该组重命名为“单击进入按钮”。

Step8. 按 Ctrl+J 组合键 6 次，复制“单击进入按钮”图层组，依次选中各个图层组，按 Shift 键平行移动到相应的位置。至此，分类导航模块制作完成，效果如图 6-62 所示。

图6-60　绘制按钮

图6-61　输入文本

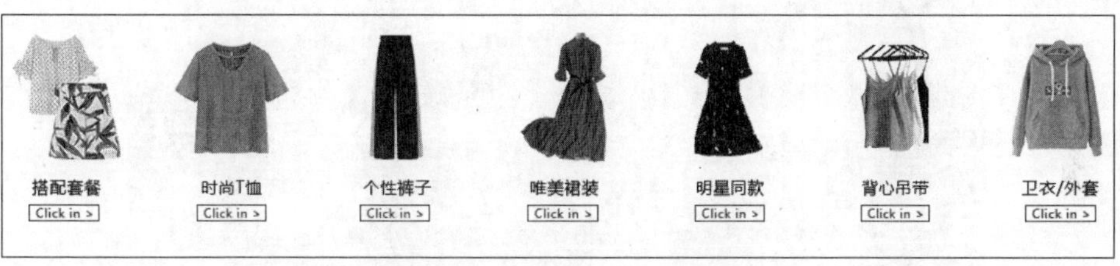

图6-62　分类导航模块效果

6.2.3　大型海报轮播图的设计与制作

大型海报轮播图是网店的重要模块，它的作用就是在同一区域中通过多张图片循环切换的方式进行展示播放，从而达到使用一个模块来展示多个商品或促销信息的功能。下面介绍大型海报轮播图的设计与制作技巧。

1. 不同轮播图的尺寸要求

轮播图的尺寸是由店铺布局决定的，与店招一样，卖家可根据需求设置常规轮播图和全屏轮播图两种样式。

- **常规轮播图尺寸。**常规轮播图的高度要求为 100 ~ 600 像素，宽度则分为 950 像素、750 像素（右侧轮播图）、190 像素（左侧轮播图）3 种，如图 6-63 所示，图片文件要求小于 300KB。
- **全屏轮播图尺寸。**全屏轮播图的宽度是 1920 像素，高度一般以 400 ~ 800 像素为最佳，如图 6-64 所示。但该轮播效果需要通过购买第三方模块进行装修展示。

2. 轮播图的视觉设计要点

轮播图是多张海报图循环播放的展示形式。要使轮播图美观，吸引买家注意，就要对每张海报图的主题、构图、色彩等视觉要点进行综合考虑。

图6-63　常规轮播图尺寸

图6-64　全屏轮播图尺寸

❶ 主题

无论是新品上市还是店铺促销活动，海报中都需要围绕一个主题进行设计，并确定对应的轮播图效果。一般情况下，海报主题通过商品和文字描述来体现，将描述提炼成简洁的文案，并将主题放在海报的第一视觉点，让买家直观地看到商品或活动。要根据商品和活动选择合适的背景。在编辑文案时，文案的字体不要超过 3 种，建议使用稍大的或有个性的文字突出活动内容或商品特色，如图 6-65 所示。

图6-65　海报效果

❷ 构图

常见的横幅海报有 3 种构图形式："右图左字"构图、"左图右字"构图、"两边图中间字"构图，分别如图 6-66 ~ 图 6-68 所示。具体的构图形式选择可以根据商品特点以及文案决定。

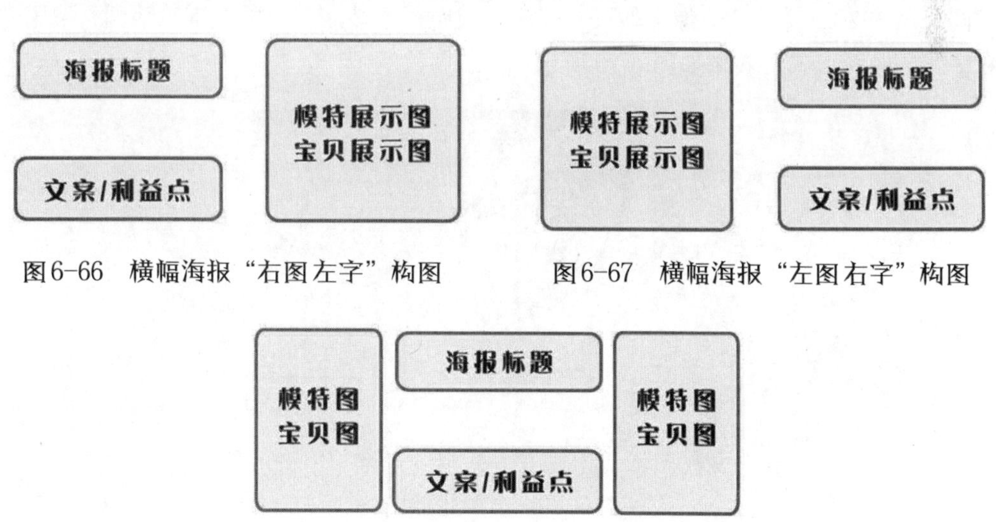

图6-66　横幅海报"右图左字"构图

图6-67　横幅海报"左图右字"构图

图6-68　横幅海报"两边图中间字"构图

❸ 色彩

海报设计不但需要考虑主题和构图，还需要使其色调统一。在配色时，卖家要对重要的文字信息用突出醒目的色彩进行强调，通过明暗对比以及不同色彩的搭配来确定对应的风格，其背景色尽量不要使用过多的色彩，以免页面杂乱。图 6-69 为一张配色较好的海报。

图6-69 色彩搭配示例

3. 轮播图的制作

在介绍了轮播图的尺寸要求和设计要点后，下面针对大魔树女装店首页制作两种尺寸的轮播图，具体操作如下。

❶ 全屏轮播图制作

全屏轮播图是一种可以覆盖整个屏幕并轮流播放海报的模块，具有高端、大气的特点。本案例采用 1920 像素 × 750 像素的尺寸来制作大魔树女装店首页的全屏轮播图，采用“左图右字”的构图形式，效果如图 6-70 所示。

图6-70 全屏轮播图

其具体操作步骤如下。

Step1. 打开 Photoshop CS6 软件，新建一个宽度为 1920 像素、高度为 750 像素、分辨率为 72 像素 / 英寸、背景内容为白色的文件，并命名为“全屏轮播图”，如图 6-71 所示。

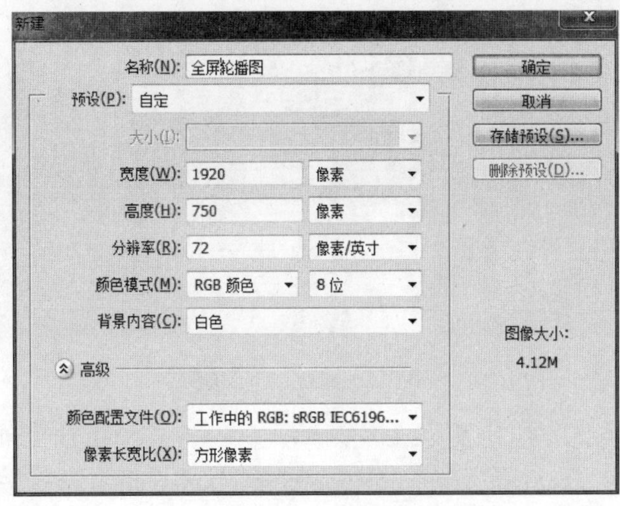

图6-71　新建文件

Step2. 分别在画布从左侧起 360 像素和 1560 像素的位置绘制两条参考线，如图 6-72 所示。

图6-72　绘制参考线

Step3. 置入“全屏轮播图背景素材 .jpg”，如图 6-73 所示。

图6-73　置入素材

Step4. 选择矩形工具，在右侧参考线处绘制一个大小为 306 像素 × 557 像素、颜色填充为粉色（R:230，G:104，B:132）的矩形，如图 6-74 所示。

图6-74　绘制粉色矩形

Step5. 选择横排文字工具T，在图像中分别输入“FASHION”和“-STYLE”，打开“字符”选项卡设置参数，具体设置如图6-75所示。将文本贴近右侧参考线。效果如图6-76所示。

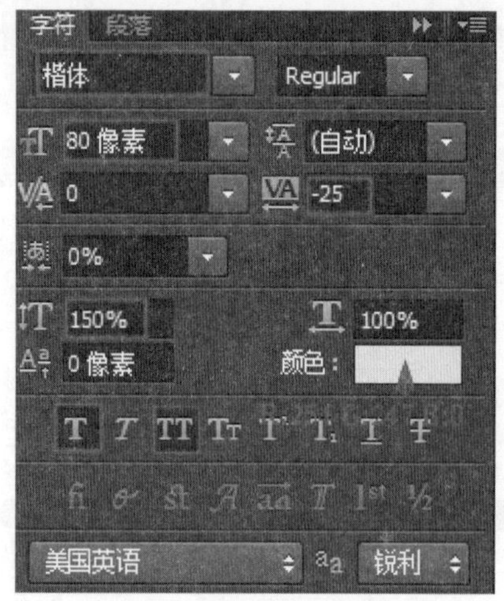

图6-75　设置文本参数

图6-76　输入文本

Step6. 选择横排文字工具T，在“-STYLE”下方80像素处输入文本“/ 夏季出游季 /”，字体设置为方正兰亭黑简体，大小为38像素，字体颜色为白色。按此方法依次输入剩余文本，如图6-77所示。

图6-77　输入文本

Step7. 在粉色矩形下方 14 像素处绘制水平参考线，选择矩形工具，绘制一个大小为 450 像素 × 46 像素的矩形，并将其不透明度改为 60%，效果如图 6-78 所示。

图6-78　绘制矩形

Step8. 在黄色透明矩形图层的上方输入横排文本。至此，全屏轮播图制作完成，效果如图 6-70 所示。

❷ 常规轮播图制作

本案例采用 950 像素 × 500 像素的尺寸来制作大魔树女装店首页的常规轮播图，构图采用“右图左字”的形式，制作后的效果如图 6-79 所示。

图6-79　常规轮播图

其具体操作步骤如下。

Step1. 打开 Photoshop CS6 软件，新建一个宽度为 950 像素、高度为 500 像素、分辨率为 72 像素 / 英寸、背景内容为白色的文件，并命名为“常规轮播图”，如图 6-80 所示。

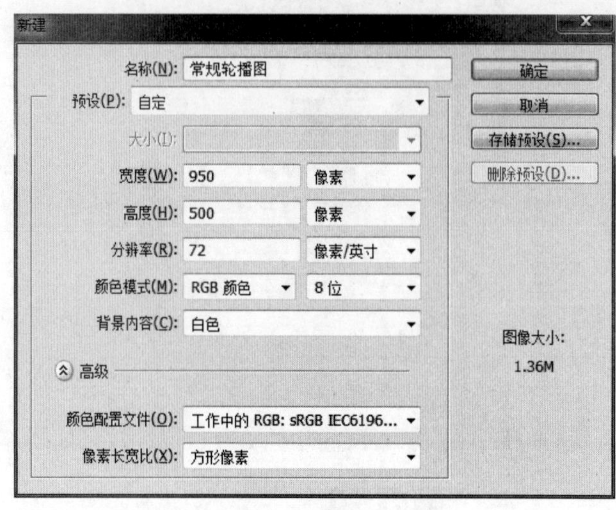

图6-80　新建文件

Step2. 将背景填充为灰色（R:234，G:234，B:234），置入如图 6-81 所示的素材文件“常规轮播图 - 树叶 .png”和“模特 .png”，按 Enter 键确定操作，并调整位置，如图 6-82 所示。

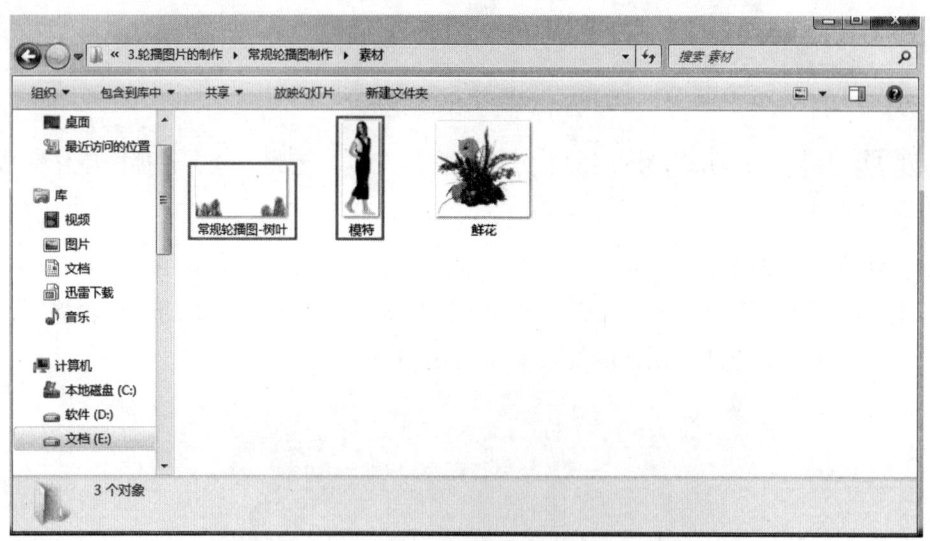

图6-81　选择素材文件

Step3. 依次复制“树叶”图层和“模特”图层，并将其重命名为“树叶投影”和“模特投影”。

Step4. 将鼠标放置在“树叶投影”图层缩览图上，按住 Ctrl 键单击，为“树叶投影”图层创建选区，如图 6-83 所示。

图6-82　置入素材

图6-83　创建选区

Step5. 在工具栏选中矩形选框工具，在选区上右击，在弹出的快捷菜单中选择“调整边缘”命令，调整羽化参数为“2 像素”。

Step6. 将选区填充为黑色，将其不透明度改为 20%，移动“树叶投影”图层到合适位置，并将该图层放置在“树叶”图层下方。对“模特投影”图层也按此方法处理。效果如图 6-84 所示。

图6-84　为素材添加投影

Step7. 选择矩形工具，在“模特”图层下方绘制一个大小为590像素×434像素的白色矩形。

Step8. 再绘制一个大小为550像素×396像素的矩形，填充为灰色（R:234，G:234，B:234），描边为2像素，描边颜色为灰色（R:201，G:201，B:201），如图6-85所示。

图6-85 绘制矩形

Step9. 选中两个矩形图层，在选项栏依次单击垂直居中对齐按钮和水平居中对齐按钮，对两个矩形进行居中对齐操作，如图6-86所示。

图6-86 将两个矩形居中对齐

Step10. 按Ctrl+T组合键，调出定界框，当出现旋转箭头时，按住Shift键将组合矩形旋转45°，如图6-87所示。按Enter键确定此步操作，并调整位置，按Ctrl+G组合键对两个矩形进行编组，并命名为“文案框”。

Step11. 选择横排文字工具，在文本框内输入“新品上市”，设置字体为宋体，大小为46像素，颜色为绿色（R:51，G:114，B:4）。完成后依次输入其余文本，字体为微软雅黑，最终效果如图6-88所示。

图6-87　旋转组合矩形

图6-88　输入文本

Step12 选择自定义形状工具，在选项栏的形状下拉列表 形状： 中选择右箭头，在“新品上市”左侧绘制一个右箭头形状。选择直线工具，在画布中的英文文本下方绘制一条长度为162像素的直线，效果如图6-89所示。

图6-89　添加装饰

Step13. 绘制一个大小为 343 像素 × 32 像素的矩形，将其放置在“满 299 减 20……”文本图层的下方，并将这行文本的颜色改为白色，如图 6-90 所示。

Step14. 按 Ctrl+J 组合键复制绿色矩形图层。按 Ctrl+T 组合键，在弹出的定界框上右击，在弹出的快捷菜单中选择“变形”命令，拖曳定界框的角控制点及边控制点进行变形，如图 6-91 所示。

图6–90　添加矩形

图6–91　变形

Step15. 选中“矩形 3 副本”图层，将其放在“矩形 3”图层的下方，并对该图层进行栅格化操作。

Step16. 为“矩形 3 副本”图层创建选区，将其填充为黑色。用橡皮擦工具擦除边角，如图 6-92 所示。

Step17. 选择模糊工具，在选项栏设置笔刷大小为 20 像素，强度为 50%，并设置不透明度为 55%，在“矩形 3 副本”图层进行涂抹。效果如图 6-93 所示。

图6–92　用橡皮擦擦除边角

图6–93　模糊

Step18. 置入素材文件“鲜花 .png”，按照 Step3 ~ Step6 的方法制作投影效果。至此，常规轮播图制作完成，效果如图 6-79 所示。

6.2.4　优惠券的设计与制作

店铺优惠券是淘宝店铺常用的促销手段，也是吸引消费者二次消费的策略。下面以大魔树女装店铺优惠券为例，要求突出商家优惠力度和优惠券使用条件，设计一款满减优惠券，如满 88 减 10、满 198 减 20 等。对优惠券的尺寸没有具体要求，通常根据版心的宽度进行制作。下面以宽度为 950 像素为例进行制作，制作后的优惠券效果如图 6-94 所示。

图6–94　优惠券效果

其操作步骤如下。

Step1. 打开 Photoshop CS6 软件，新建一个宽度为 950 像素、高度为 240 像素、分辨率为 72 像素 / 英寸、背景内容为白色的文件，并命名为“优惠券”。

Step2. 选择矩形工具，在选项栏中设置“填充”为“无”，描边粗细为 2 像素，描边颜色为粉色（R:233，G:72，B:116），在画布中绘制一个大小为 186 像素 × 117 像素的矩形。选择横排文字工具，在上方输入相关文本，字体分别为 Impact 和微软雅黑，如图 6-95 所示。

Step3. 选择矩形工具，绘制一个如图 6-96（左）所示的矩形，并在矩形中输入“立即领取 >”文本，字体为 Adobe 黑体 Std，如图 6-96（右）所示。

图 6-95　输入文本

图 6-96　绘制矩形并输入文本

Step4. 选择椭圆工具，在矩形左上角按住 Shift 键绘制一个正圆形，并在圆内输入“券”字作为装饰，如图 6-97 所示。

Step5. 选中除背景外的所有图层，按 Ctrl+G 组合键对选中图层进行编组，并命名为“无门槛减 5”，如图 6-98 所示。

图 6-97　添加装饰

图 6-98　图层编组

Step6. 按 Ctrl+J 组合键对“无门槛减 5”图层组进行复制，并修改相应文本，将图层组分别命名为“满 88 减 10”“满 158 减 15”和“满 258 减 20”。选中所有图层组，单击选项栏中的“水平居中分布”按钮将图层平均分布，最终效果如图 6-94 所示。

6.2.5　商品自定义展示模块的设计与制作

商品自定义展示模块是商家为了推广店铺主打商品而设计的模块，该模块的样式类似于商品列表，包括商品展示、价格展示等，可放置在首页商品列表之上。图 6-99 为大魔树女装店铺首页的商品自定义展示模块。其具体操作方法如下。

Step1. 打开 Photoshop CS6 软件，新建一个宽度为 950 像素、高度为 1752 像素、分辨率为 72 像素 / 英寸、背景内容为白色的文件，并命名为“商品自定义展示模块”，如图 6-100 所示。

图6-99　商品自定义展示模块

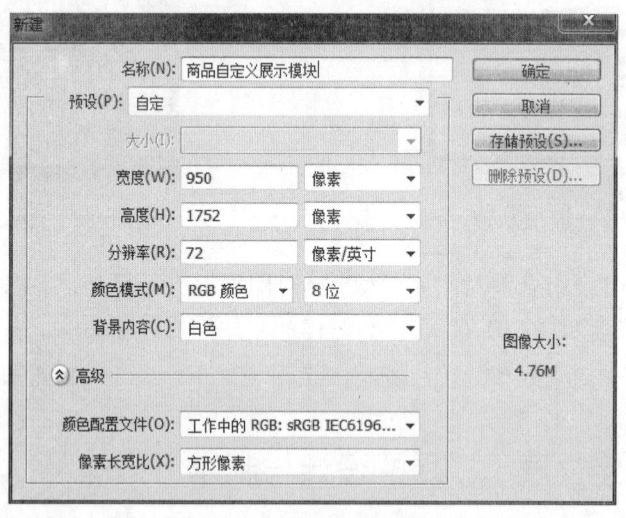

图6-100　新建文件

Step2. 在画布自底端起 584 像素和 1168 像素的位置创建水平参考线，再在画布自左侧起 475 像素的位置创建垂直参考线，如图 6-101 所示。

Step3. 选择矩形工具，在选项栏设置填充为无，描边粗细为 1 像素，描边颜色为紫色（R:58，G:37，B:75），绘制一个大小为 950 像素 × 538 像素的矩形，将其放置在合适位置，如图 6-102 所示。

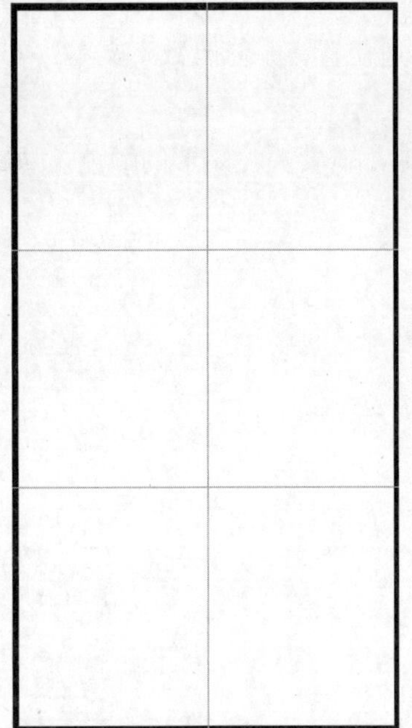
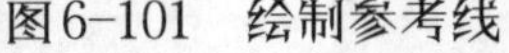

图6-101　绘制参考线

图6-102　绘制矩形

Step4. 在选项栏中单击路径操作按钮，在下拉菜单中选择“减去顶层形状”命令，在图 6-103（左）所示方框位置绘制一个矩形。在选项栏中单击路径操作按钮，在下拉菜单中选择“合并形状组件”命令，合并两个矩形，效果如图 6-103（右）所示。

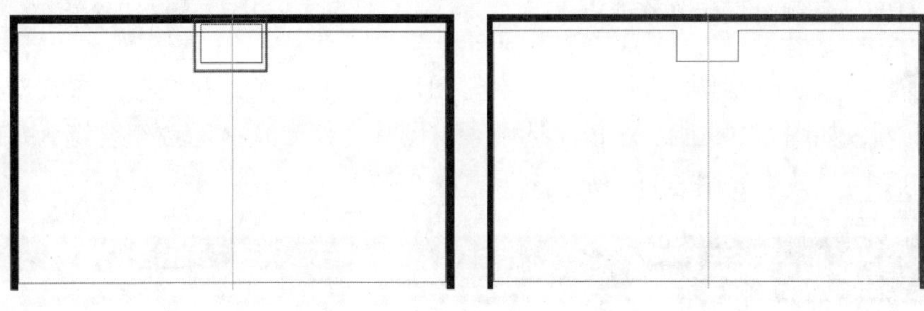

图6-103　合并两个矩形

Step5. 选择横排文字工具，输入 01，设置字体为时尚中黑简体，字体大小为 75 像素，颜色为紫色（R:58，G:37，B:75），如图 6-104 所示。

Step6. 选中除背景外的所有图层，按 Ctrl+G 组合键对选中图层进行编组，并将其重命名为 01，如图 6-105 所示。

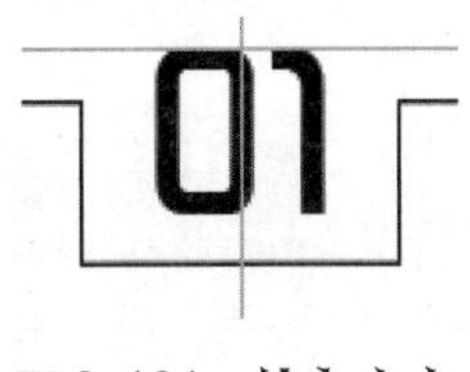

图6-104　输入文本

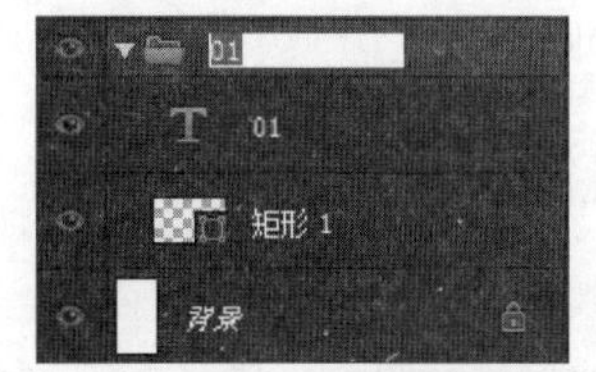

图6-105　图层编组

Step7. 选中 01 图层组，按两次 Ctrl+J 组合键复制出两个图层组，分别将其命名为 02 和 03。依次选中 02 和 03 图层组，将其移动到合适位置，并修改数字文本，如图 6-106 所示。

Step8. 选择矩形工具，绘制 3 个矩形（此时不需要关注矩形的颜色），如图 6-107 所示。

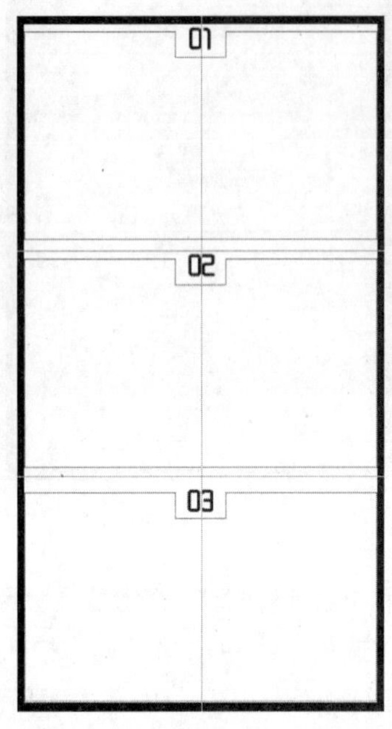

图6-106　复制图层组并修改文本

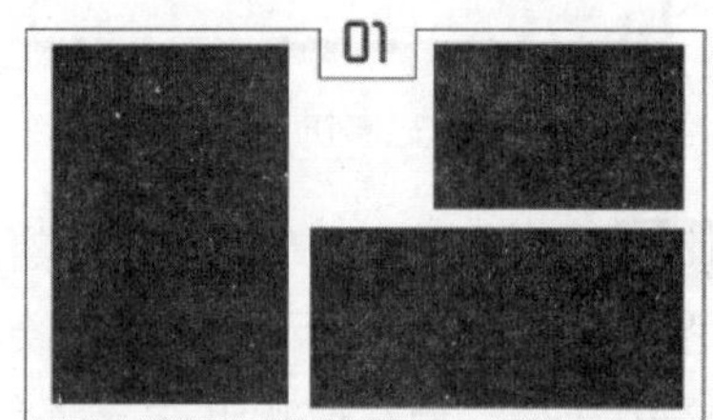

图6-107　绘制3个矩形

Step9. 置入如图 6-108 所示的 3 个素材图片，并将 3 个素材图层放置在对应的 3 个矩形图层上方，如图 6-109 所示。依次选中素材图片，按 Ctrl+Alt+G 组合键为每个素材图层创建剪切蒙版。效果如图 6-110 所示。

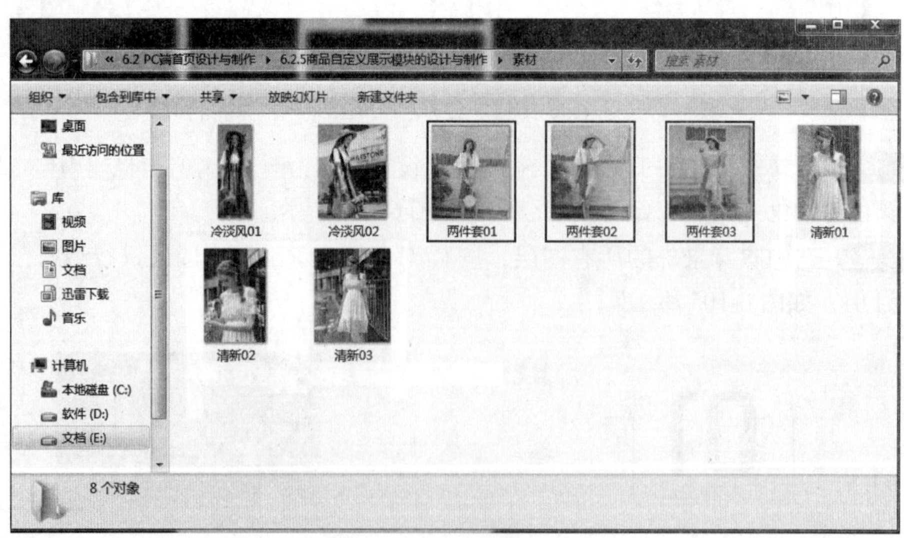

图6-108　选择素材图片

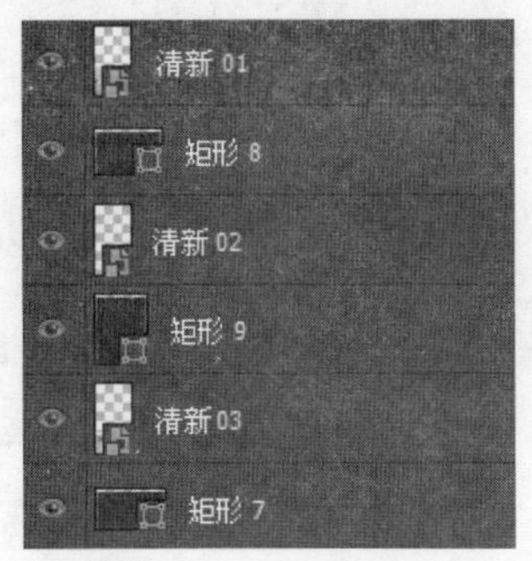

图6–109　置入素材

图6–110　素材图片应用剪切蒙版效果

Step10. 选择横排文字工具，在空白区域输入图 6-111 所示的文本，设置字体为张海山锐线体简，字体大小为 28 像素，颜色为紫色（R:58，G:37，B:75）。

图6–111　输入文本

Step11. 选择矩形工具，绘制一个大小为 138 像素 × 52 像素的矩形，在矩形中输入文本，设置字体为黑体，如图 6-112 所示。

图6–112　输入商品价格标签

Step12. 按照 Step8 ~ Step11 的方法制作剩余模块。商品自定义展示模块最终效果如图 6-99 所示。至此，商品自定义展示模块制作完成，将其保存到指定文件夹内。

6.2.6　页尾模块的设计与制作

页尾模块位于店铺首页的最底部，是页面装修的最后一个环节，也是很多卖家在装修时容易忽略的部分。但是页尾模块作为店铺首页的组成部分，卖家应该充分地将它利用起来，更多地展示店铺信息，以获取买家信任。下面对页尾模块的设计要点以及制作方法进行介绍。

1. 常见的页尾模块类型

店铺页尾是一个不可忽视的地方，页尾模块可以在所有页面显示。页尾模块可以添加的内容有很多，如发货、物流、售后须知、无线端店铺二维码、微淘二维码、收藏按钮、店铺活动等。

- 在页尾模块添加客服中心，如果买家浏览到最后，想要咨询卖家，可以直接单击客服中心进行咨询，既方便又快捷；在页尾模块添加发货、物流、售后须知等内容，当买家看到页尾部分提示的内容时，则会给买家以正规、有保障的感觉，容易获取买家的信任，如图 6-113 所示。

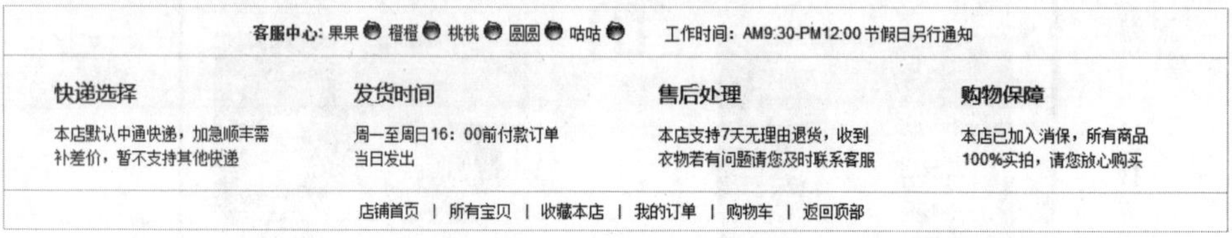

客服中心：果果 橙橙 桃桃 圆圆 咕咕
工作时间：AM9:30-PM12:00 节假日另行通知
快递选择
本店默认中通快递，加急顺丰需补差价，暂不支持其他快递
发货时间
周一至周日16：00前付款订单当日发出
售后处理
本店支持7天无理由退货，收到衣物若有问题请您及时联系客服
购物保障
本店已加入消保，所有商品100%实拍，请您放心购买
店铺首页 | 所有宝贝 | 收藏本店 | 我的订单 | 购物车 | 返回顶部

图6-113　页尾放置客服中心和发货、物流、售后须知示例

- 在页尾模块添加无线端店铺二维码或微淘二维码，方便买家使用无线端浏览店铺，并且还能及时推送店铺消息，扩大客户群体，如图 6-114 所示。

温馨提示
★★★★★
由于各个显示器不同存在色差，
请以实物为准！
快递说明
免运费：（本店默认 圆通快递，天天快递）
新疆、西藏、内蒙古、港澳台、
海外，不包邮！
如有疑问请及时联系我们的客服哦，
以免耽误发货，谢谢！
手机店铺
手机购物
更优惠！
返回首页
TOP

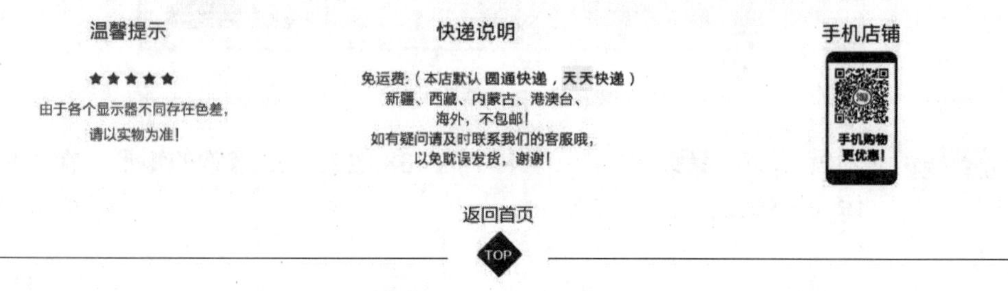

图6-114　页尾放置二维码示例

- 在页尾模块增加“返回顶部”或“返回首页”链接，方便买家浏览，给买家带来更好的用户体验，如图 6-115 所示。

返回顶部
所有宝贝

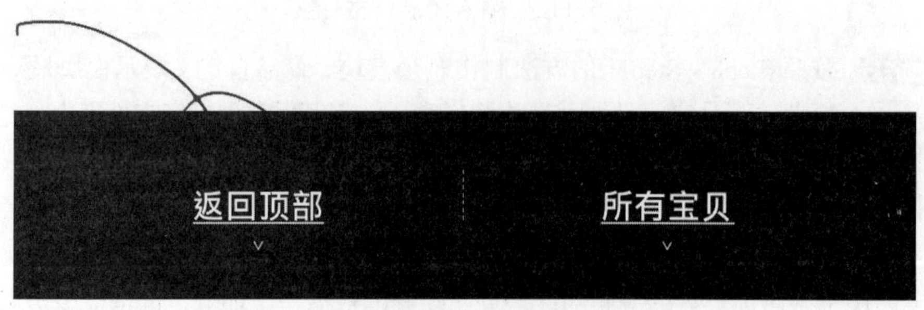

图6-115　页尾放置“返回顶部”链接示例

- 在页尾模块放置收藏按钮，起到再次提醒买家收藏店铺的作用，如图 6-116 所示。

图6-116　页尾放置收藏按钮示例

- 在页尾模块放置店铺商品活动模块，可以增加店铺活动曝光量，方便买家直接到达活动区选购商品，如图 6-117 所示。

图6-117　页尾放置店铺商品活动模块示例

- 在页尾模块放置分类导航信息，可以提高买家的购买率，如图 6-118 所示。

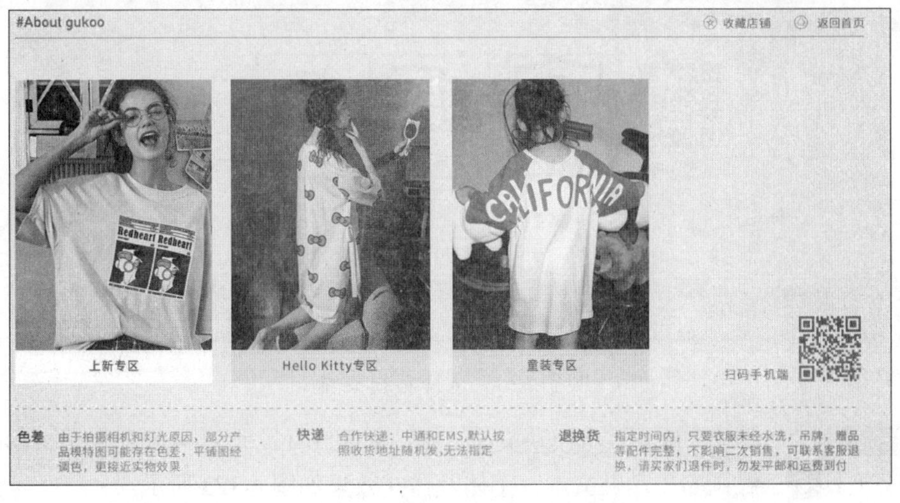

图6-118　页尾放置分类导航信息

页尾模块可以作为买家访问店铺的快速通道，合理地设置页尾信息可以方便买家从页尾模块跳至首页分类信息页面，查看店铺的其他产品及信息。因此，提供清晰的页尾模块能够保证更多的店铺页面被访问，使更多的商品被发现，极大地提高店铺的转化率。

2. 制作并装修页尾

下面以大魔树女装店铺为例，根据商家给出的文案，设计一款简洁的页尾模块。为了方便用户浏览以及及时推送信息，本案例页尾中主要放置发货、物流、售后服务、二维码等内容，颜色选用百搭的黑色。

Step1. 打开 Photoshop CS6 软件，新建一个宽度为 950 像素、高度为 200 像素、分辨率为 72 像素 / 英寸的文件，并命名为“页尾”，如图 6-119 所示。

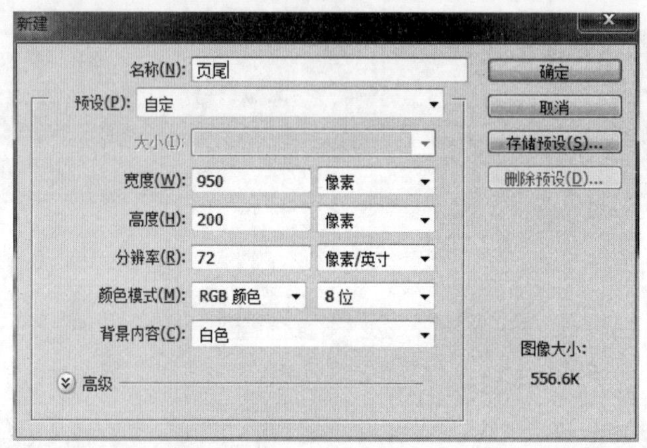

图6-119　新建文件

Step2. 依次置入如图 6-120 所示的素材文件“无忧售后 .png”“物流 .png”“相机 .png”，并调整位置，如图 6-121 所示。

图6-120　选择素材文件

Step3. 打开素材文件“页尾模块文案 .txt”，如图 6-122 所示，复制相关文本。选择横排文字工具 T，在画布中粘贴文本，字体及样式效果如图 6-123 所示。

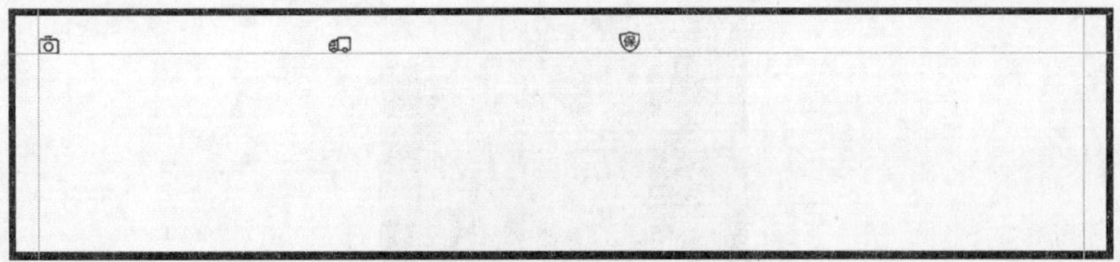

图6-121　置入素材文件

页尾模块文案.txt - 记事本
文件(F) 编辑(E) 格式(O) 查看(V) 帮助(H)
拍摄：均为摄影棚实物拍摄，由于拍摄光线问题，宝贝图片与实际宝贝产生一定色差。色差已减至最小，以实物为
发货：本店默认使用韵达快递，EMS/顺风请补足邮费。PM16点前付款当天发货 PM16点后/星期日次日发货！
售后：收到货物后如有质量问题， 请7天内联系售后服务。产品质量问题，本店承担来回运费。

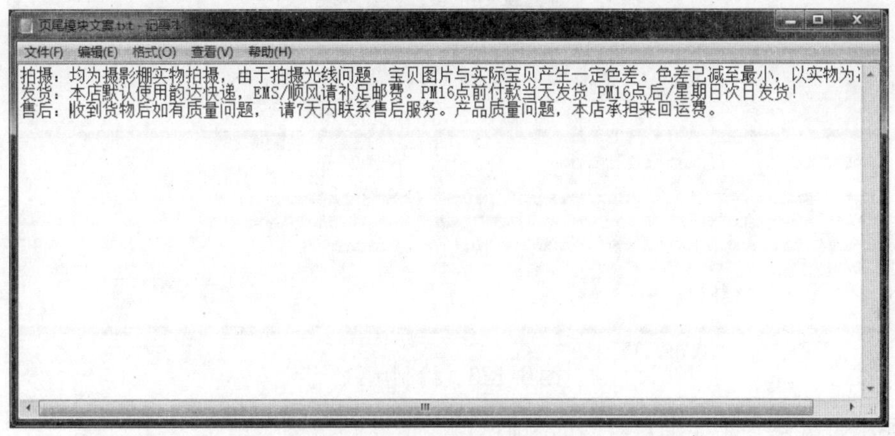

图6-122　文案内容

实物拍摄
发货/物流
售后服务
均为摄影棚实物拍摄，由于拍摄光线问题，宝贝图片与实际宝贝产生一定色差。色差已减至最小，以实物为准。
本店默认使用韵达快递，EMS/顺风请补足邮费。PM16点前付款当天发货 PM16点后/星期日次日发货！
收到货物后如有质量问题， 请7天内联系售后服务。产品质量问题，本店承担来回运费。

图6-123　粘贴文本

Step4. 选择直线工具，在水平参考线下方按住 Shift 键绘制一条宽度为 772 像素、填充颜色为灰色（R:149，G:149，B:149）的直线，如图 6-124 所示。

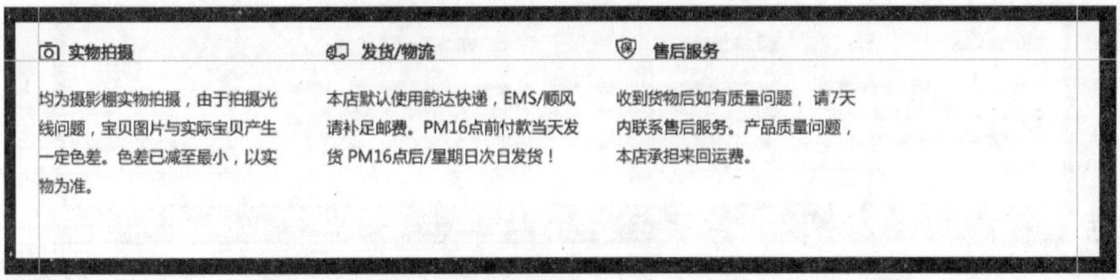

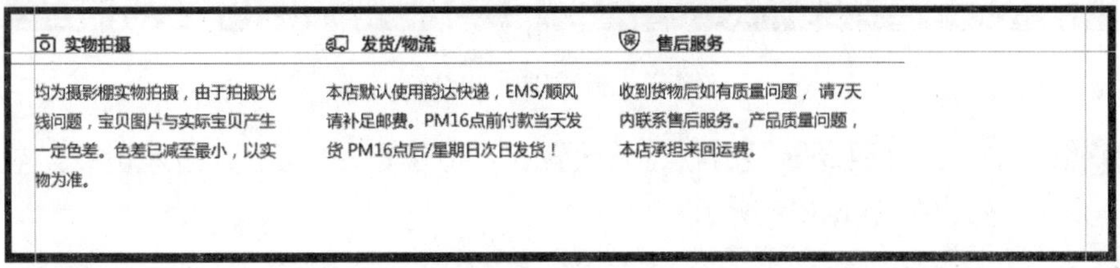

实物拍摄
发货/物流
售后服务
均为摄影棚实物拍摄，由于拍摄光线问题，宝贝图片与实际宝贝产生一定色差。色差已减至最小，以实物为准。
本店默认使用韵达快递，EMS/顺风请补足邮费。PM16点前付款当天发货 PM16点后/星期日次日发货！
收到货物后如有质量问题， 请7天内联系售后服务。产品质量问题，本店承担来回运费。

图6-124　绘制直线

Step5. 按照 Step4 的方法在图像上绘制高度为 61 像素、描边颜色为灰色（R:149，G:149，B:149）、描边粗细为 2 像素、描边类型为虚线的直线，选择的虚线样式如图 6-125 所示。复制虚线，效果如图 6-126 所示。

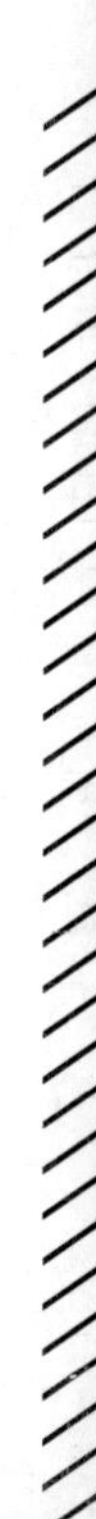

图6-125　描边类型样式

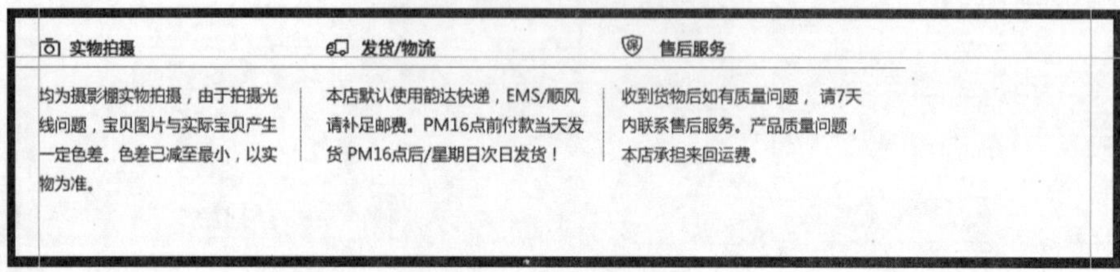

图6-126　绘制虚线

Step6. 选择矩形工具，在选项栏设置填充颜色为“黑色”、描边为“无”，在如图 6-127 所示的位置绘制一个宽度为 950 像素、高度为 30 像素的矩形。

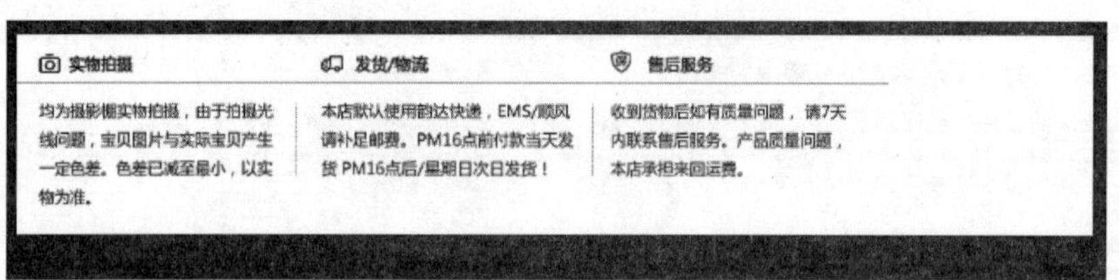

图6-127　绘制矩形

Step7. 选择横排文字工具，输入相关文本，设置字体为微软雅黑，字体大小为 14 像素，字体颜色为白色，字符的间距设置为 200%，效果如图 6-128 所示。

图6-128　输入文本

Step8. 置入“二维码 .png”素材，将其放置在合适位置，并在下方输入相关文本。至此，页尾制作完成，效果如图 6-129 所示。

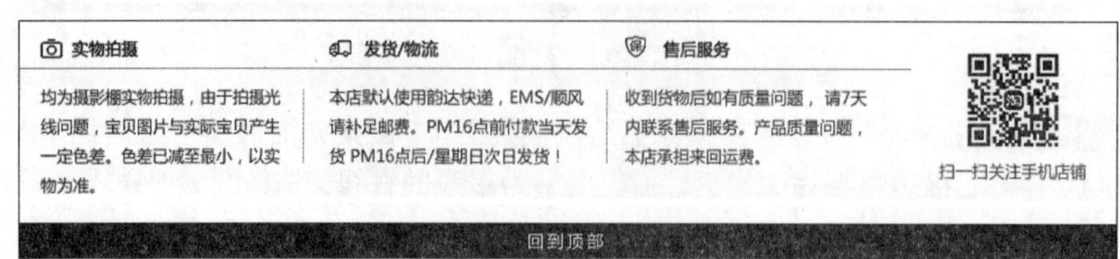

图6-129　页尾效果

6.3 无线端首页设计与制作

随着移动互联网的快速发展以及智能手机的普及，越来越多的网民喜欢用手机上网购物，网络购物向移动端转移的趋势进一步凸显。无线端无论在店铺流量还是成交额等方面都占据着非常重要的位置。在这种趋势下，无线端店铺装修就显得十分重要。本节主要介绍无线端首页设计与装修的相关内容。

6.3.1 无线端首页模块介绍

无线端首页装修的原理与 PC 端基本相同，但装修布局的模块有一些不同，且页面展示更精简。图 6-130 为某店铺 PC 端与无线端首页的对比。

(a) PC 端首页 (b) 无线端首页

图6-130 PC端与无线端店铺首页对比

通过图 6-131 可以看出，无线端店铺首页一般分 3 部分：顶部主要包括店铺招牌、搜索栏、导航栏，中间部分主要为商品及促销活动展示区，页面底部包括店铺 Logo 和“全部宝贝”“店铺微淘”“宝贝分类”以及“联系客服”。

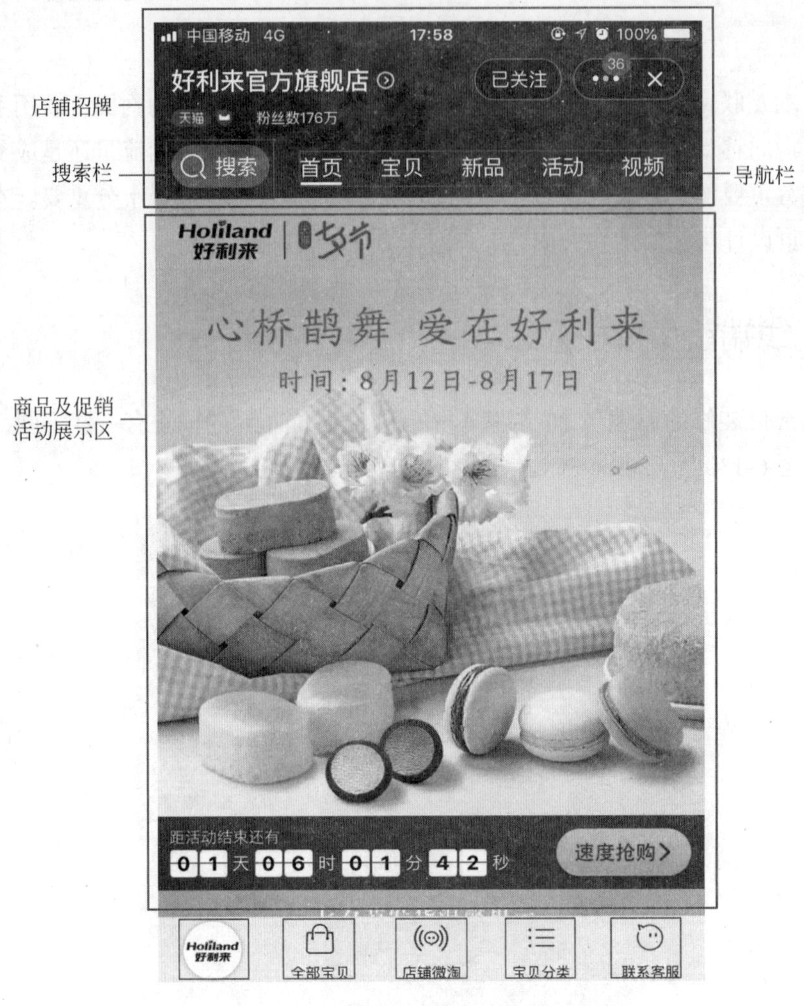

图6-131　无线端店铺首页模块布局

无线端首页顶部的店铺招牌、搜索栏、导航栏是固定模块；中间部分为自由设计组合区域，可以直接将需要的模块拖曳至该区域；底部的内容只需要在后台进行设置。具体介绍如下。

- **店铺招牌**。无线端店招与 PC 端不同，无法展示过多信息，所以选择一张符合店铺风格的简单图片即可，店招中不需要包含文字，如图 6-132 所示。

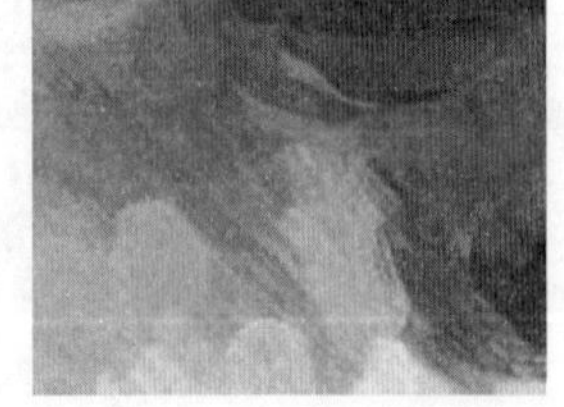

图6-132　店铺招牌示例

- **搜索栏**。主要提供店铺宝贝搜索功能，如果买家不想通过导航查找商品，可以直接在搜索栏输入关键字搜索相关商品。
- **导航栏**。可以放置首页、宝贝、新品、活动、会员以及买家秀等内容。

- **店铺 Logo**。不同于 PC 端店铺首页 Logo 位置，无线端 Logo 位置放置在首页左下角。
- **全部宝贝**。买家可通过单击“全部宝贝”链接，查看店铺中所有商品。
- **店铺微淘**。微淘是在现有的店铺和商品之上构建的一个信息层，用户可订阅和分享，而不是只能看到运营推荐的内容。简单地说，就是卖家在微淘上面开通账号，通过发送信息让自己的粉丝看到；粉丝会关注自己喜欢的账号，看到卖家发送的信息。
- **宝贝分类**。对店铺内的商品进行分类，以方便买家进行查找。
- **联系客服**。买家对商品有疑问时，可通过该链接与客服在线即时沟通。
- **商品及促销活动展示区**。除上述模块外，还可以在无线端首页放置优惠券、轮播图、分类导航、宝贝列表等模块。

6.3.2 无线端首页模块的设计与制作

无线端店铺首页的布局及尺寸与 PC 端店铺首页不同，但风格需要保持一致，所以在装修无线端首页时，需要依据 PC 端首页风格及布局，对无线端首页中的主要模块进行设计。无线端首页模块的设计与制作主要包括以下几方面。

1. 无线端店招的制作

无线端的店招尺寸为 750 像素 × 580 像素。当用户向下拖曳网页时，店招背景图片呈渐变显示。此时，需要选择一张没有文字的背景图片，将其做成店招模块尺寸。图 6-133 所示即为大魔树女装店的店招背景图。

图 6-133　无线端店招

2. 无线端轮播图的制作

无线端轮播图与 PC 端轮播图一样，都用于店铺活动宣传。无线端轮播图的尺寸建议如下：宽度为 750 像素，高度为 200 ~ 900 像素。无线端轮播图制作有两种方法：第一种是由店铺美工自己制作；第二种则是为了节省时间成本，将 PC 端适配为无线端。图 6-134

和图 6-135 所示即为 PC 端轮播图和适配后的无线端轮播图。

图6-134　PC端轮播图

图6-135　无线端轮播图

3. 无线端优惠券的制作

无线端的优惠券和 PC 端的优惠券类似，但无线端需要把每张优惠券独立上传，其上传尺寸需要由店铺美工自行定义。在淘宝的自定义模块编辑器中，每个

图 6-136 所示；同时，美工只能按 80 像素的

是 80 像素的倍数。本案例根据 240 像素 × 1

Step1. 打开 Photoshop CS6 软件，新

辨率为 72 像素 / 英寸、背景内容为白色的文

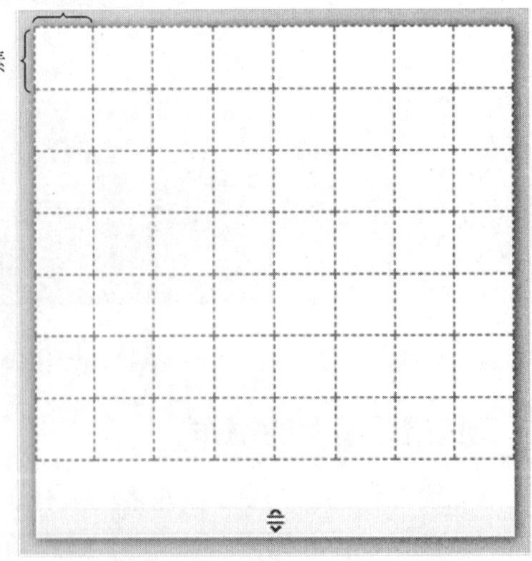

图6-136　自定义模块编辑器部分截图

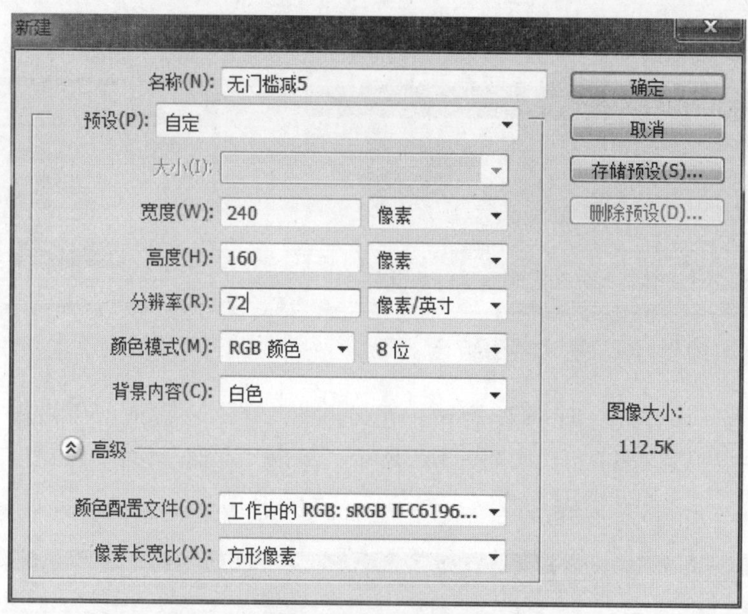

图6-137 新建文件

Step2. 使用 Photoshop CS6 软件打开素材文件“优惠券 .psd”，如图 6-138 所示。

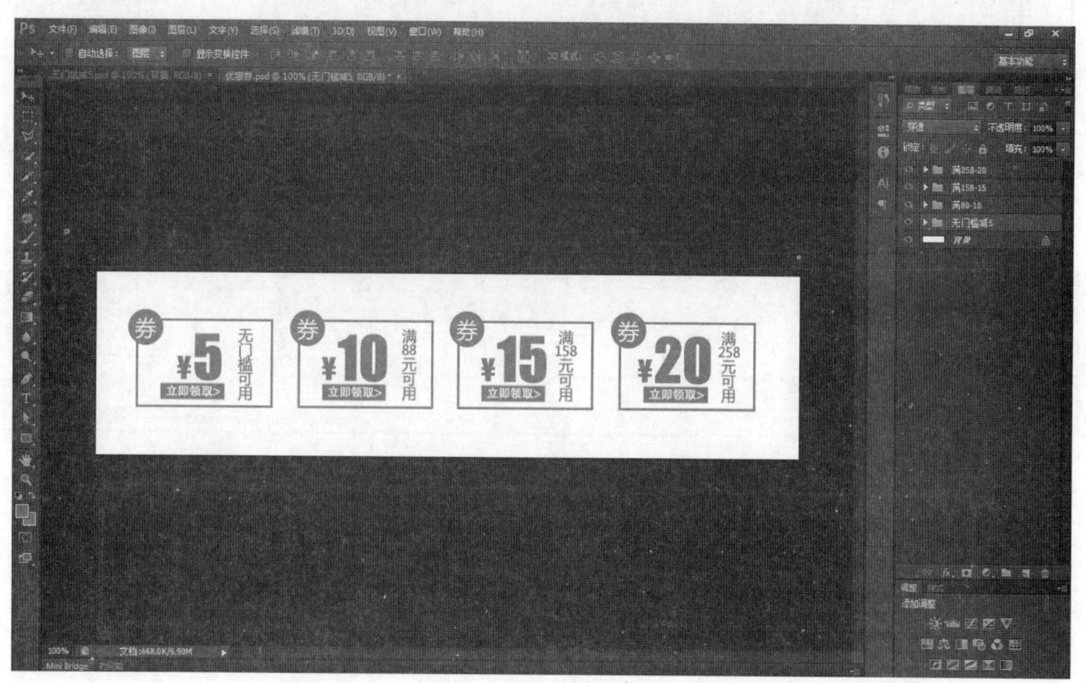

图6-138 打开素材文件

Step3. 在“无门槛减 5”图层组上右击，在弹出的快捷菜单中选择“复制组”命令，打开“复制组”对话框，如图 6-139 所示。

Step4. 切换到无线端适配文档中，选中“背景”图层和“无门槛减 5”图层组，依次单击选项栏中的垂直居中对齐按钮和水平居中对齐按钮，将选中图层和图层组居中对齐，如图 6-140 所示。

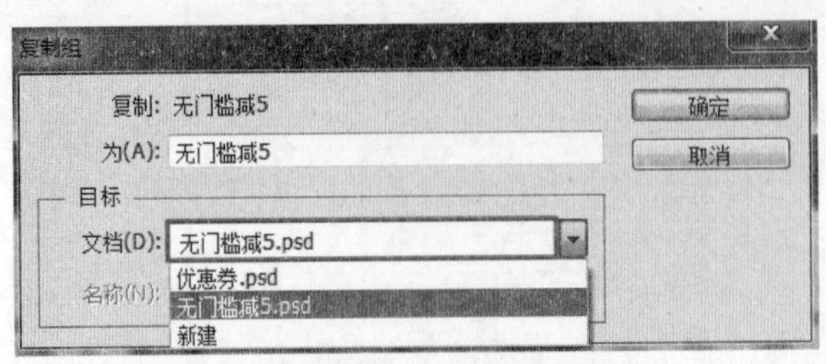

图6-139　复制图层组

图6-140　居中对齐

Step5. 按 Ctrl+Shift+Alt+S 组合键，在弹出的“存储为 Web 所用格式”对话框中设置优化的文件格式为 PNG-24，如图 6-141 所示，单击“存储”按钮，将其存储为 PNG 格式的文件，放入指定文件夹内。

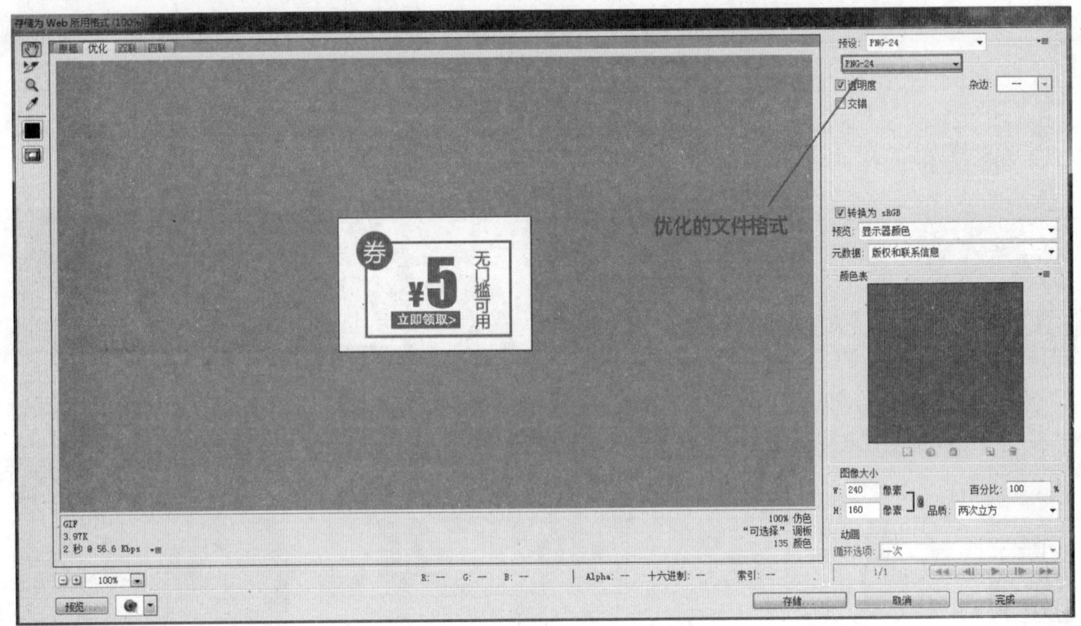

图6-141　存储为Web所用格式

Step6. 按 Step3 ~ Step5 的方法制作并保存其余优惠券。至此，无线端优惠券制作完成。

4. 无线端商品自定义展示模块的制作

无线端的商品自定义展示模块和 PC 端类似，但无线端需要把单个商品的模块独立上传。和优惠券模块一样，其上传尺寸需要由店铺美工自行定义，上传的图片尺寸是 80 像素的倍数。本案例根据 640 像素 × 400 像素尺寸进行图片适配，具体操作如下。

Step1. 打开 Photoshop CS6 软件，新建一个宽度为 640 像素、高度为 400 像素的文件，并命名为“无线端商品自定义展示模块”，如图 6-142 所示。

Step2. 使用 Photoshop CS6 软件打开素材文件“商品自定义展示模块 .jpg”，如图 6-143 所示。

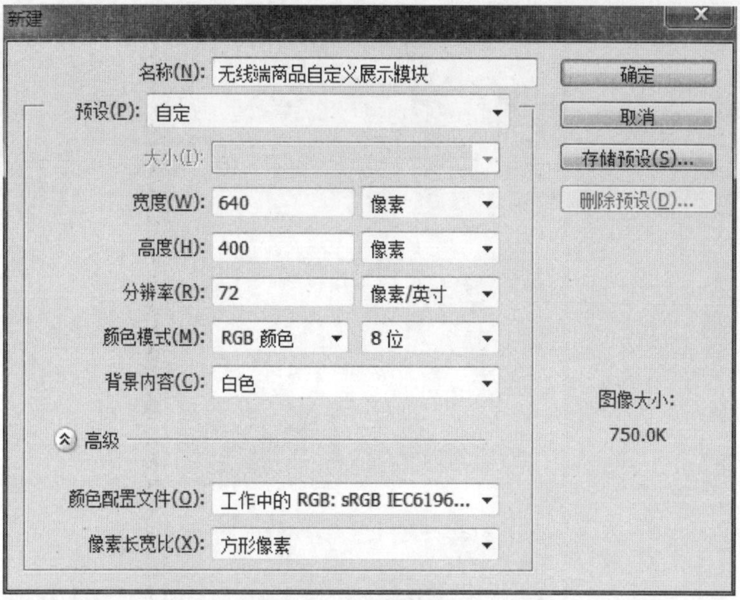

新建

名称(N): 无线端商品自定义展示模块

预设(P): 自定

大小(I):

宽度(W): 640 像素

高度(H): 400 像素

分辨率(R): 72 像素/英寸

颜色模式(M): RGB 颜色 8 位

背景内容(C): 白色

高级

颜色配置文件(O): 工作中的 RGB: sRGB IEC6196...

像素长宽比(X): 方形像素

确定

取消

存储预设(S)...

删除预设(D)...

图像大小:

750.0K

图6-142　新建文件

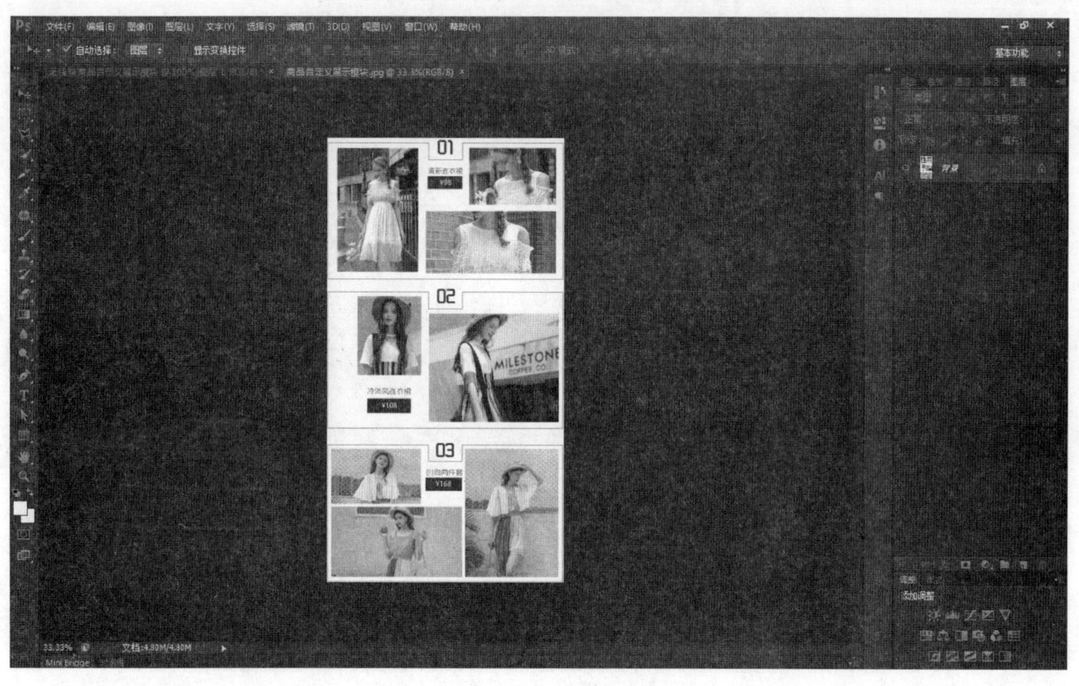

图6-143　打开素材文件

Step3. 选择矩形选框工具，选中 01 模块，如图 6-144 所示。

Step4. 选择移动工具，将选框中的内容拖曳至“无线端商品自定义展示模块”文件中，调整大小及位置如图 6-145 所示。

图6-144　框选01模块

图6-145　将01模块拖入无线端商品自定义展示模块

Step5. 按 Ctrl+Shift+Alt+S 组合键，在弹出的“存储为 Web 所用格式”对话框中设置优化的文件格式为 PNG-24，如图 6-146 所示。单击“存储”按钮，在弹出的对话框中更改文件名称，如图 6-147 所示。单击“保存”按钮，将其保存到指定文件夹内。

Step6. 按 Step3 ~ Step5 的方法制作其余展示模块。至此，无线端商品自定义展示模块制作完成。

图6-146　存储为Web所用格式

图6-147　更改文件名称

5. 分类导航的制作

无线端的分类导航和PC端一样，只是无线端尺寸较小，无法对PC端的分类导航进行适配，因此需要对无线端的分类导航进行重新设计。无线端的分类导航宽度要求在640像素以内。为了实现可视化区域的最大化展示，本案例将针对大魔树女装店铺制作一款尺寸为 640 像素 × 640 像素的分类导航，具体操作步骤如下。

Step1. 打开 Photoshop CS6 软件，新建一个宽度为 640 像素、高度为 640 像素、分辨率为 72 像素 / 英寸、背景内容为白色的文件，并命名为“无线端分类导航”，如图 6-148 所示。

Step2. 选择矩形工具，绘制一个大小为 316 像素 × 312 像素的粉色（R:249，G:167，B:159）矩形，如图 6-149 所示。

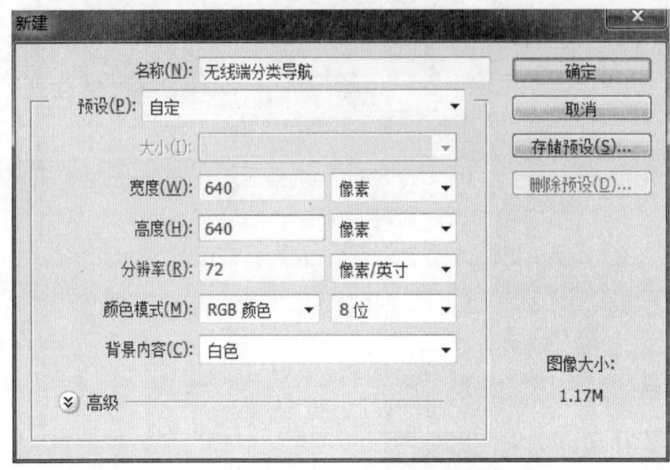

图6-148　新建文件

图6-149　绘制矩形

Step3. 用相同方法再绘制如图 6-150 所示的 6 个矩形，大小都为 316 像素 × 154 像素，颜色分别填充为青色（R:122，G:207，B:226）、黄色（R:247，G:190，B:134）和紫色（R:181，G:166，B:214）。选中所有矩形图层，按 Ctrl+G 组合键进行编组，并将图层组命名为“底色”。

Step4. 选择横排文字工具，输入相关文本，设置字体为方正小标宋简体、字体大小及摆放位置如图 6-151 所示。

图6-150　底色

图6-151　输入文本

Step5. 选择矩形工具，绘制如图 6-152 所示的白色矩形，将“点击查看”文本颜色改为粉色（R:249，G:167，B:159），效果如图 6-153 所示。

Step6. 选择椭圆工具，在选项栏中设置填充为“无”，描边粗细为 1 像素，描边颜色为粉色（R:249，G:167，B:159），绘制一个 18 像素 × 18 像素的圆形，如图 6-154 所示。

图6-152　绘制矩形

图6-153　改变文本颜色

图6-154　绘制圆形

Step7. 选择自定义形状工具，在选项栏中选择“箭头 6”，在圆形内部绘制一个箭头形状，如图 6-155 所示。

Step8. 选中椭圆图层和形状图层，在选项栏中分别单击水平居中对齐按钮和垂直居中对齐按钮将其居中对齐，效果如图 6-156 所示。选中这两个图层，按 Ctrl+E 组合键合并图层。

Step9. 选中除“底色”图层组和背景图层外的所有图层，按 Ctrl+G 组合键对选中图层进行编组，命名为“唯美裙装”，如图 6-157 所示。

图6-155　绘制形状

图6-156　居中对齐

图6-157　图层编组

Step10. 使用 Step4 ~ Step9 的方法完成其他文本部分，效果如图 6-158 所示 。

图6-158　文本部分的效果

Step11. 置入如图6-159所示的7个素材图片，调整各个图片的大小及位置，如图6-160所示。

图6-159　选择素材图片

Step12. 将新置入的图片图层放置在“底色”图层组内对应的矩形图层上方，如图 6-161 所示。

Step13. 选中“唯美裙装”图层，按 Ctrl+Alt+G 组合键为图层创建剪切蒙版，如图 6-162 所示。对其余也按相同方法创建剪切蒙版。至此，分类导航的制作完成了，最终效果如图 6-163 所示。

图6-160　置入素材图片

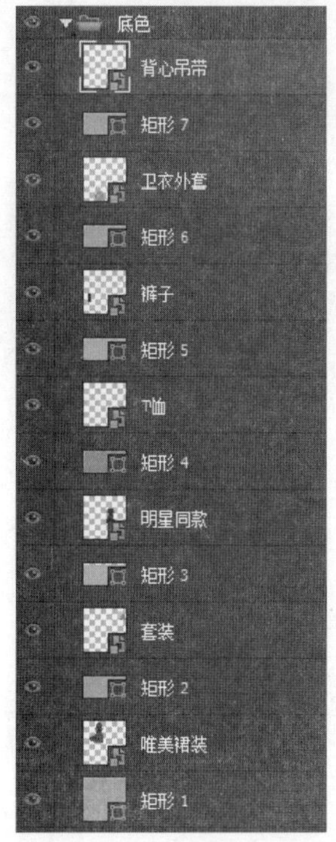

图6-161　更改图层位置

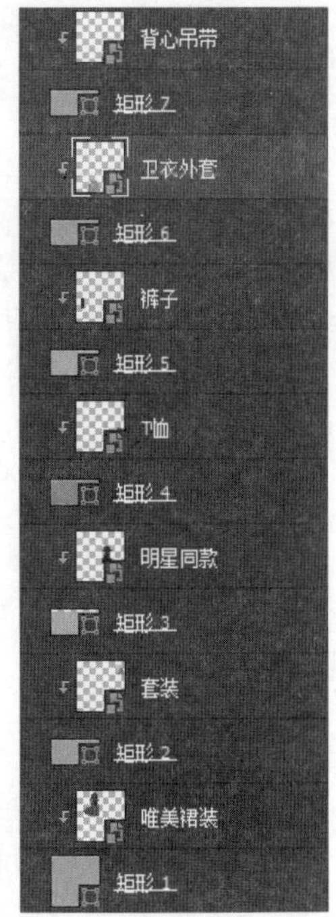

图6-162　创建剪切蒙版

图6-163　分类导航效果

6.4 本章小结

本章主要介绍了快速制作店铺首页的相关知识，包括 PC 端首页规划方案、PC 端首页和无线端首页的设计与制作。

通过本章内容的学习，读者应掌握 PC 端首页规划的方法，能够对 PC 端首页及无线端首页进行设计装修。

本章素材

第7章

宝贝详情页的设计

学习目标

知识目标	● 认识宝贝详情页及其主要模块。 ● 了解无线端宝贝详情页特征。
技能目标	● 掌握PC端宝贝详情页设计技巧。 ● 掌握无线端宝贝详情页制作技巧。

买家在店铺首页搜索并浏览商品时，一般会直接进入宝贝详情页。据统计，99%的顾客是在查看宝贝详情页后决定购买的，所以宝贝详情页的好坏会直接影响店铺转化。本章将介绍宝贝详情页及其布局、设计。

7.1 认识宝贝详情页

7.1.1 什么是宝贝详情页

宝贝详情页不仅可以向买家展示商品的规格、颜色、细节、材质等具体信息，还能向买家展示商品的优势，一个好的详情页可以深入人心，打动买家。图 7-1 与图 7-2 为某款

图7-1 宝贝详情页（1）

毛毯的详情页效果。设计师从材质属性、细节展示、情景展示等方面入手进行宝贝详情页的设计，诠释了商品精良的品质，以吸引消费者购买。

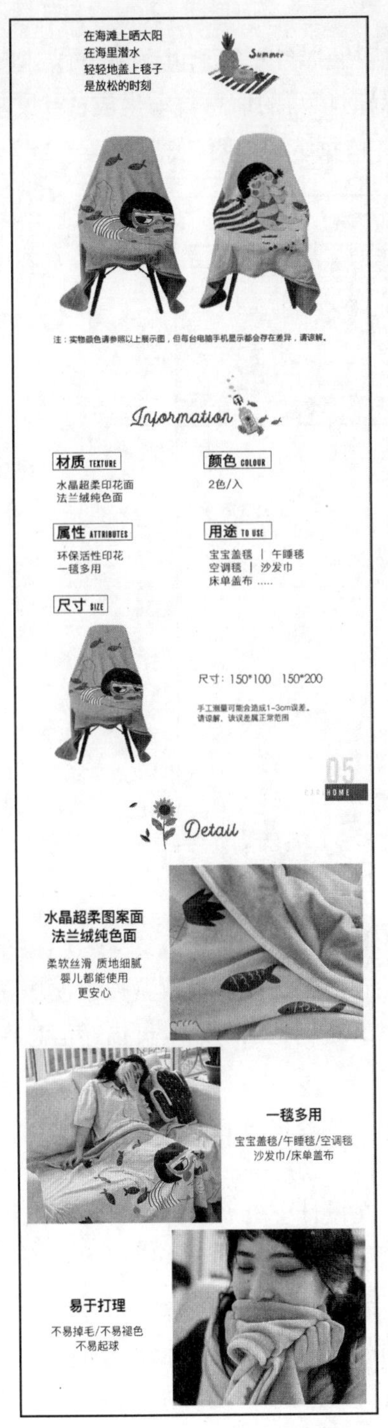

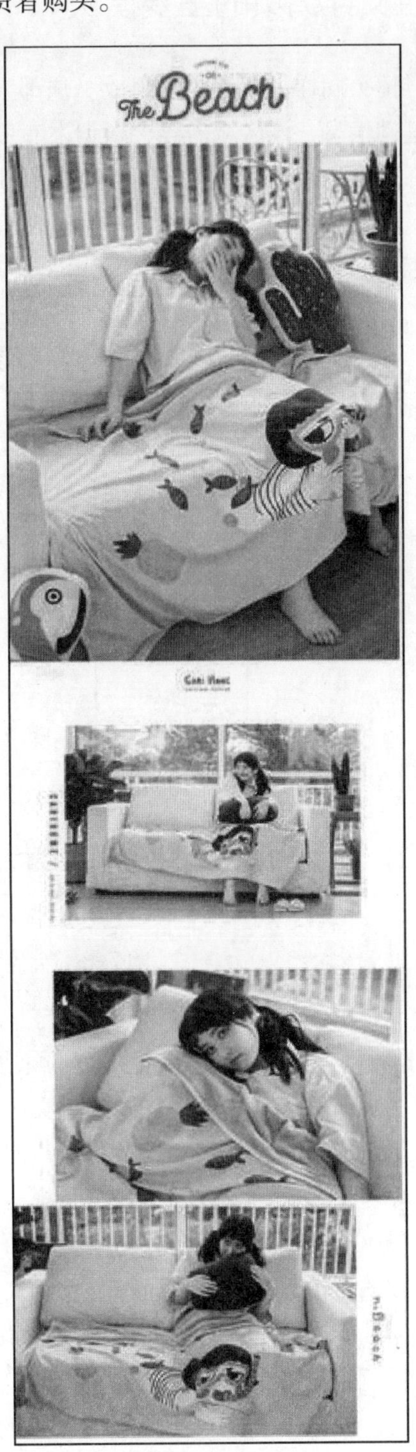

图7-2 宝贝详情页（2）

本章将为大魔树女装店设计宝贝详情页，在设计时可以以常规的宝贝详情页为出发点进行规划。

7.1.2 宝贝详情页的主要模块

宝贝详情页同样由多个模块组成。顶部为店招和导航条，和店铺首页类似；导航条下方为宝贝基础信息，该区域内容会根据发布商品时填写的信息自动生成；宝贝基础信息下方可以分为侧栏和宝贝描述信息两部分。宝贝详情页结构如图 7-3 所示。

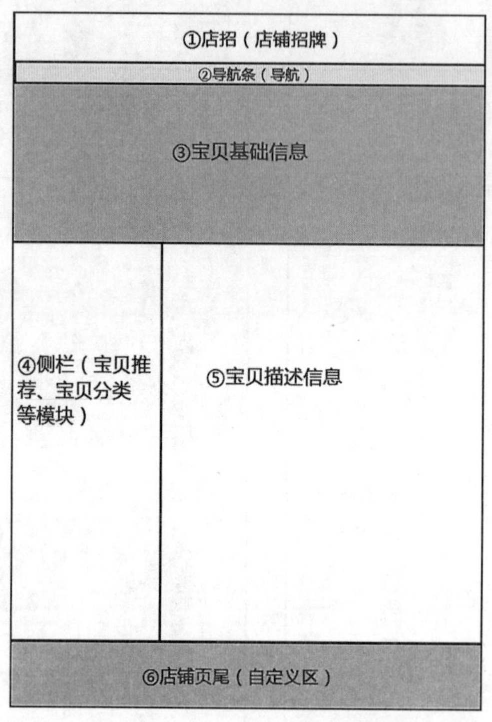

图7-3　宝贝详情页结构

在图 7-3 所示的宝贝详情页结构中，宝贝基础信息的侧栏可放置搜索模块、宝贝分类模块、宝贝排行模块、收藏模块和宝贝推荐模块等；右侧是固定的宝贝描述信息模块，此外，还可在其下方放置旺铺关联模块以及自定义区。

在宝贝详情页模块中，美工设计的重点是宝贝描述信息和店铺页尾。其中，宝贝描述信息一般包括宝贝展示、宝贝细节、产品规格、产品功能等。

- **宝贝展示**。是买家了解商品的主要界面。在设计宝贝展示部分时，可以将商品做一个巧妙的摆拍，或为其添加一个吸引人的场景与广告文案，这样才能更好地展示店铺商品自身的优势，使买家充分了解商品，如图 7-4 所示。
- **宝贝细节**。商品的细节是消费者在购买商品时最想了解的部分，所以在制作宝贝详情页时，应最大限度地把商品的优势细节展示出来，通常采用对比、放大等手法。图 7-5 展示了宝贝细节。
- **商品规格**。买家购买某些商品时，通过图片并不能准确把握商品的大小，而商品规格参数模块能给买家一个选择参考，减轻客服压力，如图 7-6 所示。

图7-4

图7-5

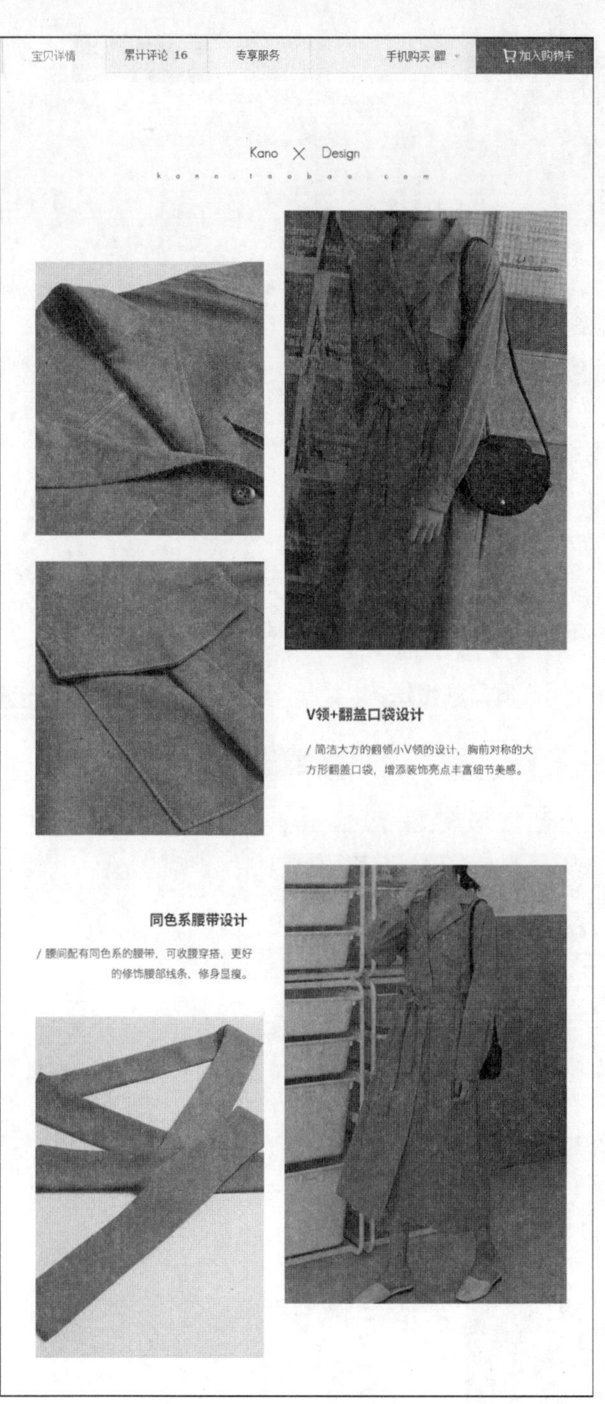

图7-4　宝贝展示模块

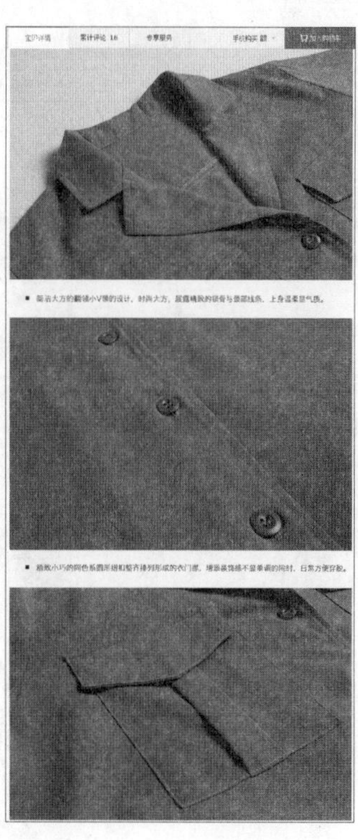

图7-5　宝贝细节

- **功能展示**。若买家在购买商品时重视它的功能性，那么在进行店铺装修时需要添加功能展示模块，对商品的各个功能进行详细介绍。
- **搭配展示**。很多买家在购买商品时不懂得搭配，此时通过搭配展示可以为其提供专业的搭配建议。并且，搭配展示还可以让买家购买更多的商品，提升店铺销售业绩，如图 7-7 所示。

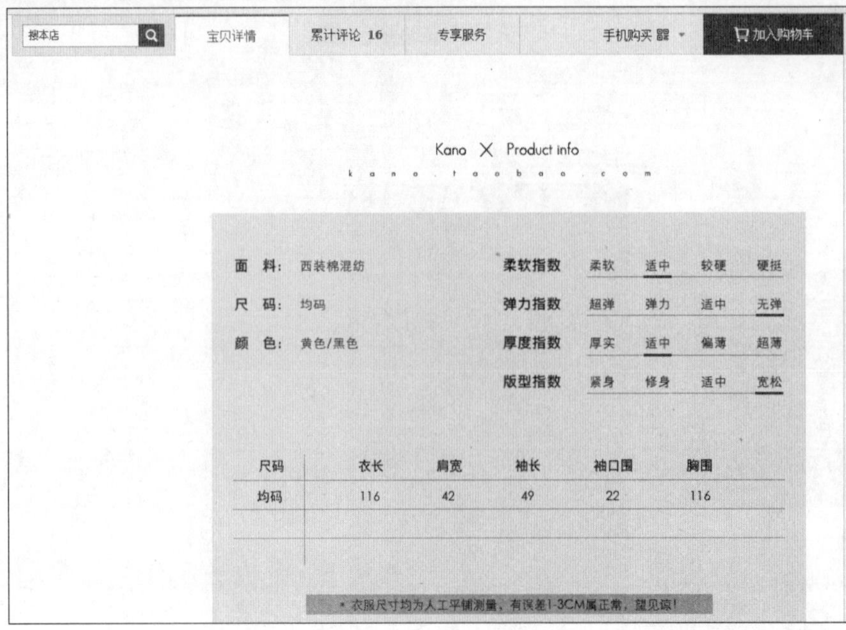

图7-6 商品规格模块

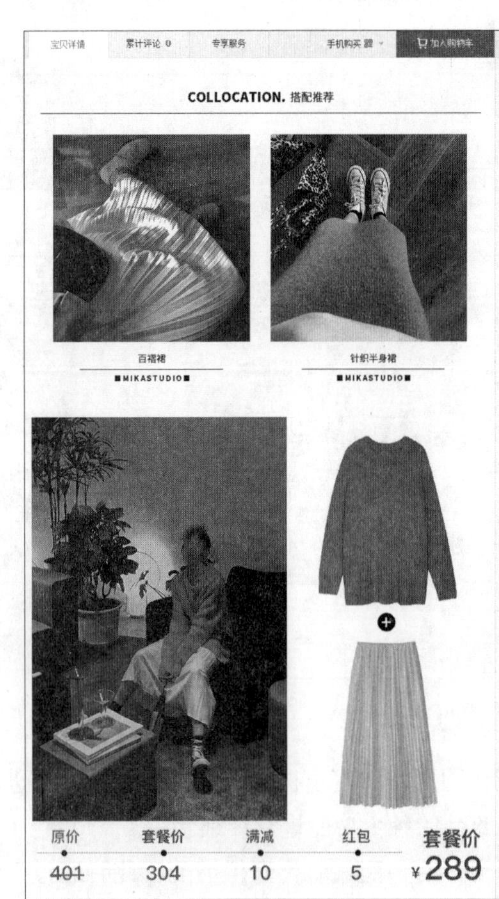

图7-7 商品搭配模块

- **包装展示**。精美的包装可以提升商品的价值，是店铺品质和实力的体现。对包装进行展示能够提升买家对商品的认同感，进而促进转化。
- **促销活动**。开网店需要做一些促销活动，适当让利给买家，以获得更多的流量和订单，最终获得更大的利益。在宝贝详情页中添加商品促销信息，能够促进买家做出决策，如图 7-8 所示。

图7-8 促销活动模块

- **关联营销**。主要用于推荐搭配商品或推荐类似商品。推荐搭配商品可以增加客单价；而推荐类似商品，可以在买家不满意当前商品时给出更多商品选择，尽可能留住买家，提高店铺的流量转化率。
- **会员营销**。一个成功的店铺既要能够招揽到新的顾客，还需要对老顾客有吸引力。会员营销模块可以促进消费者进行二次甚至更多次消费，同时会员制也可以带来间接的客源，增加店铺订单。会员营销的常用手段是组建粉丝群、开设各种会员活动、会员折扣等，这些都可以通过会员营销模块展示。
- **证书保证**。在网购时，质量是很多买家关心的问题，通过展示质检合格证书、好评以及三包服务可以打消买家这一顾虑。
- **买家须知**。可以消除不必要误会，减少很多售后问题，如图 7-9 所示。

图7-9 买家须知模块

7.2 PC端宝贝详情页设计与制作

在宝贝详情页中，宝贝描述信息是需要美工重点制作的部分。一个内容具体、详细的宝贝描述信息可以突出商品品质，展示商品细节，从而促使消费者下单购买。本节将讲解宝贝详情页的设计与制作方法。

7.2.1 设计宝贝详情页布局

宝贝详情页的主要作用是向买家介绍商品并展示店铺风格，它是买家与商品接触的桥梁。设计宝贝详情页时首先要做的就是页面布局，然后再根据布局进行细节设计。下面介绍宝贝详情页布局的设计方法。

Step1. 登录淘宝网，进入卖家中心页面，单击左侧导航栏中的“店铺装修”，进入店铺装修页面，如图 7-10 所示。选择“PC 端”→“宝贝详情页”，单击“装修页面”按钮，进入宝贝详情页装修页面，如图 7-11 所示。

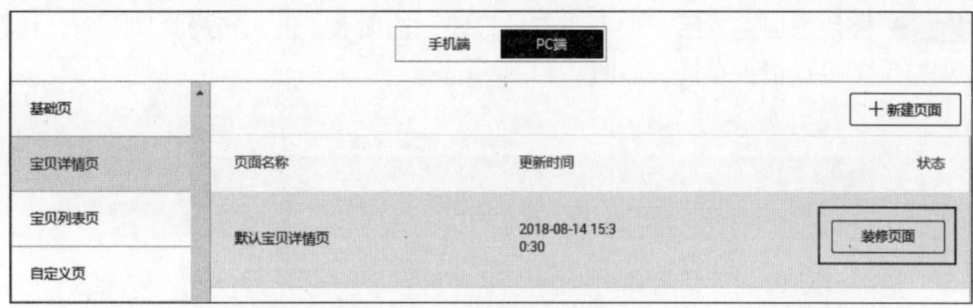

图7-10 店铺装修页面

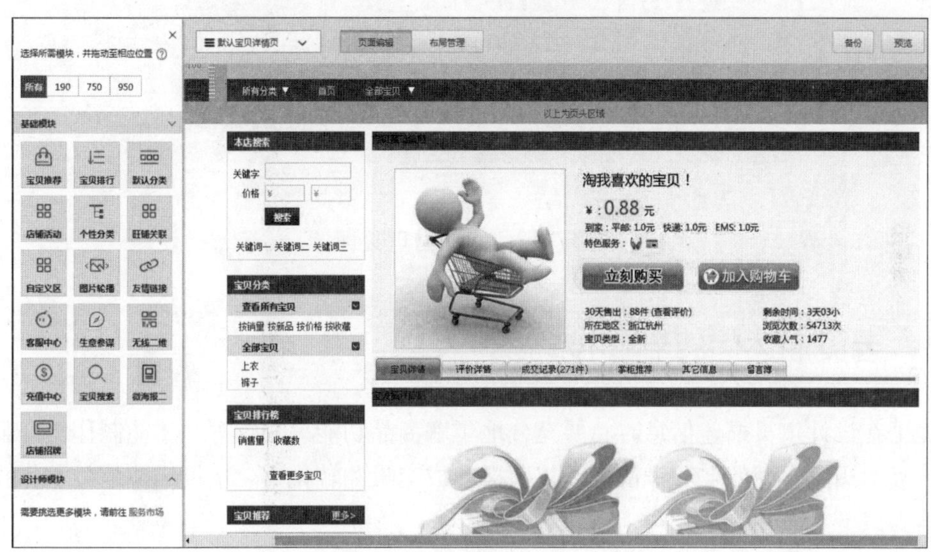

图7-11 详情页装修页面

Step2. 选择“自定义区”模块，将其拖动到“宝贝描述信息”模块下方，使用相同的方法再根据需求添加其他“自定义区”模块，如图 7-12 所示。“自定义区”模块主要用来上传商品促销活动等内容的图片。

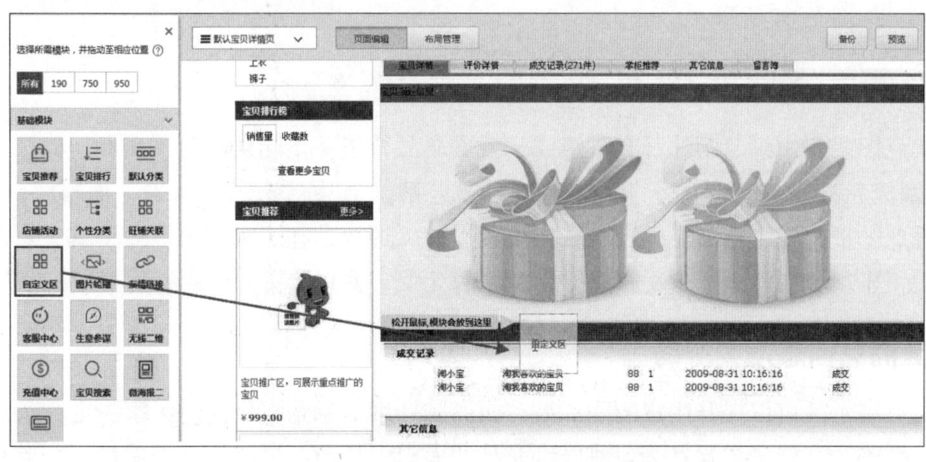

图7-12 添加“自定义区”模块

Step3. 模块添加完成后，单击“布局管理”选项卡，进入布局管理页面，在该页面中可看到整个宝贝详情页布局，如图 7-13 所示。

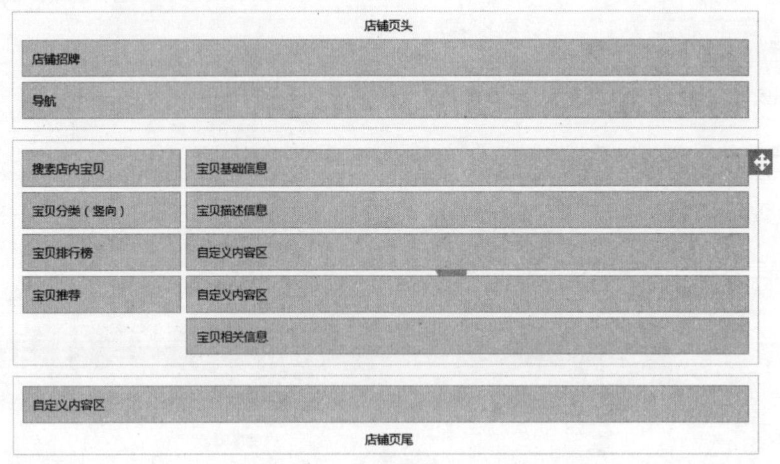

图7-13 布局管理页面

7.2.2 宝贝描述信息制作技巧

美工在设计宝贝描述信息时，要充分地了解商品功能、卖点等，才能制作出凸显商品亮点、吸引买家眼球的宝贝详情页，从而提升成交量和转化率。宝贝描述信息制作技巧可以总结为以下几点。

1. 添加焦点图展示，吸引顾客眼球

一张优质的焦点图能立刻吸引买家的注意。焦点图要选择具有视觉冲击力的图片，一般是商品的模特图或者场景图。

同时，在图片的设计中要搭配文字等设计素材来增加买家对品牌的认知度，以此来渲染气氛，如图 7-14 所示。

2. 优化卖点，提炼商品亮点

卖点图主要由细节图片和文案组成，根据商品特点从不同角度提炼亮点，如“设计师说”“潮流趋势”“亮点解说”“版型特点”“工艺解读”“细节卖点”以及“面料解析”等。

卖点的提炼除了从商品的自身特点出发以外，还要站在买家的角度，了解买家需求与关注，如图 7-15 所示。好的文案能够用简短的几个字就直接提升买家的购买欲，简洁明了。

3. 保证商品信息翔实准确

卖点展示区可以提升用户的购买欲，而商品详细信息是直接促使买家决定购买商品的关键。准确、真实、有效且美观地展示商品的面料、参数、尺码等详细信息，能够直接促使买家决定购买商品，如图 7-16 所示。

图7-14　焦点图

图7-15　卖点优化

图7-14

图7-15

尺寸表	裙长	腰围	臀围	摆围	/	/	/
S (155)	40	65	/	231.2	/	/	/
M (160)	41	68	/	236	/	/	/
L (165)	42	71	/	240.8	/	/	/

此数据在衣服平铺下测量所得，因测量方法不同会有2-4厘米的误差

- 因个人体型差异，请根据穿衣习惯选择尺码，如有疑惑，可咨询客服
- 客服应邀提供尺码仅供参考，请勿以此作为退换理由

试穿参考

RECORD	饭粒	梦悦	马儿	困困	粥粥	小绿
身高	165	161	164	165	162	167
体重	49	43	50	49	60	56
胸围	/	/	/	/	/	/
腰围	68	66	68	65	74	70
臀围	87	86	91	90	95	91
试穿体验						
试穿码	M	S	M	M	L	L
感受	M适中 穿着舒适 可活动 可塞衣服	腰部有点紧 尺码偏小 建议腰细妹子穿	大小合适 完全舒适 可以塞件衣服 大腿显瘦显长	S码有点紧 M码合适 可以塞件衣服 裙子偏短	L码合适 腰部有点紧 不能塞衣服 74-75腰围 刚刚好穿	L码合适 裙子偏短 可以塞一件衣服

图7-16　商品详细信息

4. 添加搭配推荐

根据市面上不同的搭配形式，搭配推荐一般分为三大类，分别是关联搭配、同类推荐和场景化搭配。关联搭配与同类推荐只需在后台进行设置即可，而场景化搭配是最能体现商品的特性、提升用户购买代入感的搭配方式。场景化搭配基于着装搭配逻辑，在拍摄商品时，可以让模特穿上搭配好的多款同期在售商品进行拍摄，并在宝贝详情页中合理地嵌入对应的搭配商品图片以及链接，将买家带入着装搭配场景中，从而实现买家联单购买，如图 7-17 所示。

图7-17　场景化搭配

目前，除了规模较大、人力充足的服装商家以外，多数商家不会制作场景化搭配。这主要是由于其操作难度比较大，需要从摄影策划端开始规划搭配图片以及链接的制作，后期还需要花费比较多的时间进行维护，而且还涉及一定难度的代码编写。

5. 模特展示，全方位呈现

模特展示区是服装商品上身效果展示的重点，因为买家更注重商品穿在身上的效果，可以让买家通过模特展示图效果全面了解商品。一般在模特拍摄阶段，会从模特的正、侧、背面采集图片，并且在宝贝详情页中多方位展示，如图 7-18 所示。而且对于一款多色的服装商品，穿着不同颜色服装的模特图的排列逻辑显得至关重要。商家可以按主、副色依次展示，先展示四五张主推颜色的商品图片，然后再展示三四张辅推颜色的商品图片。

这里需要强调的是，很多商家认为模特展示图的数量越多越好，其实这是错误的。这就像讲故事，越长的故事越容易让读者找不到重点；而且，图片太多会造成宝贝详情页冗长，加载慢，从而容易导致买家流失。所以，在模特展示区，建议卖家通过 4 ~ 6 张不同角度的商品图片多方位地展示商品。

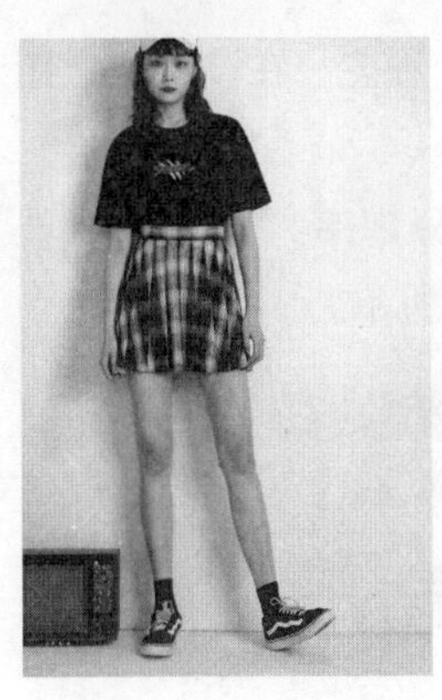

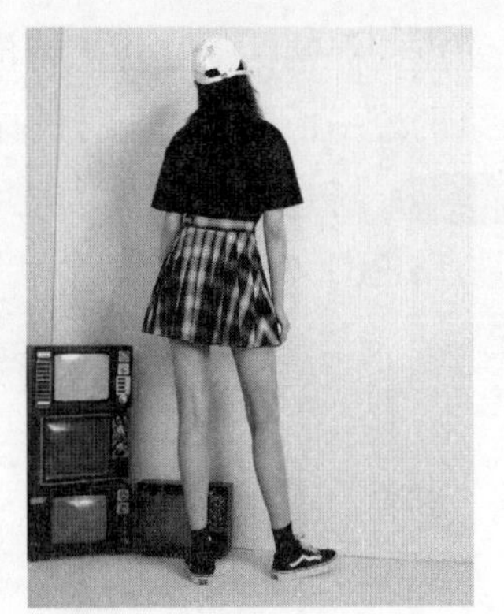

图7-18　商品多方位展示

6. 平铺细节，多角度展示

由于平台化的购物方式无法让买家直接多角度地全面感受商品质量以及触感，因此平铺图、细节图是唯一能够参考的依据。一般要求平铺图能够规整地展示商品的正反面效果，而细节图则更多地通过近距离拍摄的商品细节来展示商品的做工、色彩、面料等，如图 7-19 所示。品牌附加值较小的商家，通过精修细节图，辅以匹配文案来画龙点睛，更有助于引导买家下单。

图7-19　细节图

7.2.3　PC端宝贝描述信息制作

在介绍了宝贝描述信息制作技巧之后，下面以大魔树女装店铺内某款雪纺衫的宝贝详情页为例，制作宝贝描述信息。宝贝描述信息主要包含焦点图和详情图两个部分，它们的宽度小于 750 像素即可，而对高度没有限制，但是为了在打开页面时更流畅，建议图片不要太长。本案例将制作宽度为 750 像素的宝贝描述信息，具体制作方法如下。

1. 焦点图制作

焦点图一般位于宝贝描述信息的最上方，类似于首页中的轮播海报。焦点图中可以展示商品卖点、促销活动和优惠特价等信息以及品牌形象和设计理念。在设计焦点图时，要注意效果的统一，不要与下方的详情图产生严重的色差。

Step1. 新建一个宽度为 750 像素、高度为 412 像素、分辨率为 72 像素 / 英寸、背景内容为白色的文件，并命名为“详情页焦点图”，如图 7-20 所示。

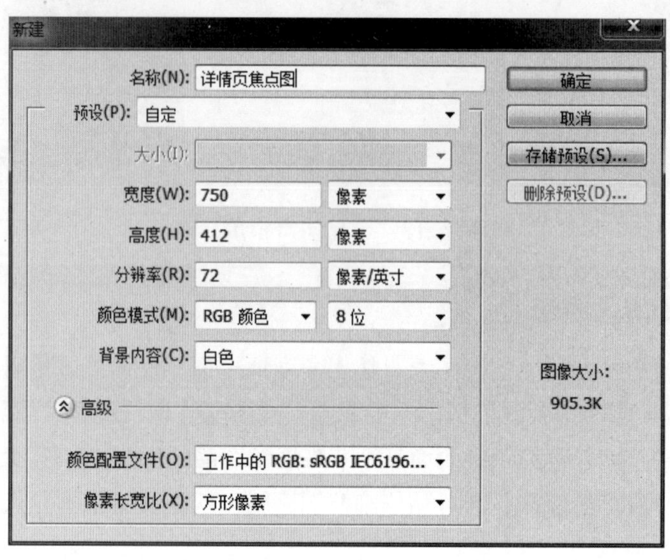

图7-20　新建文件

Step2. 将背景填充为浅灰色（R:248，G:248，B:248）。选择如图 7-21 所示的“雪纺衫模特 01.png”和“雪纺衫模特 02.png”素材图片，调整图片大小并移动至合适位置，如图 7-22 所示。

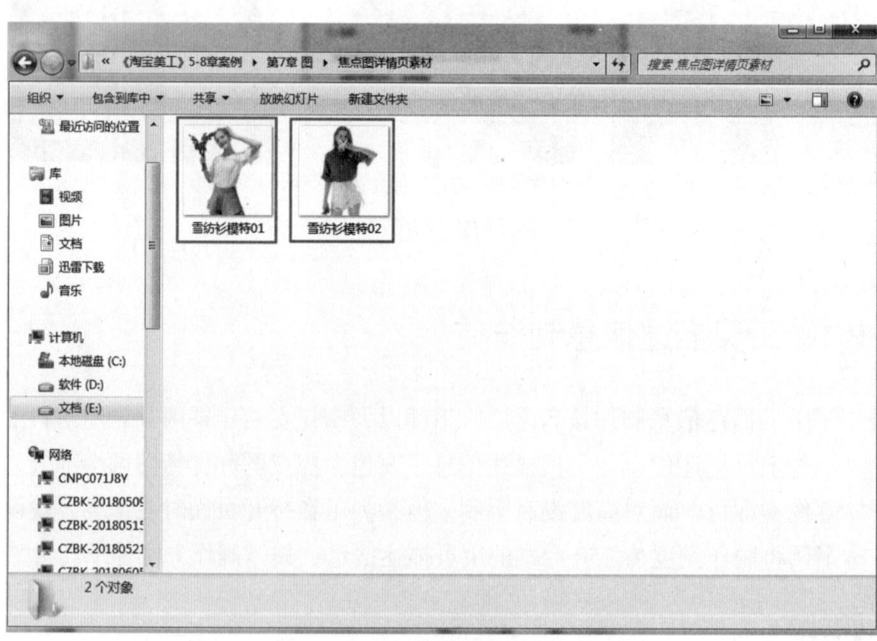

图7-21　选择素材图片

图7-22　置入素材图片

Step3. 输入“夏日型动！”等相关文本，中文字体分别为方正正黑中简体和黑体，英文字体为 Arial，字体颜色为粉红色（R:218，G:133，B:156），如图 7-23 所示。

图7-23　输入文本

Step4. 选择矩形工具，绘制一个大小为 279 像素 × 26 像素的矩形，设置填充颜色为粉色（R:218，G:133，B:156），描边为“无”，将“7/10 新品……”等文本颜色替换成白色。至此，宝贝详情页焦点图制作完成，如图 7-24 所示。

图7-24　宝贝详情页焦点图效果

2. 详情图模板制作

由于每个宝贝详情页中的商品类型大多是相同的，因此为了节省时间，需要先设计一个详情图的模板。该模板主要包含“商品展示”“信息描述”和“快递与售后”3 个模块，具体操作步骤如下。

Step1. 新建一个宽度为 750 像素、高度为 1200 像素、分辨率为 72 像素 / 英寸、背景内容为白色的文件，并命名为“设计模板”，如图 7-25 所示。

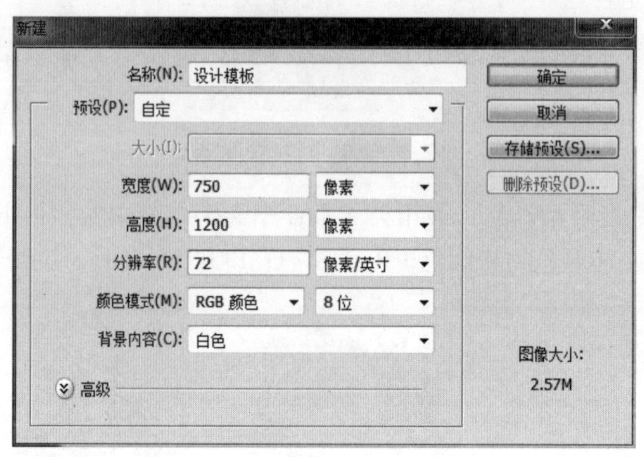

图7-25　新建文件

Step2. 将背景填充为灰色（R:247，G:247，B:247）。选择横排文字工具，输入相关文本，设置字体为张海山锐线体简，字体颜色为紫色（R:58，G:37，B:75），如图 7-26 所示。

Step3. 选择直线工具，绘制一个填充为“无”、描边粗细为 1 像素、描边颜色为紫色（R:58，G:37，B:75）、宽度为 14 像素、高度为 4 像素的线段，如图 7-27 所示。

Step4. 按 Ctrl+J 组合键复制该线段，并按 Shift 键将其副本平移至合适位置，效果如图 7-28 所示。

商品展示
BRIGHT SPOT OF GOODS

图7-26　输入文本

商品展示
BRIGHT SPOT OF GOODS

图7-27　绘制线段

商品展示
BRIGHT SPOT OF GOODS

图7-28　复制线段

Step5. 选中除背景图层以外的所有图层，按 Ctrl+G 组合键对选中图层进行编组，并更改其名称为“商品展示”，如图 7-29 所示。

Step6. 按两次 Ctrl+J 组合键复制该图层组，分别命名为“信息描述”和“快递与售后”，修改相关文本，并移动位置，如图 7-30 所示。

3. 详情图制作

下面依照详情图模板分别对这 3 个部分的制作方法进行讲解，具体操作步骤如下。

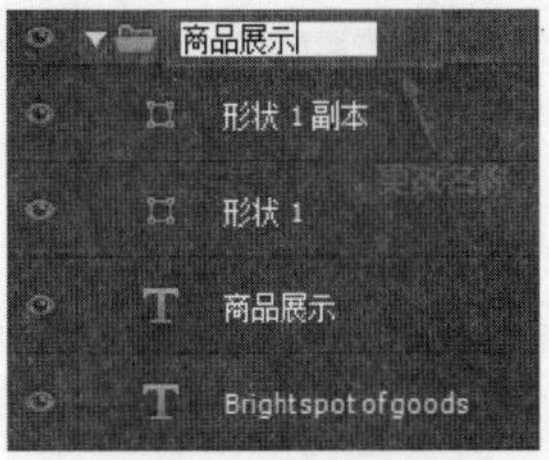

商品展示
形状 1 副本
形状 1
商品展示
Brightspot of goods

图7-29　更改名称

图7-30　详情图模板效果

❶ 商品展示制作

商品展示模块包括模特展示、领口设计展示、袖口设计展示、布料展示和平铺展示几个模块，其具体操作步骤如下。

Step1. 使用 Photoshop CS6 软件打开素材文件“模板 .psd”，将其另存为“pc 端详情页”，如图 7-31 所示。选中除背景图层以外的所有图层，按 Ctrl+G 组合键对选中图层进行编组，并重命名为“模板”。

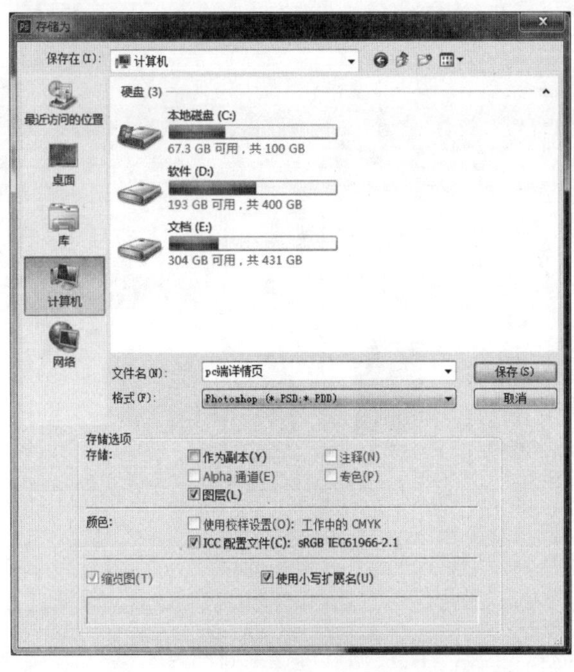

图7-31　将素材另存为文件

Step2 将“信息描述”和“快递与售后”两组内容移动至底部。在画布的水平方向和垂直方向分别绘制距离边缘 10 像素的参考线，以规范可视化区域。

Step3 单击图层下方的创建新组按钮，将其改名为“商品展示”，如图 7-32 所示。

图7-32 创建新组

Step4 选择矩形工具，绘制两个大小为 356 像素 × 414 像素的矩形，填充为红色（R:233，G:72，B:116），将图层不透明度改为 10%，如图 7-33 所示。

图7-33 绘制两个矩形

Step5 置入图 7-34 所示的“纯色 .png”和“竖条纹 .png”素材图片。调整素材图片位置，如图 7-35 所示。

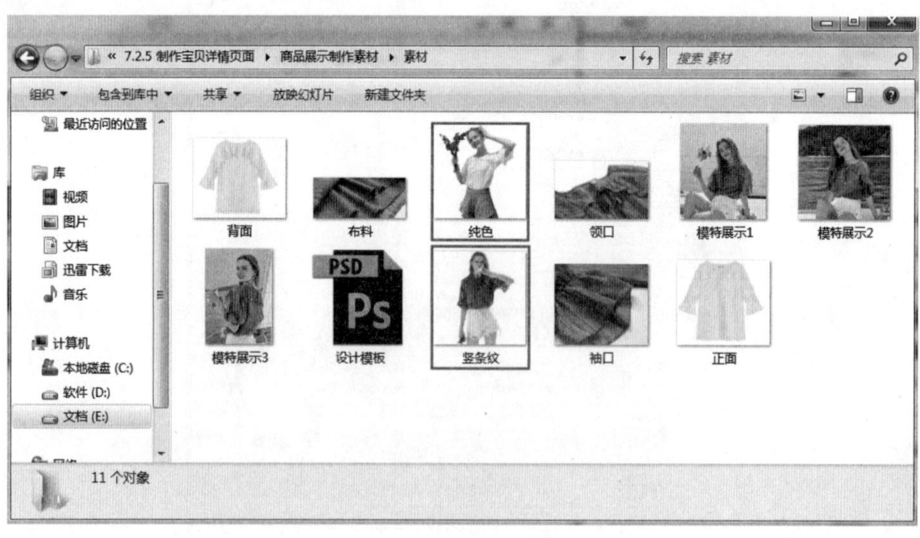

图7-34 选择素材图片

图7-35　调整素材图片位置

Step6. 在画布中输入横排文本“纯色”和“竖条纹”，字体都设置为张海山锐线体简，大小都为 18 像素，将其放置在合适位置，效果如图 7-36 所示。

图7-36　输入文本

Step7. 绘制两个大小如图 7-37 所示的矩形。

Step8. 置入如图 7-38 所示的“模特展示 1.jpg”和“领口 .png”素材图片。调整素材图片位置,如图 7-39 所示。将这两个素材图层分别放置在“矩形 3”图层和“矩形 2”图层上方。

Step9. 依次选中“模特展示 1”和“领口”图层，按 Ctrl+Alt+G 组合键分别为其创建图层剪切蒙版，如图 7-40 所示。

图7-37　绘制两个矩形

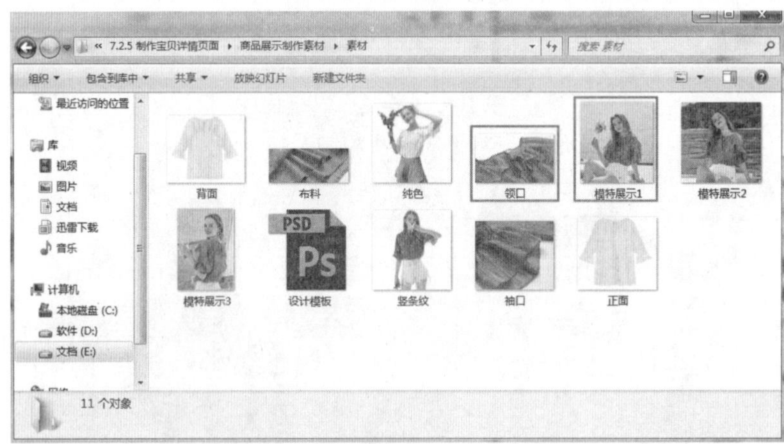

图7-38　选择素材图片

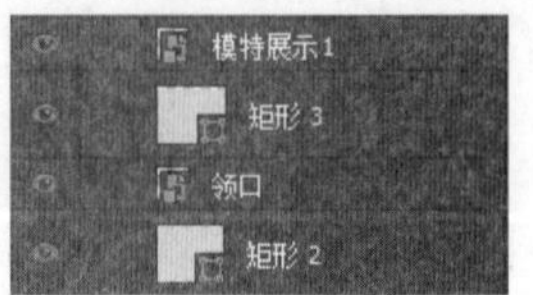

图7-39　调整素材图片及图层位置

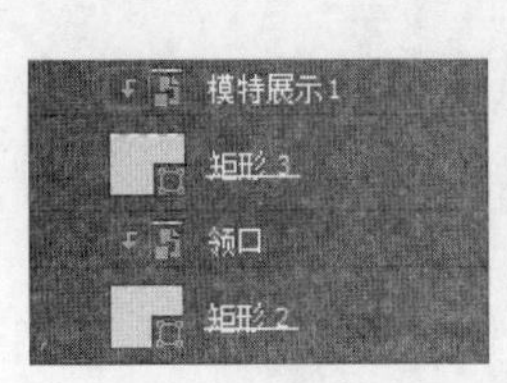

图7-40　为两个素材图层创建剪切蒙版

Step10. 选择横排文字工具T，输入相关文本，设置字体都为方正中倩简体，颜色分别为粉色（R:233，G:72，B:116）和灰色（R:50，G:50，B:50），如图 7-41 所示。

图7-41　输入文本

Step11. 选中如图 7-42 所示的所有相关图层，按 Ctrl+G 组合键对其进行编组，将图层组命名为“领口展示”。

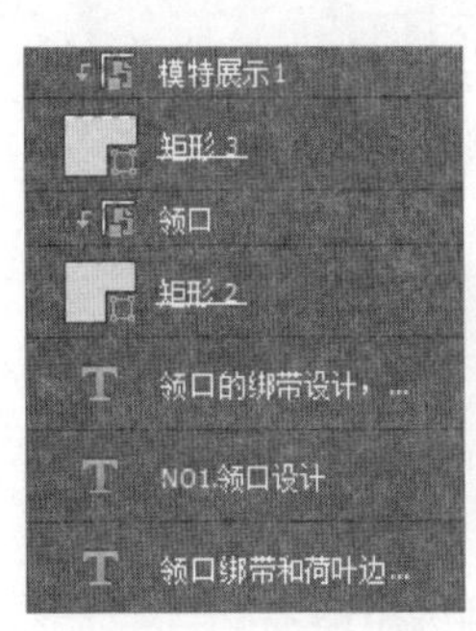

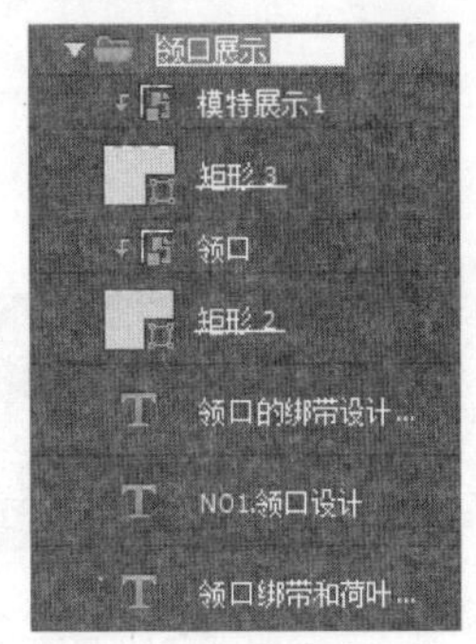

图7-42　对选中图层进行编组

Step12. 用 Step5 ~ Step8 的方法制作袖口和布料展示模块，如图 7-43和图 7-44 所示。相应的图层组命名如图 7-45 所示。这 3 个模块的效果如图 7-46 所示。

图7-43　袖口展示

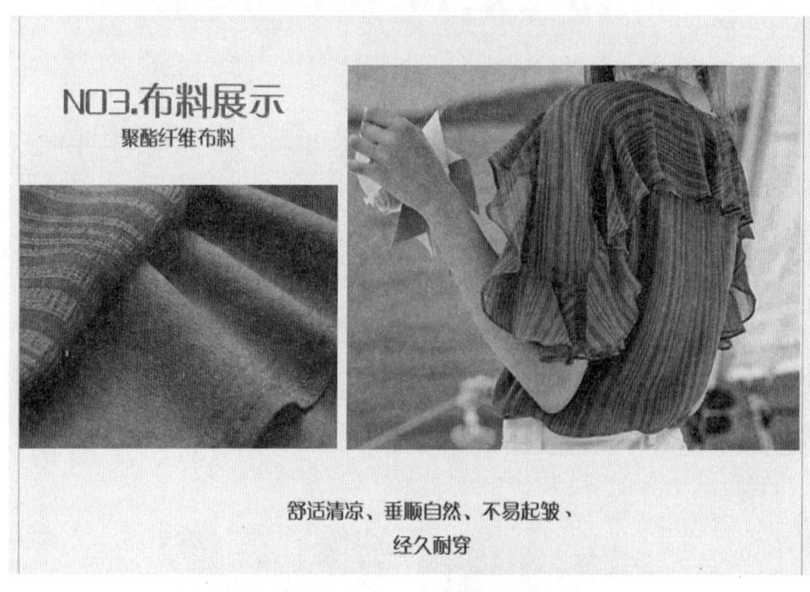

图7-44　布料展示

图7-45　图层组命名

Step13. 选择直线工具，在选项栏设置填充为“无”，描边颜色为深灰色（R:50，G:50，B:50），粗细为 2 点，在如图 7-47 所示的位置绘制 3 条虚线。

Step14. 在如图 7-48 所示的位置绘制一个大小为 750 像素 × 397 像素的白色矩形。

图7-46　3个展示模块的效果

图7-47　绘制虚线

图7-48　绘制矩形

图7-46

图7-47

图7-48

Step15. 置入如图 7-49 所示的“背面 .png”和“正面 .png”素材图片。调整素材图片的大小和位置，并输入相关文本，如图 7-50 所示。

图7-49　选择素材图片

Step16. 选中如图 7-51 所示的图层，按 Ctrl+G 组合键对其编组，并重命名为“平铺细节”。至此，商品展示模块制作完成，效果如图 7-52 所示。

图7-50　置入素材并输入文本

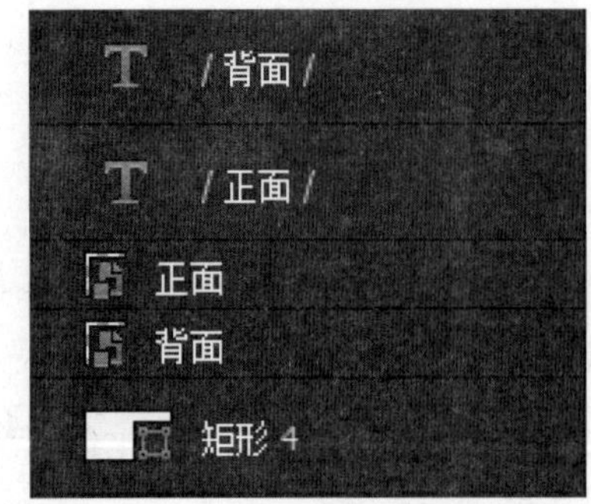

图7-51　选中图层

图7-52　商品展示模块效果

图7-52

❷ 商品信息描述制作

商品信息描述是详情图中必不可少的组成部分，它能让买家了解到商品的尺寸、材质等详细信息，能帮助买家加深对商品的认识。本案例利用商家提供的相关信息制作商品信息描述。由于商家提供的文本素材大多没有格式，因此商品信息描述的制作只需要设计其版式即可。

Step1. 使用 Photoshop CS6 打开素材文件“PC 端详情页面 .psd”，将“信息描述”图层组向上移动。选择矩形工具，在选项栏中设置填充颜色为白色，描边为“无”，绘制一个大小为 726 像素 × 410 像素的矩形，如图 7-53 所示。

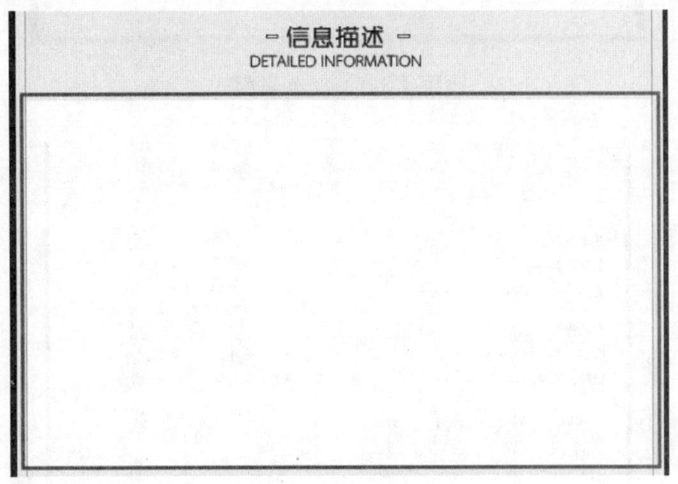

图7-53 绘制矩形

Step2. 选择横排文字工具，在画布上绘制一个文本框，如图 7-54 所示。

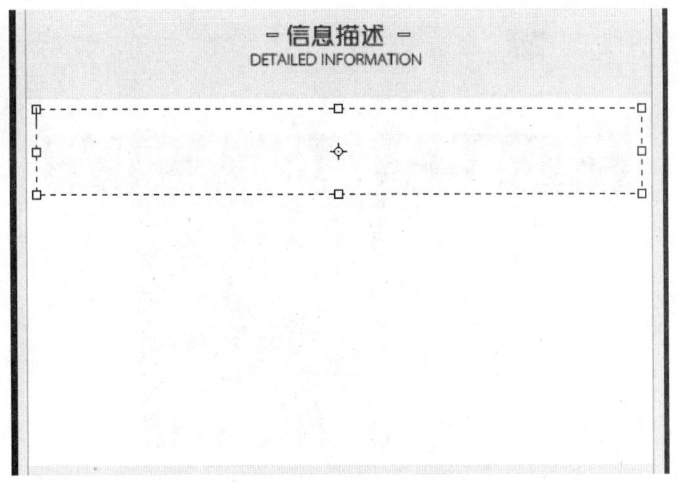

图7-54 绘制文本框

Step3. 打开对应的素材文件夹，双击素材文件夹内的“商品信息 .txt”，打开雪纺衫的文本素材，如图 7-55 所示。依次将其复制到“商品详情页 .psd”文件中，并以图 7-56 所示的样式进行排版。

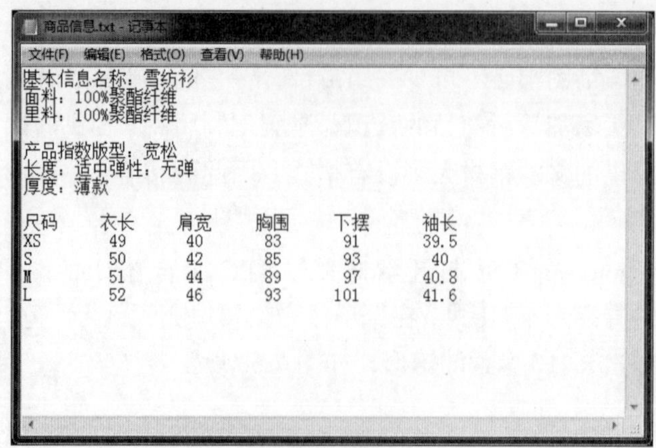

商品信息.txt - 记事本

文件(F) 编辑(E) 格式(O) 查看(V) 帮助(H)

基本信息名称：雪纺衫
面料：100%聚酯纤维
里料：100%聚酯纤维

产品指数版型：宽松
长度：适中弹性：无弹
厚度：薄款

尺码	衣长	肩宽	胸围	下摆	袖长
XS	49	40	83	91	39.5
S	50	42	85	93	40
M	51	44	89	97	40.8
L	52	46	93	101	41.6

图7-55　文本素材

- 信息描述 -
DETAILED INFORMATION

基本信息

名称：雪纺衫

面料：100%聚酯纤维　　里料：100%聚酯纤维

产品指数

版型：宽松　　长度：适中

弹性：无弹　　厚度：薄款

尺码	衣长	肩宽	胸围	下摆	袖长
XS	49	40	83	91	39.5
S	50	42	85	93	40
M	51	44	89	97	40.8
L	52	46	93	101	41.6

图7-56　文本排版

Step4. 选择直线工具，在选项栏设置相关参数，如图 7-57 所示。绘制两条线段，如图 7-58 所示。

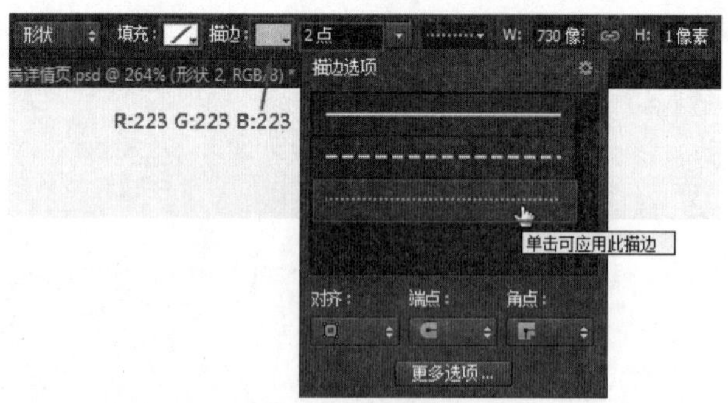

图7-57　设置直线参数

Step5. 用 Step4 的方法绘制剩余线段，如图 7-59 所示。

Step6. 置入如图 7-60 所示的“衣服 .png”素材图片，调整素材图片的大小和位置，如图 7-61 所示。至此，商品信息描述制作完成。

- 信息描述 -
DETAILED INFORMATION

基本信息
名称：雪纺衫
面料：100%聚酯纤维　　里料：100%聚酯纤维

产品指数
版型：宽松　　长度：适中
弹性：无弹　　厚度：薄款

尺码	衣长	肩宽	胸围	下摆	袖长
XS	49	40	83	91	39.5
S	50	42	85	93	40
M	51	44	89	97	40.8
L	52	46	93	101	41.6

图7-58　绘制线段

- 信息描述 -
DETAILED INFORMATION

基本信息
名称：雪纺衫
面料：100%聚酯纤维　　里料：100%聚酯纤维

产品指数
版型：宽松　　长度：适中
弹性：无弹　　厚度：薄款

尺码	衣长	肩宽	胸围	下摆	袖长
XS	49	40	83	91	39.5
S	50	42	85	93	40
M	51	44	89	97	40.8
L	52	46	93	101	41.6

图7-59　绘制剩余线段

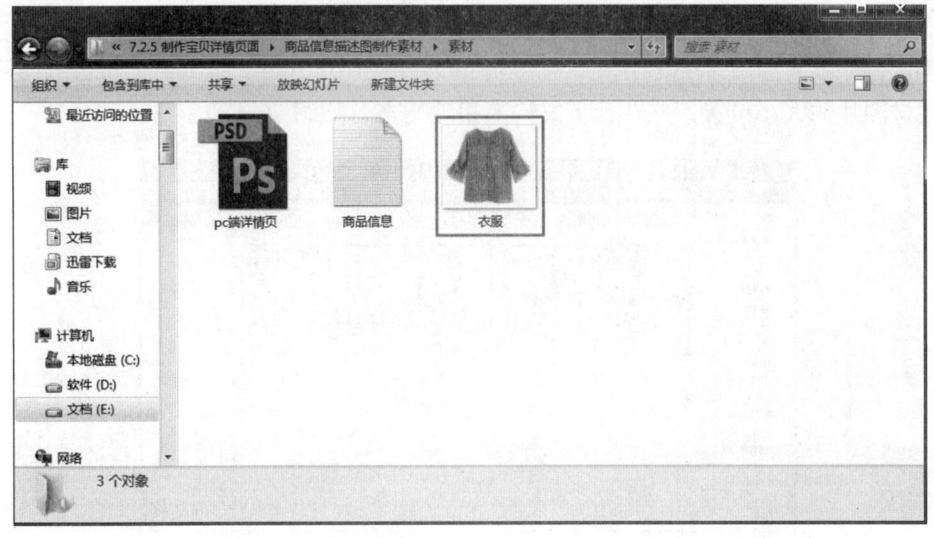

图7-60　选择素材图片

－信息描述－
DETAILED INFORMATION

基本信息

名称：雪纺衫

面料：100%聚酯纤维　　里料：100%聚酯纤维

产品指数

版型：宽松　　长度：适中

弹性：无弹　　厚度：薄款

尺码	衣长	肩宽	胸围	下摆	袖长
XS	49	40	83	91	39.5
S	50	42	85	93	40
M	51	44	89	97	40.8
L	52	46	93	101	41.6

图7-61　置入素材图片

❸ 快递与售后信息制作

在商品详情页中，一般都会有快递和售后的信息展示，以便向买家进一步介绍店铺品牌理念和售后服务。快递与售后信息包括包装信息、快递信息以及售后信息，其制作步骤如下。

Step1. 选择矩形工具，绘制 3 个大小为 233 像素 × 152 像素、填充颜色为灰色（R:238，G:238，B:238）、描边为“无”的矩形，使其均匀分布，如图 7-62 所示。

图7-62　绘制3个矩形

Step2. 置入如图 7-63 所示的“打包箱 .png”“快递员 .png”和“时间 .png”素材图片。调整素材图片的大小位置，并在其下方输入相关文本，如图 7-64 所示。

图7-63　选择素材图片

图7-64 置入素材并输入文本

Step3. 选择矩形工具，在选项栏设置参数，具体参数设置如图 7-65 所示。在如图 7-66 所示的位置绘制一个大小为 726 像素 × 74 像素的矩形，并在内部输入相关文本，效果如图 7-67 所示。至此，“快递与售后”模块制作完成。

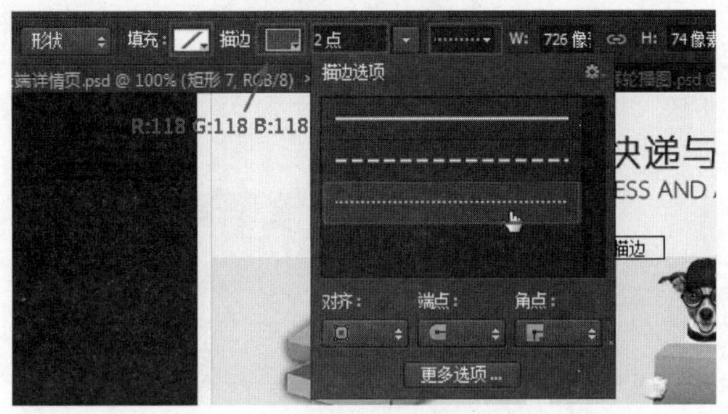

图7-65 设置参数

图7-66 绘制矩形

图7-67 “快递与售后”模块效果

Step4. 按 Ctrl+Shift+S 组合键将其保存到指定文件夹内。至此，宝贝详情页制作完成，最终效果如图 7-68 所示。

图7-68　宝贝详情页最终效果

7.2.4 宝贝促销区制作

为吸引买家的目光，一些店铺会在宝贝详情页中放置店铺其他商品的关联销售或折扣活动信息，这个区域称为宝贝促销区。制作精美的促销图片不仅能吸引买家，还可以增加其他商品的点击率和曝光率。尤其是打造店铺爆款商品时，宝贝促销区是一个非常重要的商品曝光区域。

1. 制作宝贝促销区的注意事项

初次使用淘宝旺铺的卖家，在制作宝贝促销区之前，应先了解一些注意事项，主要有以下几点。

- **商品不宜过多。**宝贝促销区的商品不宜过多或过于杂乱，以免买家挑花眼，反而失去挑选商品的耐心，最终放弃购买商品。
- **图片不宜过高。**宝贝促销区的宽度是固定的750像素，高度不限，但是为更好的流量体验，高度不宜超过700像素。
- **支持发布的模块。**宝贝促销区的图片大部分使用自定义内容模块发布，该模块支持HTML编辑，卖家可以通过编写和修改HTML代码来发布宝贝促销区。

2. 设计与制作宝贝促销区

制作宝贝促销区的方法有3种。第一种方法是在网上寻找免费的宝贝促销模板，下载到本地计算机进行修改，这种方法的优点是方便快捷，缺点是设计受到局限；第二种方法是购买模板，既省力又能挑选到满意的设计，但需要支付一定的费用；第三种方法是自己设计，这种方法需要卖家掌握一定的图片设计能力，优势是能根据自己的意向制作图片。下面以第三种方法为例，讲解宝贝促销区的制作方法。

Step1. 新建一个宽度为750像素、高度为450像素、分辨率为72像素/英寸、背景内容为白色的文件,并命名为“商品促销”,如图7-69所示。将背景填充为红色（R:127，G:12，B:9），如图7-70所示。

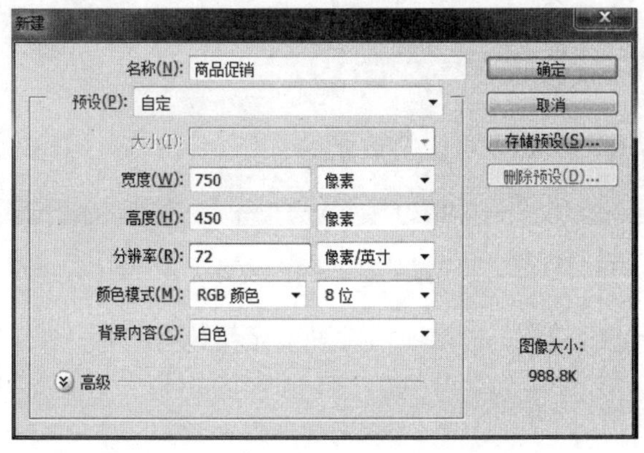

图7-69 新建文件

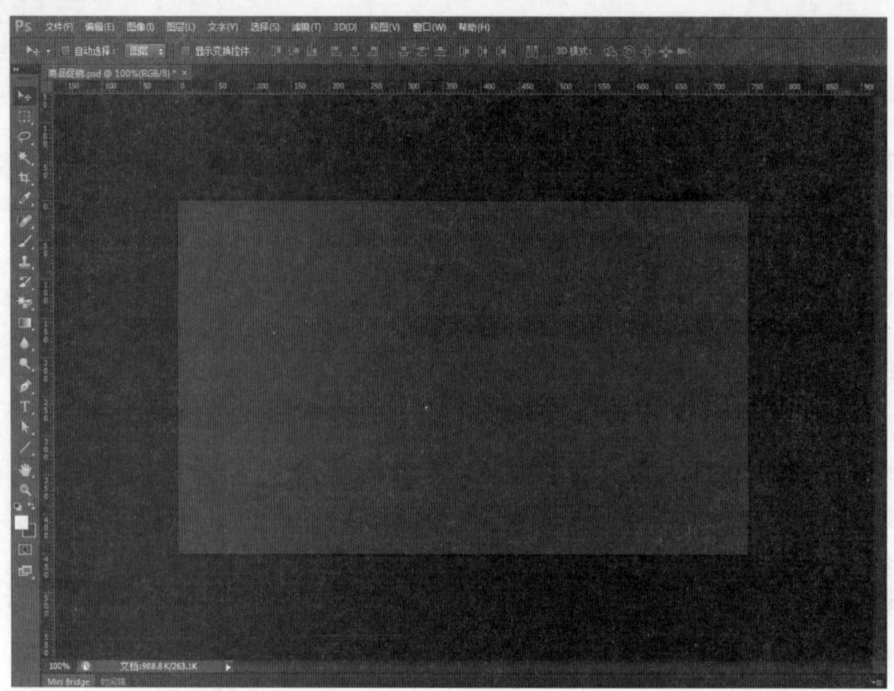

图7-70 填充背景

Step2. 选择横排文字工具T，输入如图7-71所示的文本，设置字体为华文细黑，颜色为白色。

图7-71 输入文本

Step3. 选择矩形工具，在选项栏设置填充颜色为白色（R:218，G:133，B:156），描边为“无”，绘制一个大小为84像素×84像素的矩形，并复制3个矩形，如图7-72所示。

图7-72 绘制并复制矩形

Step4. 置入“商品图 1”~“商品图 4” 4 个素材图片，如图 7-73 所示。调整素材图片位置，将素材图层分别放置在相应的矩形上方。依次选中素材图层，按 Ctrl+Alt+G 组合键为素材图层创建剪切蒙版，如图 7-74 所示。剪切蒙版的效果如图 7-75 所示。

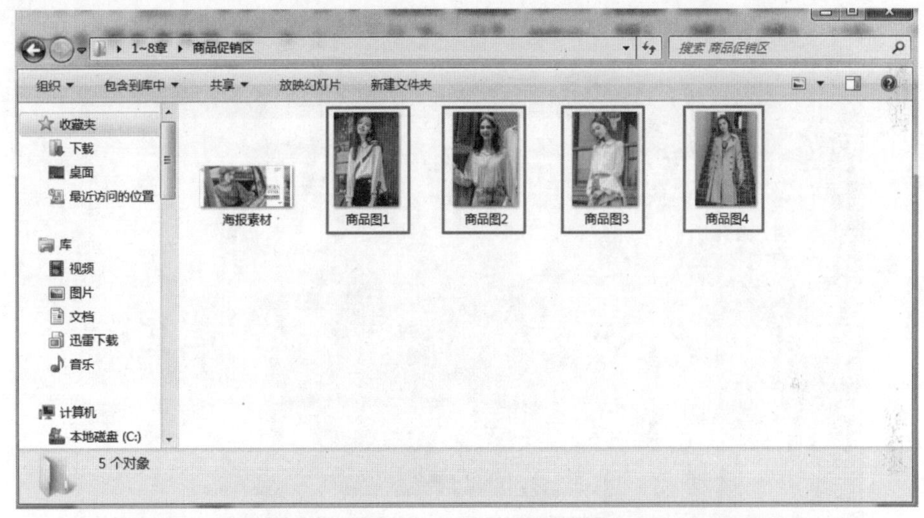

图7-73 选择素材图片

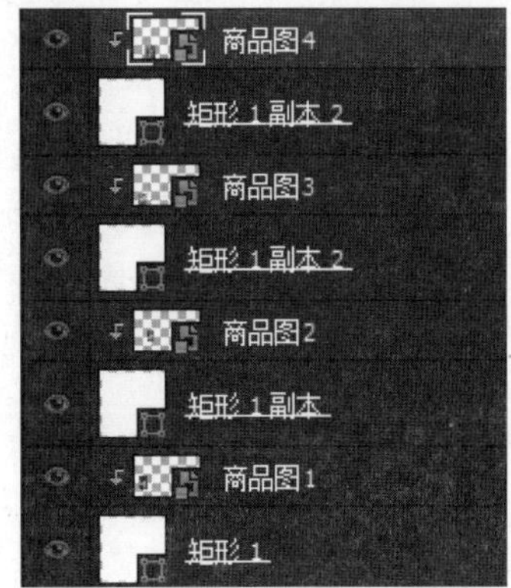

图7-74 创建剪切蒙版

Step5. 按 Step3 ~ Step4 的方法，选择对应的海报素材，做出如图 7-76 所示的样式。至此，宝贝促销区制作完成。按 Ctrl+S 组合键将其保存至对应文件夹内。

图7-75 剪切蒙版的效果

图7-76 宝贝促销区效果

3. 给宝贝促销区添加商品链接

宝贝促销区制作完成后，需要给图片中的商品添加链接，以便买家快速进入该商品详情展示页面。添加商品链接的具体操作步骤如下。

Step1. 将“商品促销区 .jpg”图片上传到图片空间，将鼠标指针移动至该图片，在显示的一排按钮中单击复制代码按钮，即可复制该图片的代码，如图 7-77 所示。

Step2. 打开 Dreamweaver 软件，单击 HTML 选项，即可新建一个空白文档，如图 7-78 所示。

Step3. 单击“拆分”标签，切换至“拆分”窗口。删除左侧窗口中原来的代码，按 Ctrl+V 组合键将 Step1 中复制的图片代码粘贴到该窗口中，此时右侧窗口将出现相对应的图片，如图 7-79 所示。

图7-77 复制图片代码

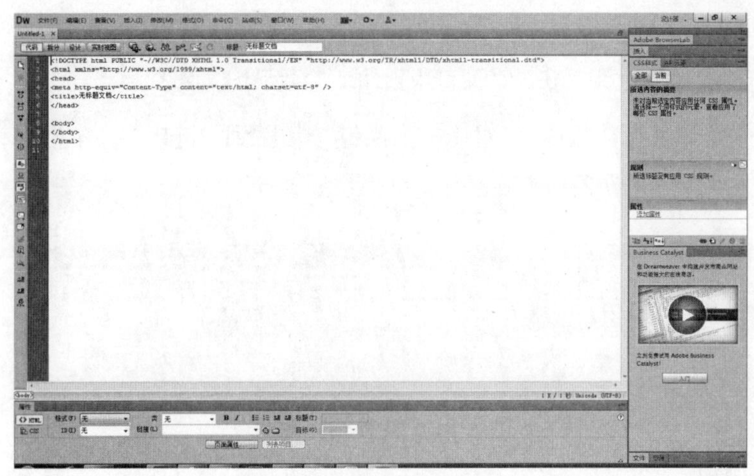

图7-78 新建空白文档

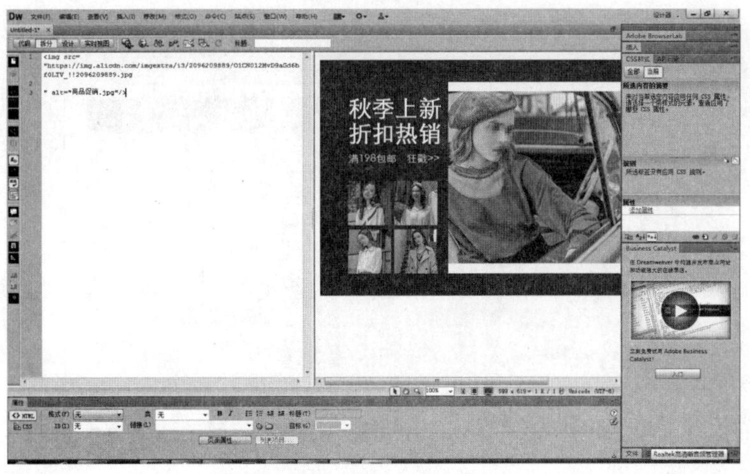

图7-79 粘贴图片代码

Step4. 单击“设计”标签，切换至“设计”窗口。单击“属性”面板中的矩形热点工具，按住鼠标左键，在第一排第一个商品图片上绘制一个矩形，如图7-80所示。在弹出的对话框中单击“确定”按钮。

图7-80　在设计窗口中为第一个商品图片建立热点

Step5. 在“属性”面板中，将对应的商品链接粘贴到“链接”文本框中，设置“目标”为“_blank”，如图 7-81 所示。

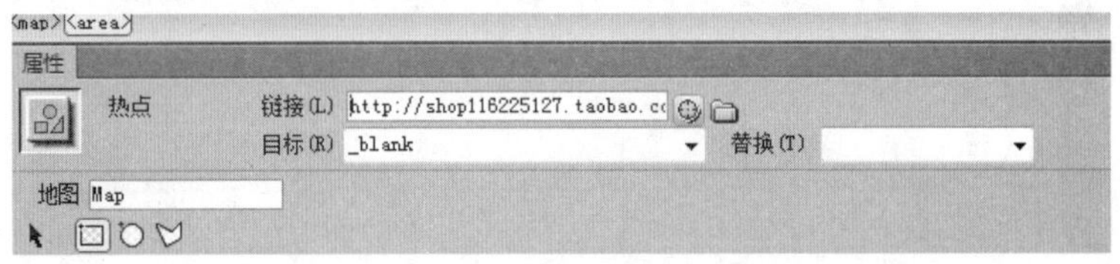

图7-81　设置热点属性

Step6. 重复 Step4 ~ Step5，为其余商品图片添加链接，如图 7-82 所示，此时已完成所有链接的添加。

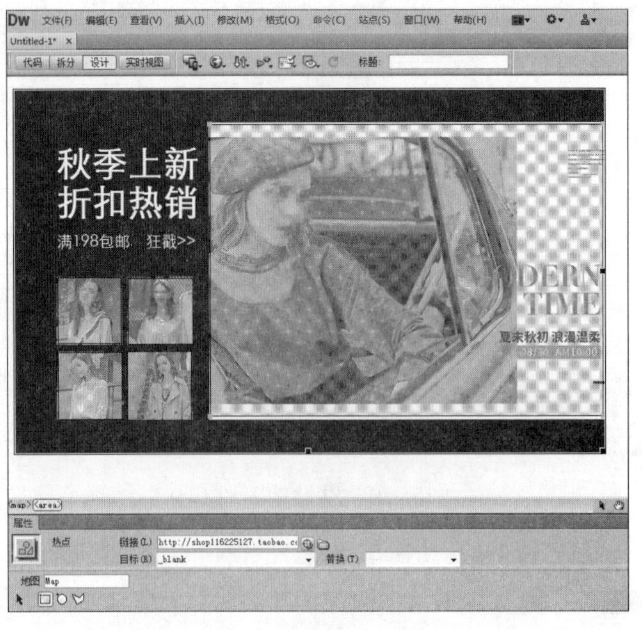

图7-82　添加链接

Step7. 单击“代码”标签，切换至“代码”窗口。分别按 Ctrl+A、Ctrl+C 组合键选择并复制该窗口中的代码，如图 7-83 所示。

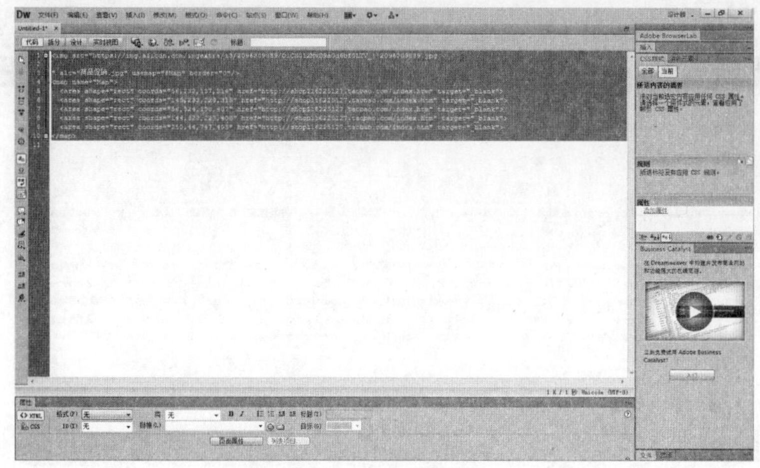

图7-83　复制代码

4. 发布宝贝促销区到宝贝描述模板

在店铺装修后台，可以通过设置默认宝贝详情页模板，一键为所有宝贝详情页添加宝贝促销区。但是默认模板只支持在宝贝详情页下方添加相应的模块。如需要在宝贝详情页最上方区域添加宝贝促销区，只能在宝贝详情页中单独添加。

下面介绍一键为所有宝贝详情页添加宝贝促销图的方法，具体操作步骤如下。

Step1. 进入默认宝贝详情页装修页面，在 7.2.1 节中已经添加了自定义内容区，所以此时页面中心已经新建了“自定义内容区”模块。单击该模块中的“编辑”按钮，如图 7-84 所示。

图7-84　编辑“自定义内容区”模块

Step2. 进入“自定义内容区”对话框，选择“显示标题”右侧的“不显示”单选按钮，单击源码按钮，在编辑框中按 Ctrl+V 组合键粘贴宝贝促销区代码，最后单击“确定”按钮，如图 7-85 所示。

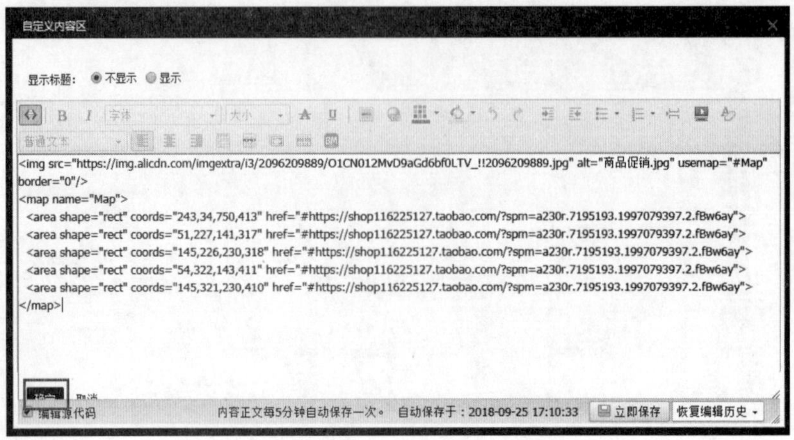

图7-85 粘贴代码

Step3. 单击默认宝贝详情编辑页面中的“发布站点”按钮，如图 7-86 所示，根据提示完成操作即可。

图7-86 发布宝贝促销区

7.3 无线端宝贝详情页设计与制作

无线端宝贝详情页与PC端宝贝详情页并不是同步的，需要在后台单独上传发布。由于越来越多的人喜欢用手机上网购物，无线端无论在店铺流量还是在成交额等方面都占有非常重要的位置，所以无线端宝贝详情页的装修就显得尤为重要。本节将对无线端宝贝详情页的设计与制作进行讲解。

7.3.1 无线端宝贝详情页特征

宝贝详情页的好坏会影响店铺流量的转化率。由于网络的迅速发展，使用手机购物已经成为一种潮流和新的生活方式。因此，无线端宝贝详情页的装修势在必行。与PC端宝贝详情页相比，无线端宝贝详情页具有以下几个特征。

- **尺寸更小**。无线端宝贝详情页尺寸需要适配手机，所以尺寸往往比较小，宽度一般为620像素，每屏高度不超过960像素，有时商家为了能让买家在一层内看到一些具体连贯的信息，就需要考虑页面的长度。
- **卖点更精练**。无线端宝贝详情页的卖点设计可参考PC端宝贝详情页，但是无线端宝贝详情页更加注重在最短时间内把买家的购买欲望激发到最高，因此无线端宝贝详情页的卖点应该更加精练。
- **场景更加丰富**。由于无线端用户可以在很多场合进行购物，如车上、床上、步行中，所以在无线端宝贝详情页页面添加多种场景可以更加贴合生活，提高买家对商品的兴趣。
- **页面切换不便**。PC端可以很方便地通过文字或按钮切换页面，而无线端页面的切换不是很方便，因此无线端的图片以及图片上的引导文字一定要清晰并且有吸引力，能够快速打动买家。
- **页面文件的容量更小**。在PC端浏览Web页面平均需要9MB流量，若直接将PC端宝贝详情页转化为无线端宝贝详情页，将导致页面加载速度慢，容易耗费买家更多的流量，因此无线端宝贝详情页的页面文件更小。

7.3.2 无线端宝贝详情页设计要点

基于无线端宝贝详情页的特点，在设计宝贝详情页时要注意以下几点。

- **图片设计要点**。图片不能过大，否则容易出现加载慢的情况，影响购物体验，此时应在保证图片清晰度的同时压缩图片。但是也要注意，细节图不能太小，要保持图片清晰，这样买家才能通过细节图片了解商品，从而产生购买欲。

- **文字设计要点**。图片文字、商品信息和商品描述文字都不能太小，否则容易造成买家看不清楚文字的问题。
- **商品重点的设计**。商品重点需要突出，这就要求合理控制页面展示的信息，省略一些无关紧要的内容，提升购物体验。
- **尺寸要求**。无线端宝贝详情页宽度为 480 ~ 1242 像素，但建议将宽度设计为 750 像素，高度不超过 1920 像素。

7.3.3 无线端宝贝详情页制作

无线端的宝贝详情页和 PC 端类似，也分为焦点图和详情图两部分。此时，为了节省时间且能更好地与 PC 端风格匹配，焦点图直接用 PC 端的图片进行适配上传即可。

无线端宝贝详情页制作有两种方法：一种是适配法，另一种是自定义法，具体介绍如下。

- **适配法**。将 PC 端详情页保存为图片后在淘宝后台自动适配，这种方法既便捷又能将 PC 端和无线端的风格统一。
- **自定义法**。由于 PC 端宝贝详情页里面会有很多描述信息或者宝贝细节图在无线端显示不清晰，此时可根据 PC 端宝贝详情页设计无线端宝贝详情页。

本案例采取第二种方法制作一个宽度为 750 像素的宝贝详情页，具体操作步骤如下。

Step1. 新建一个宽度为 750 像素、高度为 1870 像素、分辨率为 72 像素 / 英寸、背景内容为白色的文件，并命名为“无线端详情页”，如图 7-87 所示。在画布四周创建参考线。

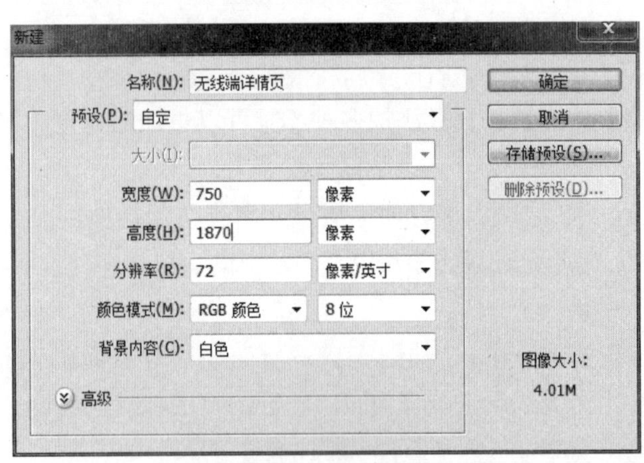

图7-87　新建文件

Step2. 打开素材文件“设计模板 .psd”，选中“商品展示”和“信息描述”图层组，右击，在弹出的快捷菜单中选择“复制图层”命令，将其复制到“无线端详情页”文件中，如图 7-88 所示。

Step3. 切换到“无线端详情页”文件，按 Ctrl+T 组合键对图层组进行缩放操作，将其缩放至画布大小，如图 7-89 所示。

Step4. 按照制作 PC 端宝贝详情页的方法制作出如图 7-90 所示的样式。

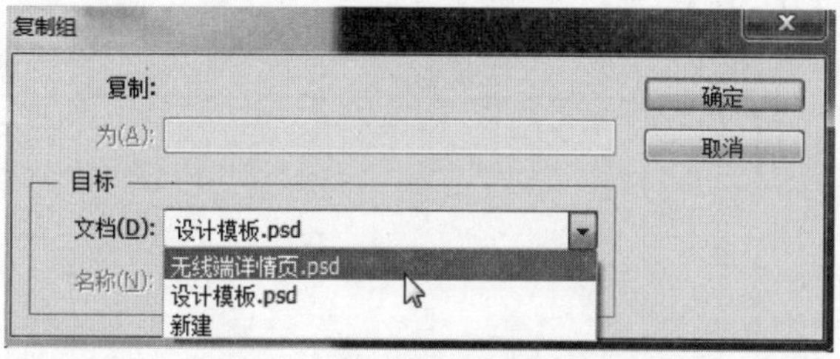

图7-88　复制图层组

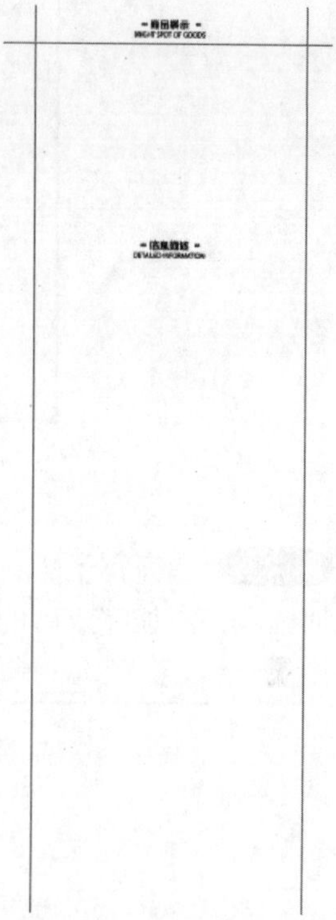

图7-89　缩放图层组

图7-90　移动图层

Step5. 选择圆角矩形工具，在选项栏设置填充为“无”，描边为 1 像素，半径为 3 像素，绘制一个 204 像素 × 153 像素的圆角矩形。选择路径选择工具，在圆角矩形上单击，显示锚点，如图 7-91 所示。

图7-91　绘制矩形并显示锚点

Step6. 选择钢笔工具，当钢笔工具出现加号时，在图 7-92 所示的圆角矩形边框上添加锚点，添加完成后的效果如图 7-93 所示。

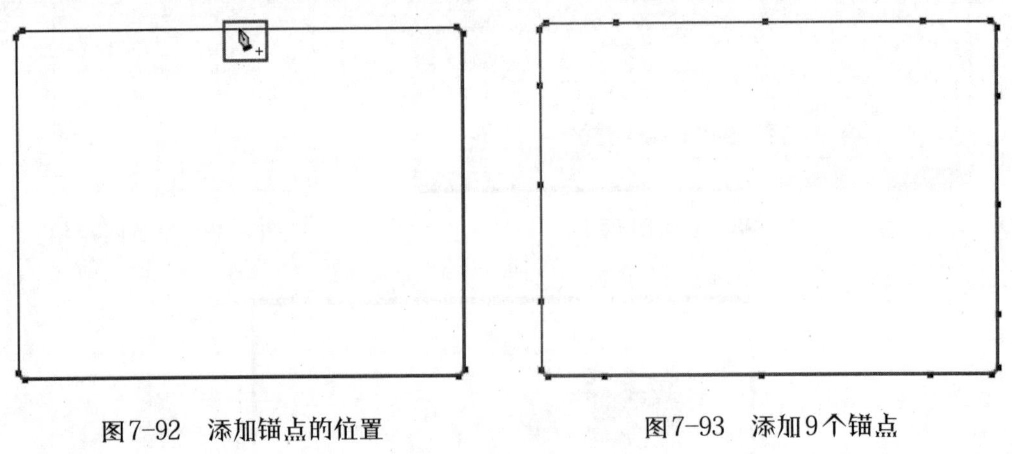

图7-92　添加锚点的位置　　　　图7-93　添加9个锚点

Step7. 选择直接选择工具，选中圆角矩形每个边中间的锚点，如图 9-94（a）所示。按 Delete 键删除选中锚点，效果如图 7-94（b）所示。将其摆放至如图 7-95 所示的位置。

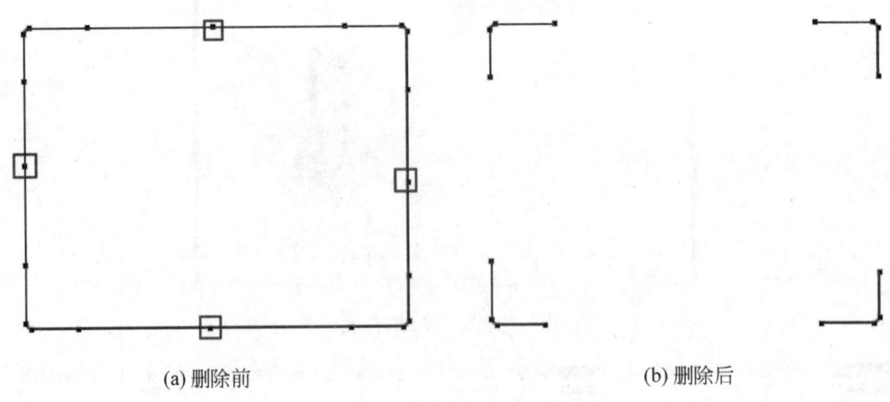

(a) 删除前　　　　(b) 删除后

图7-94　删除每个边中间的锚点

图7-95　方框摆放位置

Step8. 置入如图 7-96 所示的素材文件“纯色上衣 .png”，调整大小及位置，如图 7-97 所示。

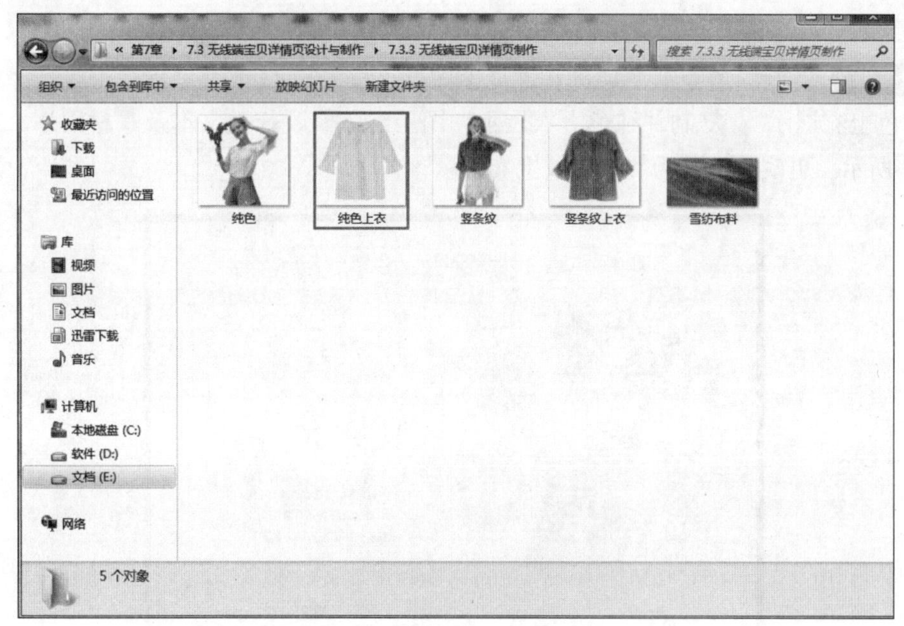

图7-96　选择素材文件

图7-97　置入素材文件

Step9. 选择横排文字工具T，输入相关文本，字体分别为张海山锐线体简和方正中倩简体，颜色分别为粉色（R:233，G:72，B:116）和灰色（R:50，G:50，B:50），如图 7-98 所示。

图7-98　输入文本

Step10. 复制圆角矩形图层和相关文本图层，按 Ctrl+G 组合键将其编组，并重命名为“纯色上衣展示”。复制“纯色上衣展示”图层组，修改相关文本及素材图片，效果如图 7-99 所示。更改其组名为“竖条纹上衣展示”。

图7-99　复制图层组并修改文本及素材图片

Step11. 使用 Photoshop CS6 软件打开素材文件“竖条纹 .png”，制作细节图后将其复制到“无线端详情页”文件中，调整位置及大小，如图 7-100 所示。

Step12. 选择圆角矩形工具，在选项栏设置参数，具体参数设置如图 7-101 所示。绘制两个圆角矩形，并输入相关文本，效果如图 7-102 所示。

图7-100　制作细节图

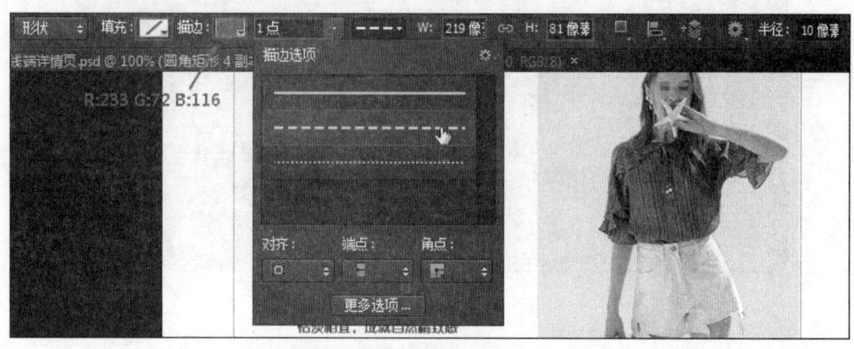

图7-101　圆角矩形参数设置

图7-102　输入文本

Step13. 选择多边形工具，绘制两个如图 7-103 所示的三角形。

Step14. 导入“雪纺布料 .jpg”素材，选择矩形工具，绘制一个大小和样式如

图 7-104 所示的矩形，随后输入相关文本，效果如图 7-105 所示。选中布料图层及其相关图层，按 Ctrl+G 组合键进行编组，将该图层组更名为“布料展示”。

图 7-103　绘制两个三角形

图 7-104　绘制矩形

图 7-105　输入文本

Step15. 使用 Photoshop CS6 软件打开素材文件“PC 端详情图 .psd”，将“信息描述”图层组复制到“无线端详情页”文件中，调整位置及文字大小，如图 7-106 所示。至此，无线端宝贝详情页制作完成。按 Ctrl+Shift+S 组合键将其保存到指定文件夹内。

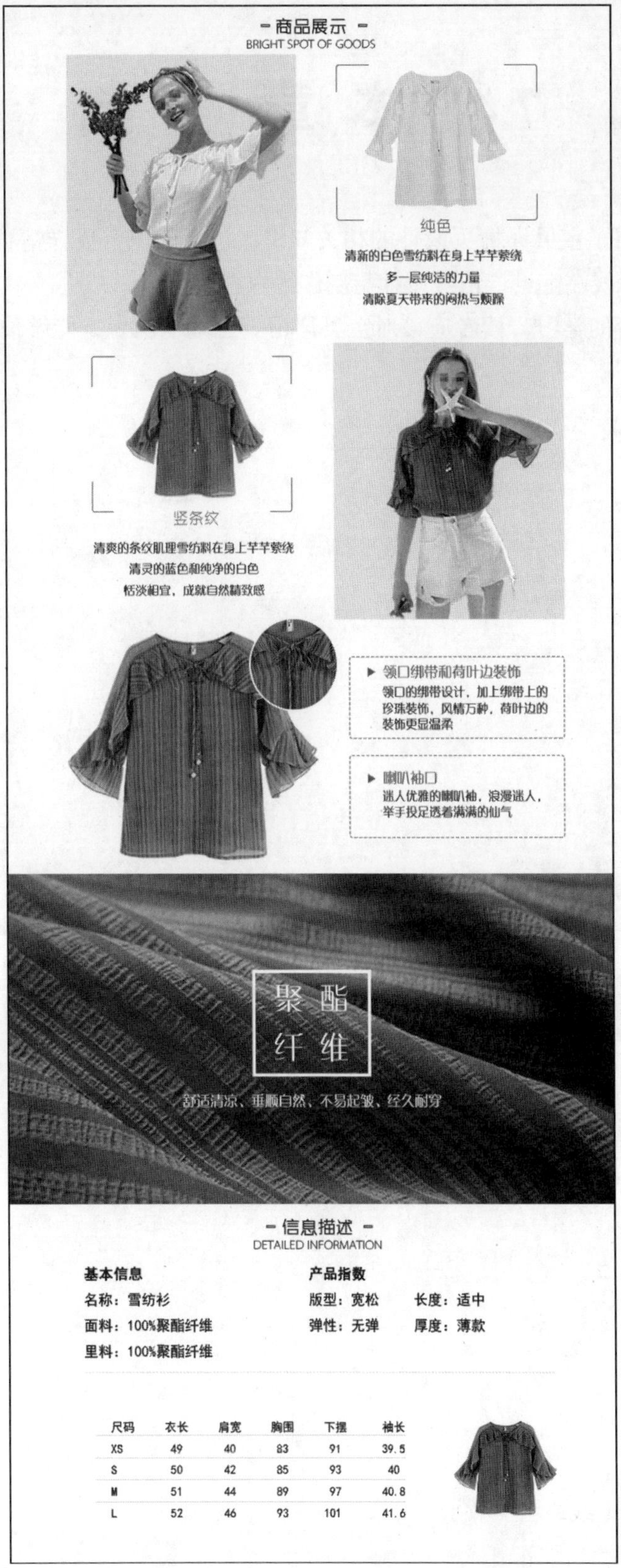

- 商品展示 -
BRIGHT SPOT OF GOODS

纯色

清新的白色雪纺料在身上芊芊萦绕
多一层纯洁的力量
清除夏天带来的闷热与烦躁

竖条纹

清爽的条纹肌理雪纺料在身上芊芊萦绕
清灵的蓝色和纯净的白色
恬淡相宜，成就自然精致感

▶ 领口绑带和荷叶边装饰
领口的绑带设计，加上绑带上的珍珠装饰，风情万种，荷叶边的装饰更显温柔

▶ 喇叭袖口
迷人优雅的喇叭袖，浪漫迷人，举手投足透着满满的仙气

聚酯
纤维

舒适清凉、垂顺自然、不易起皱、经久耐穿

- 信息描述 -
DETAILED INFORMATION

基本信息
名称：雪纺衫
面料：100%聚酯纤维
里料：100%聚酯纤维

产品指数
版型：宽松　长度：适中
弹性：无弹　厚度：薄款

尺码	衣长	肩宽	胸围	下摆	袖长
XS	49	40	83	91	39.5
S	50	42	85	93	40
M	51	44	89	97	40.8
L	52	46	93	101	41.6

图7-106　无线端宝贝详情页

7.4 本章小结

本章主要介绍了宝贝详情页设计的相关知识，包括认识宝贝详情页、PC 端宝贝详情页设计与制作、无线端宝贝详情页设计与制作等内容。

通过本章内容的学习，读者应该对宝贝详情页有基本认识，能够设计与制作 PC 端和无线端宝贝详情页。

本章素材

第8章

店铺推广图设计

学习目标

知识目标	• 了解宝贝主图的制作要求及设计要点。 • 了解直通车概念及展示位置。 • 了解钻展概念及展示位置。
技能目标	• 掌握主图的设计要点及制作方法。 • 掌握直通车推广图制作要求及制作方法。 • 掌握钻展图设计要求及制作方法。 • 掌握店铺二维码的创建方法。 • 掌握淘宝视频的制作方法。

完成店铺装修及商品发布后，许多卖家就开始坐等买家自行进店浏览选购，但是这样往往很难形成较高的销量。为了避免这种情况，卖家需要对店铺进行推广，通过推广位置的图片来吸引买家是效果较好的方法之一，本章将就如何设计点击率较高的店铺推广图进行详细讲解。

8.1 制作高点击率的主图

无论是在平台上还是店铺中，买家在搜索和查看商品时，最先看到的就是商品主图，所以商品主图的好坏很大程度上影响着买家是否会点击查看商品。本节对主图的制作要求、设计要点以及制作方法进行介绍。

8.1.1 主图的制作要求

在 PC 端发布商品时，商品图片最多可上传 5 张（最少一张）。其中第一张图片会在宝贝搜索页面中显示，也就是主图，因此需要重点制作主图。商品主图的大小必须控制在 500KB 以内。

淘宝商品图片的标准尺寸是 310 像素 × 310 像素；而对于 700 像素 × 700 像素以上的图片，宝贝详情页会自动提供图片放大镜功能。在淘宝中，当买家将鼠标光标移动到商品主图上时，即可查看该主图的细节，如图 8-1 所示。

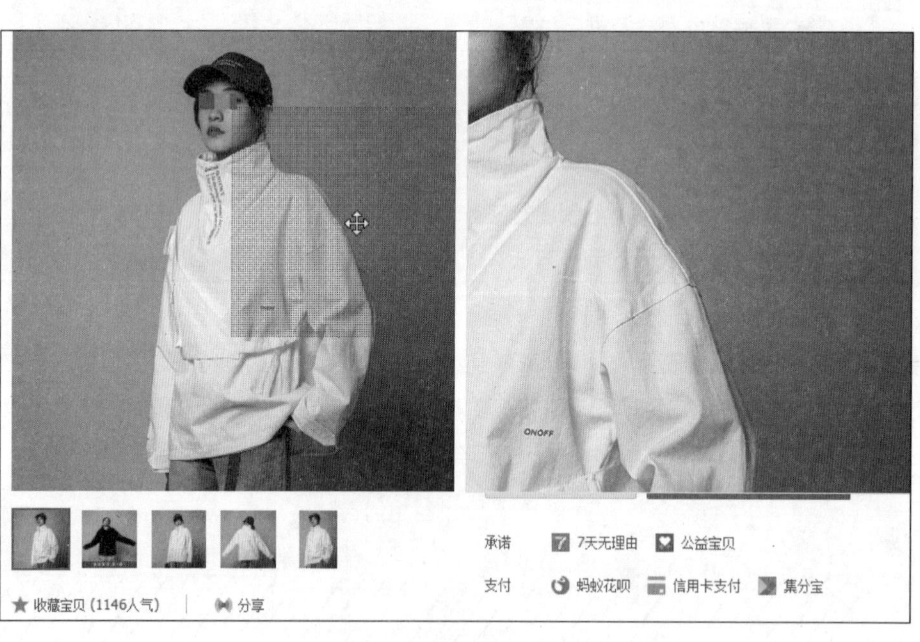

图8-1　查看商品主图细节

> **注　意**
>
> 京东、当当等平台的主图规格为800像素×800像素。

8.1.2 主图的设计要点

好的商品主图能够提高点击率，从而达到引流的目的。买家在浏览主图时的速度一般较快，所以，制作主图的关键就是让主图有足够的视觉冲击力，可以让它在众多主图中吸引买家眼球。设计主图时可以遵循以下几个要点。

1. 卖点清晰、有创意

主图卖点不一定是促销内容，而是吸引买家的亮点及核心竞争力，例如商品的款式、形状、材质或者价格等。卖点清晰是指买家的目光即使一扫而过，也能快速明白商品的优势是什么。一个主图的卖点不需要多，但需要直击要害，以最直接的方式吸引买家。许多商品的卖点是大同小异的，这时就需要通过优化卖家的展示方式吸引买家注意。图 8-2 所示的主图通过商品使用前后对比的方式，展示运动鞋清洁剂的效果，从而吸引买家关注；图 8-3 所示的主图用模特展示服装时尚、复古、显瘦的款式，远比直接摆放服装更能勾起买家的购买欲。

图8-2 运动鞋清洁剂主图

图8-3 模特展示服装主图

图8-2

图8-3

2. 为图片选择适宜的背景

设计主图时，选择不同背景、不同虚化程度的素材，都有可能对图片的效果产生影响，从而影响点击率。如图 8-4 所示，左图为商品搭配了景物的背景，但背景颜色过多，不利于突出文案，画面整体也很杂乱，容易扰乱买家视线，使主图效果大打折扣；而右图搭配纯色背景，清晰地展示了商品，突出了商品的品牌和价格等信息。

3. 商品大小适中

商品过大则显得臃肿；过小则不利于展现细节，难以突出商品的主体地位。而大小合适的商品主图能增强浏览时的视觉舒适感，提升点击率。如图 8-5 所示，左图的数据线可

图8-4　选择适宜的图片背景

以让买家看到数据线的细节特征，并展示了柔韧性和耐用性，极大提高了商品的直观展示效果；而右图的数据线主体不突出，且无法查看细节，容易被买家忽视。

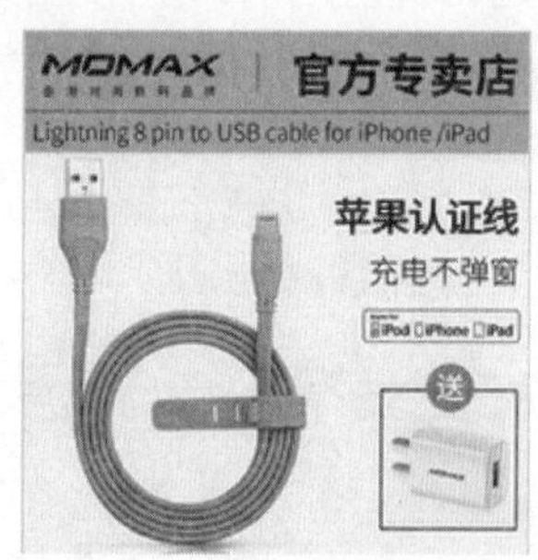

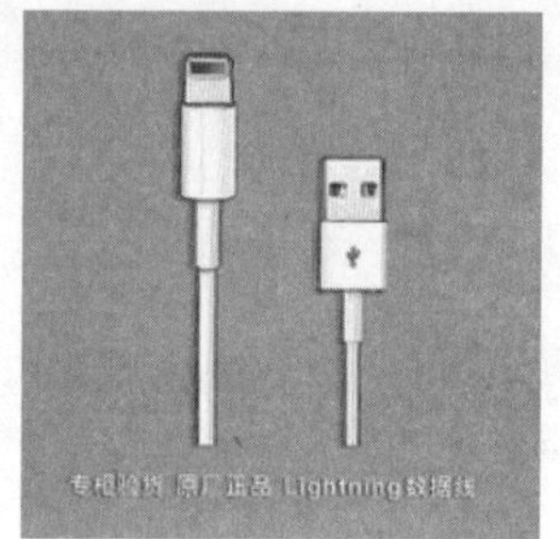

图8-5　商品大小适中

4. 内容简洁

买家在搜索商品时，浏览速度较快，因此主图传达的信息越简单、明确就越容易被接受；而产品放置杂乱、产品数量过多、文案信息过多、背景杂乱、水印夸张等都会阻碍信息的传达。图 8-6 所示两图都为榨汁机主图，左侧设计简洁大气，符合该产品的品牌特征，少量的文本很好地阐述了其卖点；而右图用了大量文本说明榨汁机的优点，一般情况下商品描述越多，商品本身就越不突出，图片整体越不清楚。

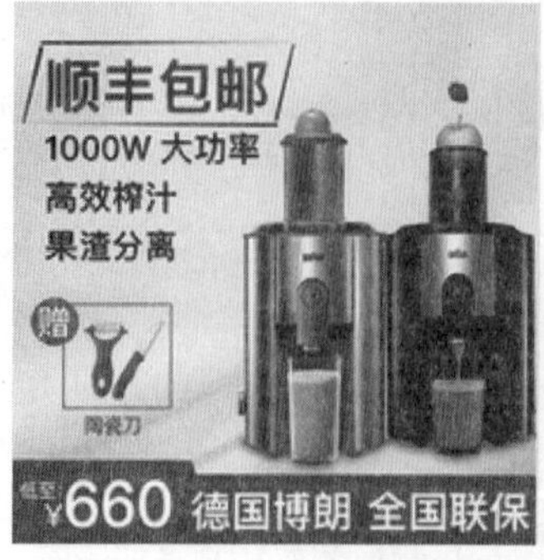

图8-6　内容简洁

5. 商品清晰度及细节

作为商品页面中的主图，清晰度是最重要的，如果主图中的商品不清晰，会使其效果大打折扣。所以制作主图时要保证主图中商品的清晰度，让买家能够了解商品的细节。

6. 适当使用“噱头”文字

适当使用一些“噱头”文字，也就是将一个容易被买家接受的卖点通过放大等方式放置在图片中，增强说服力。图 8-7 所示主图使用了“0 糖 0 卡，喝出轻盈”作为矿泉水的“噱头”文字吸引买家；图 8-8 所示为某款山楂条主图片，该图片使用了“0 添加”和“纯天然、无色素”的“噱头”文字吸引买家关注。

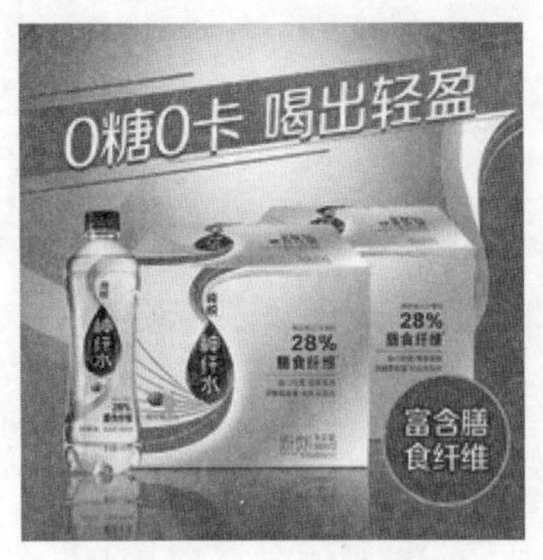

图8-7　矿泉水主图

图8-8　山楂条主图

图8-7

图8-8

8.1.3　制作主图

本节介绍大魔树女装店铺的一款雪纺衫主图设计。京东和当当网的主图都是 800 像素 × 800 像素，为了使主图更好地适配其他网站，本案例将按照 800 像素 × 800 像素的尺寸制作宝贝主图。制作后的主图如图 8-9 所示。

图8-9　宝贝主图

其操作步骤如下。

Step1. 新建一个宽度为 800 像素、高度为 800 像素、分辨率为 72 像素 / 英寸、背景内容为白色的文件，并命名为“宝贝主图”，如图 8-10 所示。

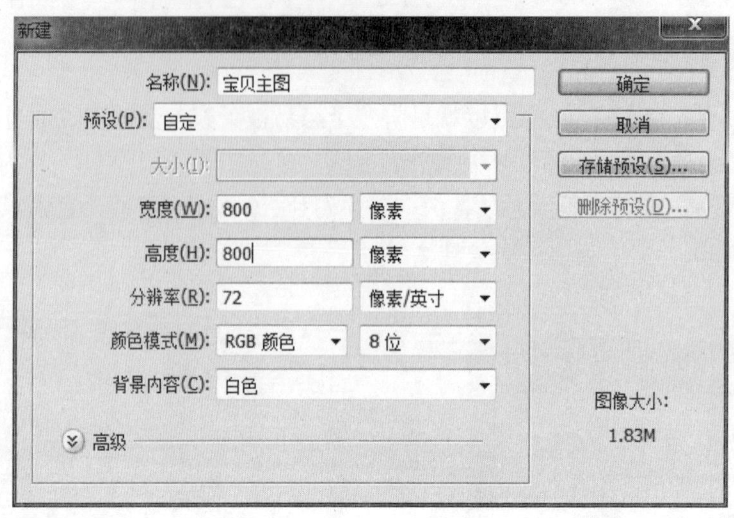

图8-10　新建文件

Step2. 置入素材图片“主图背景 .jpg”，如图 8-11 所示。

Step3. 置入素材图片“竖条纹上衣 .png”，将其缩小并放置在合适位置，如图 8-12 所示。单击图层下方的图层样式按钮 fx. 设置图层样式，为其添加投影，参数如图 8-13 所示，效果如图 8-14 所示。

图8-11　置入主图背景图片

图8-12　置入商品图片

Step4. 选择矩形工具，绘制一个大小为 307 像素 × 82 像素的矩形，颜色填充为红色（R:242，G:33，B:32）。在其内部输入相关文本，字体为 Adobe 黑体 Std，如图 8-15 所示。

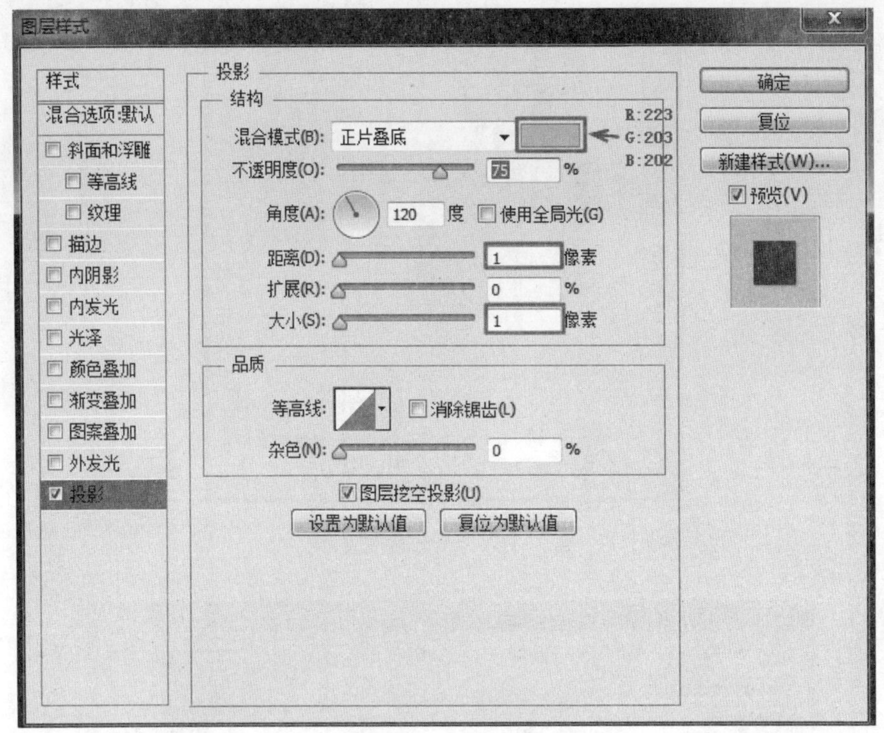

图8-13　投影参数

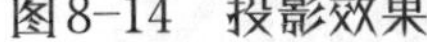
图8-14　投影效果

图8-15　输入文本

Step5. 根据Step4的方法在红色矩形下方绘制一个大小为379像素×43像素的矩形，颜色填充为白色，输入相关文本，如图8-16所示。

Step6. 在红色矩形的上方，输入价格文本。单击图层下方的图层样式按钮 fx，设置图层样式，为其添加描边，参数如图8-17所示。最终效果如图8-9所示。

图8-16　继续输入文本

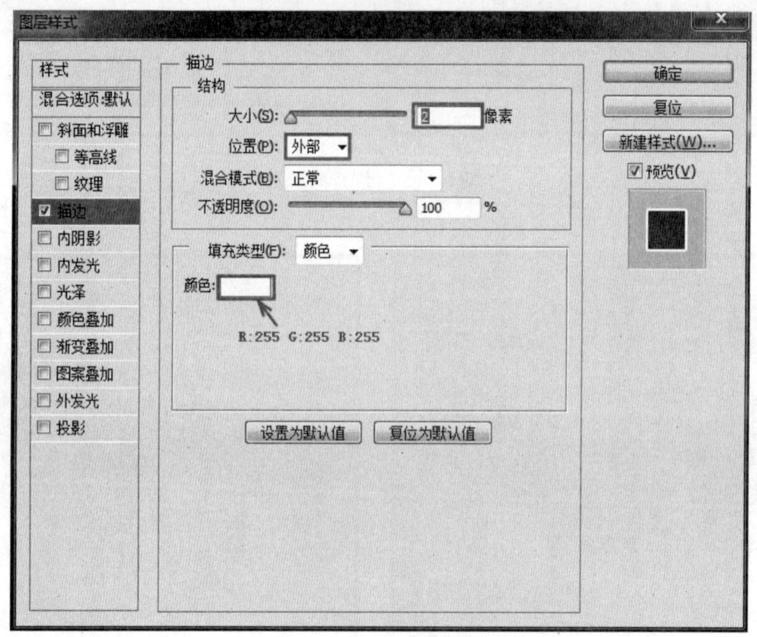

图8-17　描边参数

8.2　直通车推广图设计

淘宝直通车是淘宝推出的一种搜索竞价推广工具。卖家通过对直通车账户的优化，可以使自己店铺的商品在淘宝搜索结果中优先展示，从而吸引买家点击浏览。下面对直通车的概念、直通车图片制作要求及直通车图片制作方法进行介绍。

8.2.1 认识直通车

直通车是一种展示免费、点击扣费、采用竞价形式排名的付费广告。卖家可以为推广的每一个商品设置 200 个关键词，并针对每个关键词自由定价。值得注意的是，竞价越高，商品推广位置越靠前。卖家如果想推广某款商品，需要给商品设置相应的创意图、关键词、出价以及商品推广标题等。当买家在淘宝网搜索关键词或按照类目分类进行浏览时，卖家付费推广的商品就会出现在相应的展示位。买家点击后，平台对卖家扣费，否则不扣费。

直通车推广形式包括关键词推广和定向推广，不同的推广形式的展示位置也不相同，具体介绍如下。

1. 关键词推广

关键词推广是直通车主要的推广形式。关键词推广展示位有 3 种类型，分别为关键词搜索结果列表页、类目搜索结果列表页、热搜词搜索结果列表页。例如，在淘宝 PC 端首页中直接输入需要搜索的商品关键词，直通车推广商品会出现在以下展示位：搜索结果页面第一排第一个标有“掌柜热卖”商品展示的位置，右侧“掌柜热卖”16 个竖向商品展示的位置，如图 8-18 所示；页面最下方“掌柜热卖”一栏中的 5 个宝贝展示的位置，如图 8-19 所示。

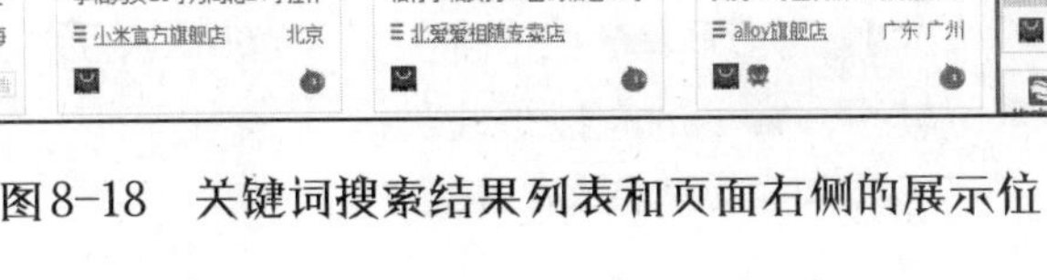

图 8-18　关键词搜索结果列表和页面右侧的展示位

图8-19　关键词搜索结果页面底部的5个展示位

此外，直通车还包括无线端关键词搜索结果页展示位。搜索某关键词后，商品左上角带有HOT字样的即直通车推广商品，如图8-20所示。

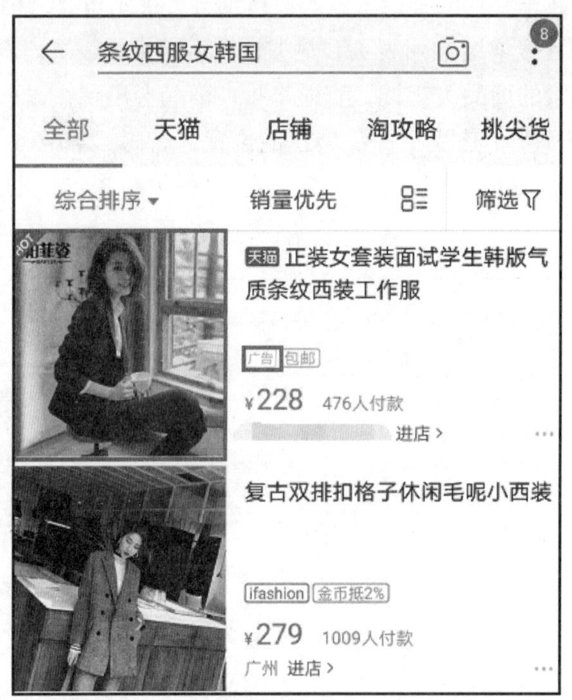

图8-20　无线端关键词搜索结果页展示位

2. 定向推广

定向推广依靠淘宝网庞大的数据库，构建买家的兴趣模型。系统能从细分类目中抓取那些特征与买家兴趣点相匹配的推广商品，并将商品展示在目标客户浏览的网页上，锁定潜在买家，实现精准营销。例如，一个女性买家想购买一件甜美风的连衣裙，那么买家在通过搜索进入定向推广页面时，系统会在连衣裙类目里选出具有甜美风特征的商品展示给此买家。定向推广展示位较多，常见的有以下几种。

- **阿里旺旺中的“热卖”下方。**登录阿里旺旺后，单击“我的焦点”，该页面顶部导航栏“热卖”下方的“热卖单品”即定向推广展示位，如图 8-21 所示。

图8-21 阿里旺旺定向推广展示位

- **“已买到宝贝”下方。**选择淘宝首页导航栏中的“我的淘宝”→“已买到宝贝”，“已买到宝贝”页面最下方的“热卖单品”一栏即定向推广展示位，如图 8-22 所示。

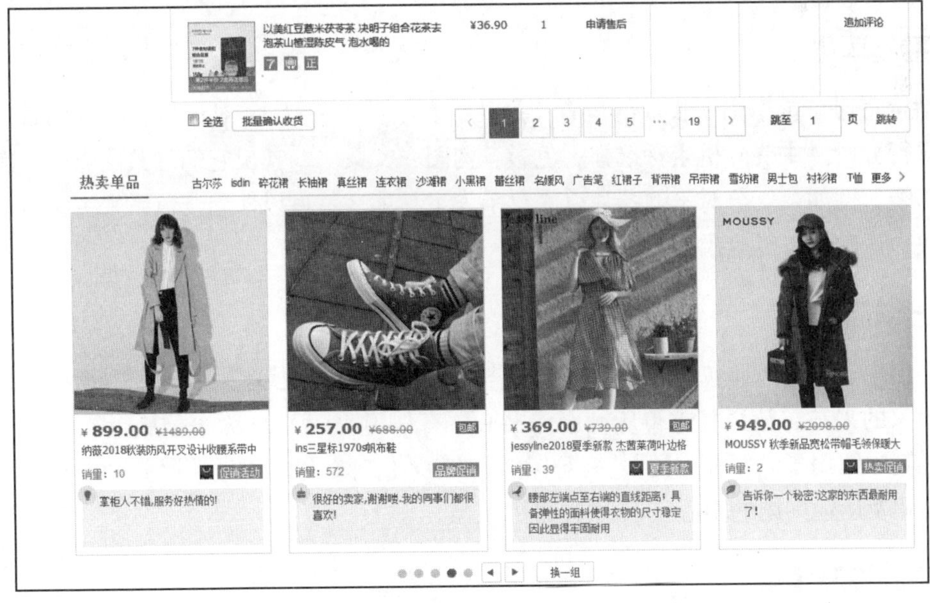

图8-22 “已买到宝贝”中的定向推广展示位

- **“购物车”下方。**淘宝账户中“购物车”下方的“掌柜热卖”即定向推广展示位，如图 8-23 所示。

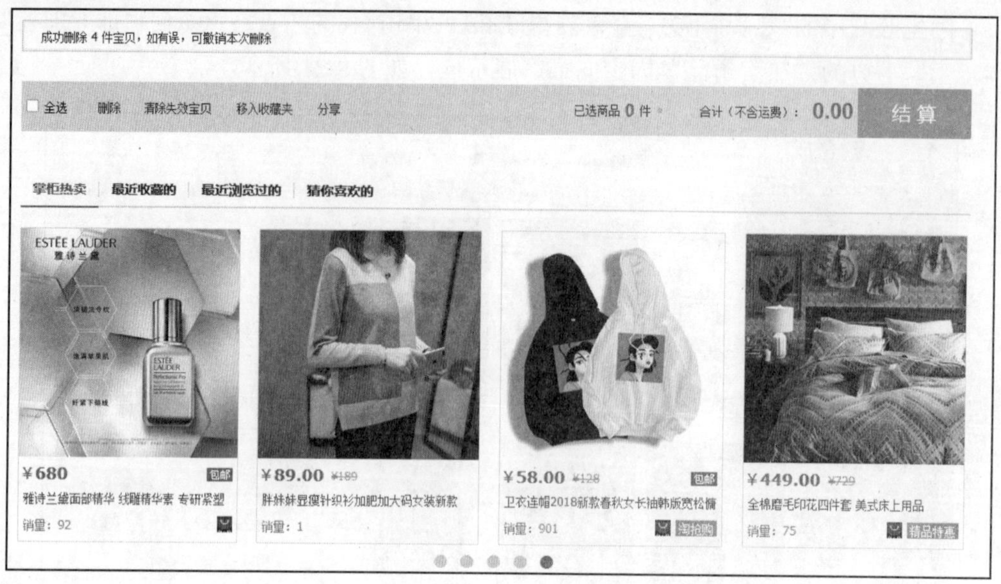

图8-23 “购物车”下方的定向推广展示位

8.2.2 直通车推广图制作要求

好的直通车推广图可以吸引买家点击，增加直通车的点击率，能否快速吸引消费者点击是直通车能否成功引流的关键。直通车推广图的制作要点与宝贝主图的制作要点基本相同，除此以外，还要注意以下几点。

1. 注重差异化

确定直通车推广图所投放的位置（第几页、第几个商品），对该位置附近的直通车推广图进行分析。主要分析素材选择、色彩、构图、文案等，找出它们的共同点，然后走差异化路线。例如，竞争对手的图片以深色系为主，那么就可以使用浅色系来突出自己的推广图片，这样可以迅速吸引买家注意。

2. 突出增值服务

突出增值服务，如包邮、货到付款、终身质保、保修包换、上门安装、赠品等，可以增强买家的兴趣，让买家觉得店铺服务贴心、有保障。图 8-24 为一款旅行箱的直通车推广图，其中使用了“好礼相送”“终身保修”“空运包邮”以突出增值服务，消除了买家对质量问题及运输问题的担心。

3. 添加好评及销量

某款商品拥有大量的好评及很大的销量，这无疑是最强有力的卖点。将文字好评的要点突出放大，利用可靠的数据去表现商品的特点，可以提高点击率。图 8-25 所示商品使用的“销量突破 25 万把”就充分利用了销量数据，突出了商品的受欢迎程度。

图8-24　突出增值服务

图8-25　添加销量数据

图8-24

图8-25

4. 合理使用文字

直通车推广图中的文字说明不宜过多，而且要符合淘宝的发布规则，还应遵守广告法，不得使用顶级词语，例如“最好”“史上第一”等。不得夸大商品特点。例如，一款普通的车内挂饰，却标上“具有使人头脑清醒”的文字，这样很容易引起买家投诉和差评。文字量也应适中，过多的文字会使人产生疲劳感。

5. 使用正确的图片尺寸

直通车推广图通常都是正方形的，一般建议使用 400 像素 × 400 像素以上尺寸，最常用的尺寸是 800 像素 × 800 像素。直通车推广图不建议使用边框。

8.2.3　制作直通车推广图

在直通车中添加推广图时，可以在 5 张商品图片中选择一张作为直通车推广图。若这 5 张图片都不符合直通车推广图的制作要求，则可以重新设计并上传一张图片作为直通车推广图。

图 8-26 所示图片即为重新设计的某款旅行箱的直通车推广图，点击进入该宝贝详情页后，可以看到该商品展示的 5 张图片都与直通车推广图不同，如图 8-27 所示。

图8-26　旅行箱直通车推广图

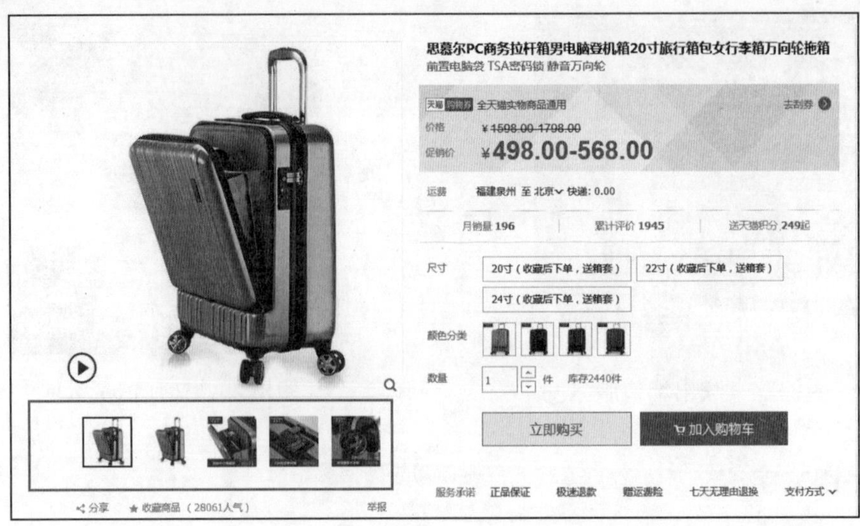

图8-27 旅行箱宝贝详情页

8.3 钻石展位推广图设计

钻石展位是淘宝推出的另一种付费广告，主要依靠图片创意吸引买家点击，获得客户流量。设计出一张好的钻石展位推广图非常重要。本节将详细讲解钻石展位推广图的设计技巧。

8.3.1 认识钻石展位

钻石展位简称“钻展”。卖家需要出资购买钻石展位，才能放置活动推广图。钻石展位是按照展示次数收费的，即广告所在的页面展示在用户面前一次就计费一次。钻展更偏向于人群，属于大范围投放广告；直通车定向推广更偏向于兴趣点，依据购物意图选择投放对象。

钻展为卖家提供了很多优质展位。根据其展示位置的不同，钻石展位可以分为站内展示位和站外展示位。

站内展示位主要包括天猫首页（如图 8-28 所示）、淘宝首页（如图 8-29 所示）以及各频道页（如图 8-30 所示）、淘宝无线端首页（如图 8-31 所示）等。例如，淘宝首页焦点钻展图位于淘宝首页的上方，该位置的 2 ~ 4 张轮播图为钻展展示位，是进入淘宝首页后的视觉中心。淘宝首页焦点钻展图标准尺寸为 520 像素 × 280 像素，由于尺寸较大，能够完全展示商品与文案，因此该展示位的价格最贵。

站外展示位即卖家投放的钻展广告展示在淘宝站外其他网站上，如新浪微博、优酷、今日头条等网站上面，如图 8-32 所示。

图8-28　天猫首页钻展位置

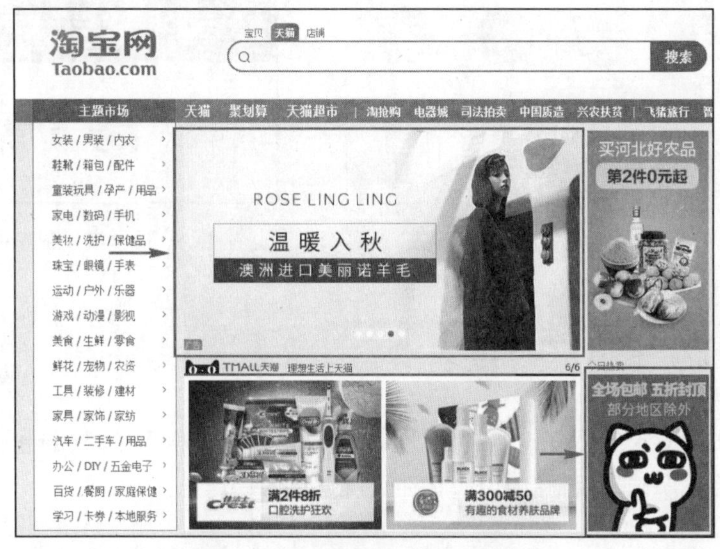

图8-29　PC端淘宝首页钻展位置

图8-30　淘宝频道页钻展位置（箱包频道）

图8-31

图8-32

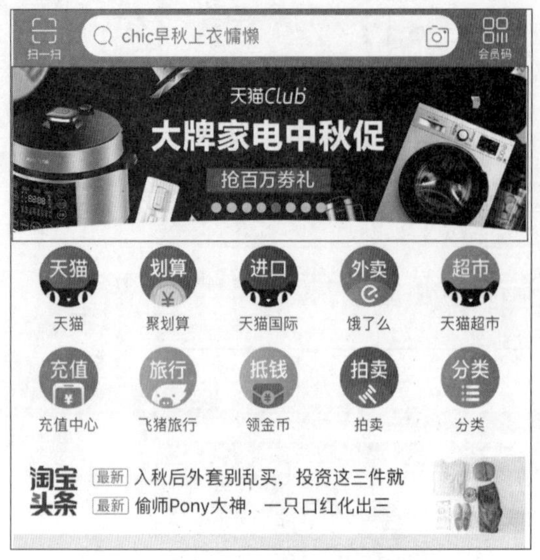

图8-31　淘宝无线端首页钻展位置

图8-32　淘宝站外展示位

8.3.2　钻展推广图的设计要求

钻展推广图虽然形式多变，但设计要求和直通车推广图等图片是相同的，主要要求包括主题突出、目标明确、因地制宜等，下面进行详细讲解。

1. 主题突出

钻展推广图的主题可以是商品本身、创意方案，还可以是买家诉求。突出主题才能吸引更多买家点击，因此钻展推广图的主题一定要突出，这样才能够吸引更多的买家点击浏览，如图 8-33 所示。

图8-33　主题突出

2. 目标明确

直通车推广图主要针对单品引流，目标较单一；而钻展投放的目标有很多种，例如通过钻展上新，通过钻展引流到“聚划算”，通过钻展预热大型活动，以及通过钻展进行品牌形象宣传，等等。所以，在钻展推广图的设计制作中，首先要明确自己的营销目标，针对目标进行素材的选择和设计，这样才能保证点击率和转化率，如图 8-34 所示。

图8-34　目标明确

3. 因地制宜

钻展的位置决定了图片尺寸的大小，不同钻展位置所针对的人群不同，其消费特征和兴趣点也不同。制作钻展推广图时，要根据位置、尺寸等信息调整文案，并采取合适的表达方式展示商品特点。图 8-35 为 PC 端、无线端以及微博首页的钻展推广图。

(a) PC端钻展推广图

(b) 无线端钻展推广图

(c) 微博首页钻展推广图

图8-35　不同位置的钻展推广图

8.3.3 制作钻展推广图

钻展推广图的目的是为了在有限的空间中更多地展示商品特色，吸引买家点击。特别是在同类产品相较量时，钻展图的美感就成为决胜的关键。下面使用淘宝首页焦点钻展推广图对大魔树女装店铺的女士短袖衫进行推广。该钻展推广图按照其标准尺寸 520 像素 × 280 像素进行设计，使用粉色背景来吸引女性消费者，并使用噱头文字吸引消费者点击。图 8-36 所示为设计后的钻展推广图。

图 8-36　钻展推广图

具体操作步骤如下。

Step1. 新建一个宽度为 520 像素、高度为 280 像素、分辨率为 72 像素 / 英寸、背景内容为白色的文件，并命名为“钻展图”，如图 8-37 所示。

新建
名称(N): 钻展图
预设(P): 自定
大小(I):
宽度(W): 520 像素
高度(H): 280 像素
分辨率(R): 72 像素/英寸
颜色模式(M): RGB 颜色 8 位
背景内容(C): 白色
高级
确定
取消
存储预设(S)...
删除预设(D)...
图像大小:
426.6K

图 8-37　新建文件

Step2. 置入素材图片“钻展图 .jpg”，如图 8-38 所示。

图8-38　置入素材图片

Step3. 依次置入如图 8-39 所示的素材图片“sale.png”“衣服模特 .png”，调整其大小和位置，如图 8-40 所示。

图8-39　选择素材图片

图8-40　置入素材图片

Step4. 选择横排文字工具T，输入“特惠专区”等相关文本，字体为张海山锐线体简，如图 8-41 所示。

图8-41　输入相关文本

Step5. 选择矩形工具，绘制一个大小为 233 像素 × 22 像素、填充为红色（R:219，G:135，B:133）、描边为“无”的矩形。按 Ctrl+J 组合键复制该图层，将其向下移动，如图 8-42 所示。

Step6. 输入剩余文本，中文字体为张海山锐线体简、英文字体为宋体，如图 8-43 所示。最后选中所有文本图层以及矩形图层，单击属性栏上方的水平居中对齐按钮，对选中图层进行居中对齐操作。至此，钻展推广图制作完成，效果如图 8-36 所示。

图8-42　绘制并复制矩形

图8-43　输入剩余文本

8.4　店铺二维码的制作

二维码是店铺宣传推广的重要方式之一，可以使买家更加方便快捷地进入店铺和查看商品。淘宝店铺可以放置店铺的二维码，让买家通过扫描二维码的方式关注店铺，提升店铺的人气；还可以在宣传册中放入二维码，以促动买家二次购买。本节对店铺二维码的应用以及创建方式进行介绍。

8.4.1 店铺二维码的应用

淘宝为卖家提供了二维码在线生成工具，可以将卖家的店铺或商品的手机浏览链接转化成二维码，卖家可以将这些二维码印制在包装上、优惠券中或放入导航条，以吸引消费者二次购买。图 8-44 为店铺二维码在快递包裹上的应用。

图8-44　二维码的应用

合理地利用店铺二维码可以为卖家带来意想不到的订单回报。而现实生活中的店铺二维码有哪些作用呢？下面对这些作用分别进行介绍。

- **帮助促销**。淘宝卖家可以将二维码印制在商品宣传品上，如优惠券、宣传册，将这些东西放置在包裹中，吸引买家通过二维码进入店铺，二次购买商品。
- **快速收藏店铺**。卖家还可以在手机店铺和宝贝详情页中贴出二维码，让买家可以使用手机快速收藏店铺，方便买家随时随地光顾店铺。
- **促进活动宣传**。淘宝买家通过手机上的二维码识别软件扫描卖家的淘宝二维码，可以直接找到卖家的促销活动、店铺首页和宝贝单品等信息，省去搜索或输入网址的麻烦。
- **促进买家二次购买**。卖家还可以在自己的商品上放置相应的二维码，方便有需求的买家再次购买。

8.4.2 店铺二维码的创建

在淘宝店铺中应用二维码之前需要先创建二维码，二维码可在卖家中心后台进行设置。本案例将使用手机淘宝店铺中的“码上淘”创建店铺二维码，具体操作如下。

Step1. 在首页中登录商家账号，进入卖家中心页面，在“店铺管理”中单击“手机淘宝店铺”链接，进入“手机淘宝店铺”页面，在右侧页面中单击“码上淘”中的“进入后台”链接，如图 8-45 所示。

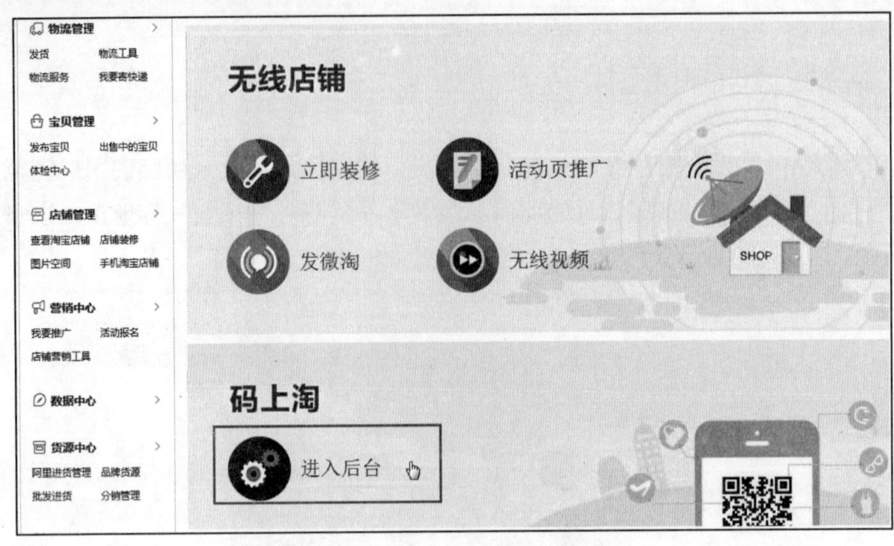

图8-45　“手机淘宝店铺”页面

Step2. 进入“码上淘”后台，此时左侧的“创建二维码”栏中显示了 3 种创建二维码的方式：“通过工具创建”“通过链接创建”和“通过宝贝创建”，如图 8-46 所示。

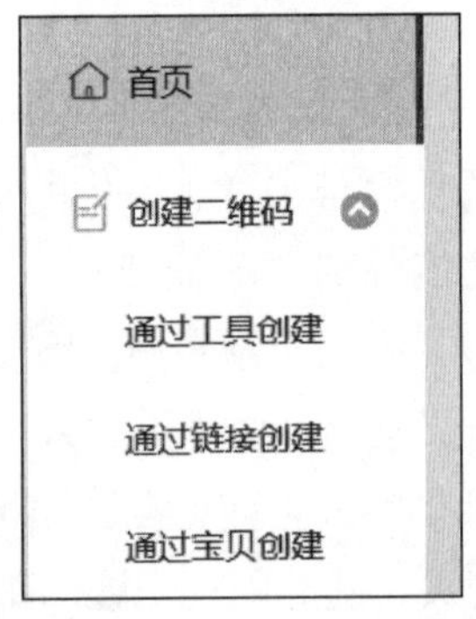

图8-46　“码上淘”后台“创建二维码”栏

Step3. 这里单击“通过链接创建”选项，此时右侧将打开“通过链接创建二维码”页面。复制需要制作二维码页面的链接，本案例使用的是店铺首页链接，将链接粘贴至“二维码页面链接”文本框中，并单击“下一步”按钮，如图 8-47 所示。

图8-47　通过链接创建二维码

Step4. 进入“关联推广渠道”页面，给该二维码命名，并填写在“二维码名称”文本框中。在“渠道标签”栏中，选择标签的显示方式，这里选择“宣传彩页”。单击“下一步”按钮，如图 8-48 所示。

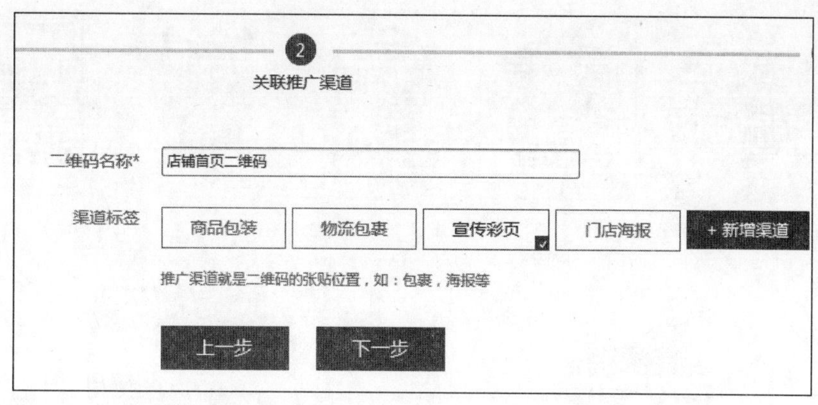

图8-48　关联推广渠道设置

Step5. 进入“创建成功”页面，该页面显示了普通二维码和视觉码两种类型，这里选择普通二维码。然后拖动滑块调整二维码尺寸，完成后单击“美化”按钮，如图 8-49 所示。

图8-49　选择二维码类型

Step6. 进入“美化二维码”页面，在“官方模板码”选项卡中选择喜欢的二维码样式，完成后单击“下载二维码”按钮，对该二维码进行下载，如图 8-50 所示。需要使用时打开下载后的二维码即可。

图8-50 美化并下载二维码

多学一招

■ 使用店铺Logo制作二维码

二维码还可以使用店铺Logo进行制作，只需要在“美化二维码”页面中单击“上传品牌Logo”按钮，在打开的页面中选择制作二维码需要使用的店铺Logo，单击“打开”按钮，即可创建带有店铺Logo的二维码。

8.5 淘宝视频的制作

在淘宝的宝贝详情页或宝贝主图中可以使用视频的方式向买家展示商品的使用体验、穿着效果等。通过视频展示商品的方式比图片更直接，能够让买家直观、迅速地了解商品的效果、信息和使用方法。本节将对淘宝视频的制作方法进行具体讲解。

8.5.1 淘宝视频的拍摄

拍摄视频与拍摄商品图片一样，通常使用数码单反相机完成，既方便又实用，是视频拍摄的首选方法。拍摄时，首先要了解商品的拍摄流程及拍摄原则，以便为后期视频制作做准备。

1. 淘宝视频的拍摄流程

拍摄视频需要遵循一定的流程，才能使拍摄的视频更加完整。拍摄流程主要有 4 步，具体介绍如下。

- **了解商品特点。**拍摄视频前一定要对商品有充分的了解，包括商品的特点和使用方法，这样才能对商品拍摄时所用到的模特、背景、搭配等进行合理选择。在拍摄时，需要对商品的特色及细节进行重点展示，以帮助买家了解商品，打消其顾虑，促进购买。
- **选择道具场景。**视频拍摄的道具有很多，需要根据商品特色及推广需要进行选择。例如，某款产品需要录制解说，就要选择录音设备；又如，商品需要进行室内拍摄，就要选择灯光。
- **拍摄视频。**一切准备就绪后，即可进行视频的拍摄。拍摄中应该注意景别和角度。景别是指摄像机与被拍摄对象的距离远近，一般分为远景、全景、中景、近景和特写，图 8-51 即中景和特写效果。角度分为平视角度、仰视角度和俯视角度。平视角度是指在同一水平线上拍摄，仰视角度是指以仰视的角度拍摄，俯视角度则是指以俯视的角度拍摄。图 8-52 为平视角度和俯视角度拍摄的效果。

图8-51　中景和特写效果

(a) 平视角度

(b) 俯视角度

图8-52　平视角度和俯视角度拍摄效果

- **后期制作**。拍摄完视频后，还需要将视频多余的部分删除，然后对多个场景进行组合，或进行添加字幕、音频和场景切换效果等操作。这些操作需要借助视频制作软件完成。常用的视频编辑软件有很多，本节以淘宝官方提供的视频编辑工具——淘拍为例进行讲解。

2. 淘宝视频拍摄原则

淘宝中的视频是不可或缺的，它不仅可以让商品变得更真实，还能对商品的效果和细节进行展示。在淘宝网中，常见的视频应用位置包括主图视频和详情页视频两种。因为模块不同，对应的视频长度和建议长宽也不相同，下面分别对这两种视频进行介绍。

- **主图视频**。主要应用在商品主图的位置，用于展示商品的特点和卖点。在制作视频时，无线端主图视频时长为 60s 以内，PC 端为 9s 以内，视频可以为 1:1、16:9、3:4 三个比例。现在主推为 3:4，因为这个比例的视频更符合用户浏览习惯。
- **详情页视频**。主要应用在商品描述中，常用于对商品的使用方法或效果进行展示。在制作视频时，其视频长度不能超过 10min，一般建议保持在 1min 以内，并且视频分辨率一般为 1920 像素 × 720 像素。

8.5.2 使用淘拍制作视频

淘拍是淘宝官方提供的免费的视频制作插件，支持 PC 端和无线端。PC 端可对已拍摄完的视频进行剪辑及发布，而无线端既支持视频拍摄也支持视频剪辑。本节以 PC 端主图视频的剪辑与发布为例进行讲解。

Step1. 在浏览器中输入淘拍网址 https://taopai.taobao.com，登录商家账户，进入淘拍首页。单击“创建视频”按钮，如图 8-53 所示。

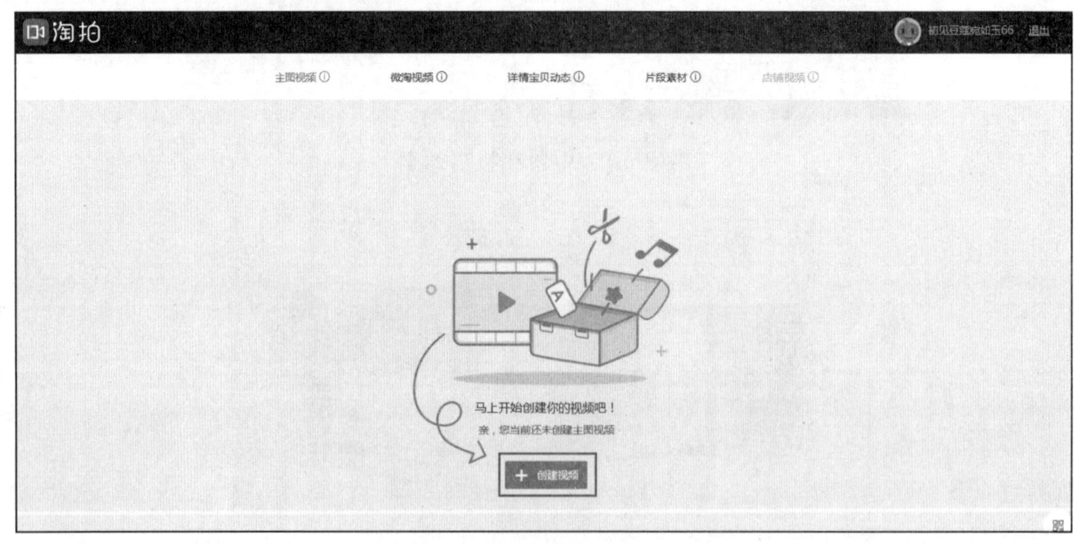

图 8-53　淘拍首页

Step2. 设置新建视频信息。填写视频名称，选择视频的类目以及视频比例，单击“创建视频”按钮，如图 8-54 所示。

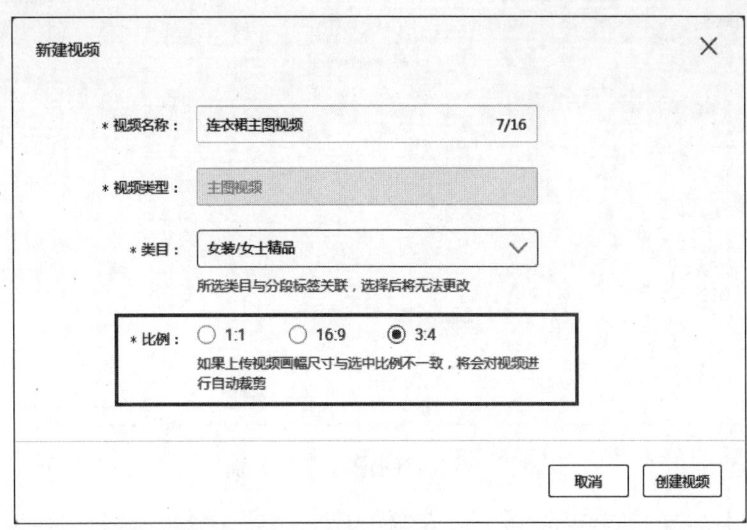

图8-54 设置新建视频信息

Step3. 在淘拍主页中单击“新增片段”,进入“新增片段”页面,单击页面右上角的“上传视频”按钮，如图 8-55 和图 8-56 所示。

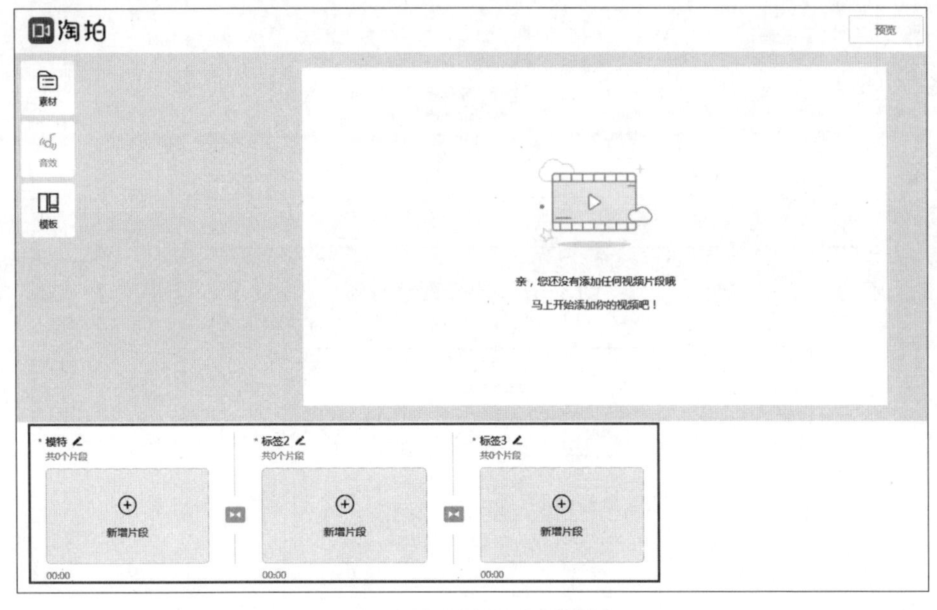

图8-55 单击“新增片段”

Step4. 在“素材标签”下拉列表中选择素材标签,以便保存或查找视频。单击“上传”按钮，如图 8-57 所示。

Step5. 单击“模特”右侧的编辑按钮 ，设置该视频片段的标签，如图 8-58 所示。

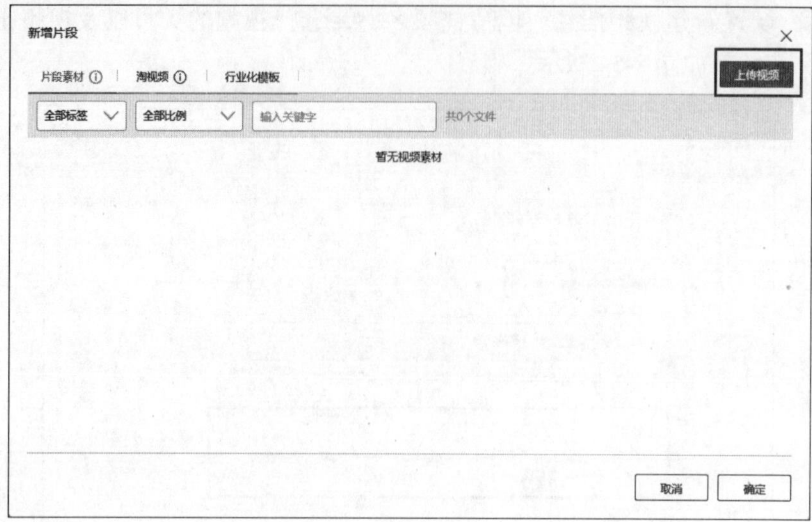

图 8-56 “新增片段”页面

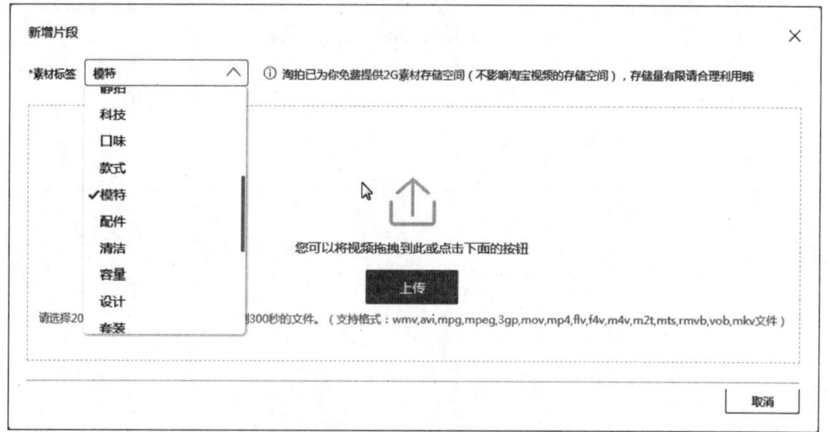

图 8-57 选择素材标签

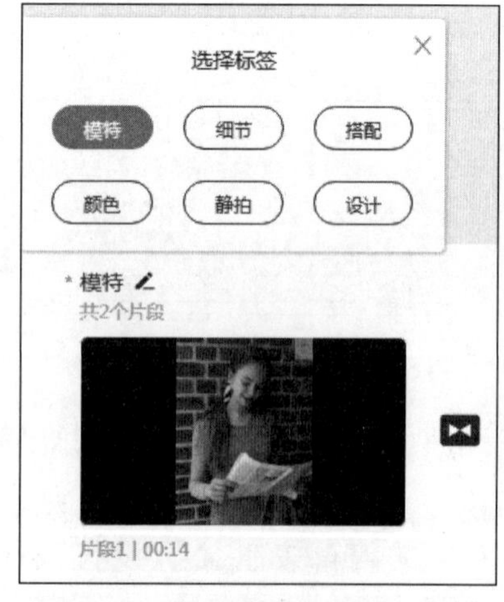

图 8-58 设置视频片段标签

Step6. 在本地文件中选择已经拍摄完成的视频，上传完成后，对单个视频片段进行编辑，单击下方缩览图中的“剪辑”图标，如图 8-59 所示。

图8-59　剪辑视频

Step7. 拖动视频下方的进度条，可以选择视频区间。选取想要保留的视频区间，单击右上角的“完成”按钮，如图 8-60 所示。

图8-60　选取视频区间

Step8. 单击视频缩览图下方的“字幕”图标，如图 8-61 所示。进入“编辑字幕”页面，选择合适的字幕效果，如图 8-62 所示，单击“确认”按钮。

Step9. 在页面右侧编辑字幕内容及字幕样式。拖动页面下方的时间轴，选择字幕出现的时间，如图 8-63 所示，单击右上角的“完成”按钮。

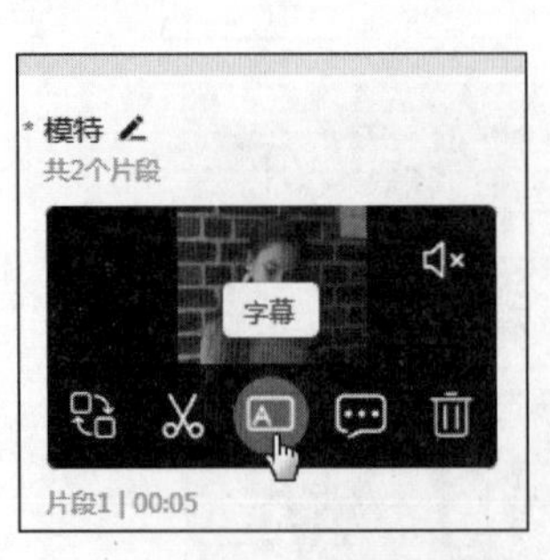

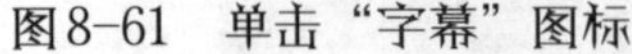
图8-61　单击“字幕”图标

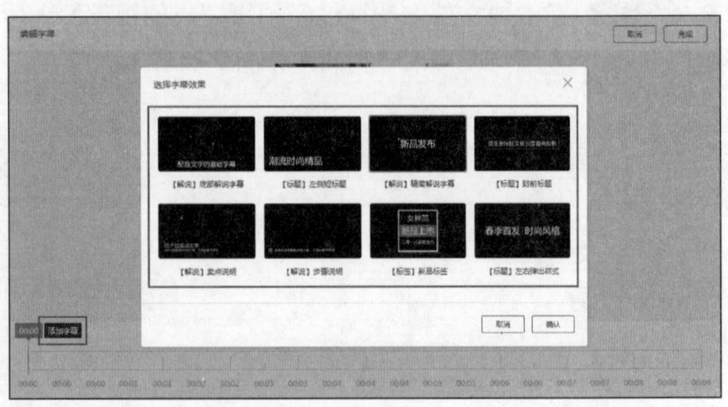

图8-62　选择字幕样式

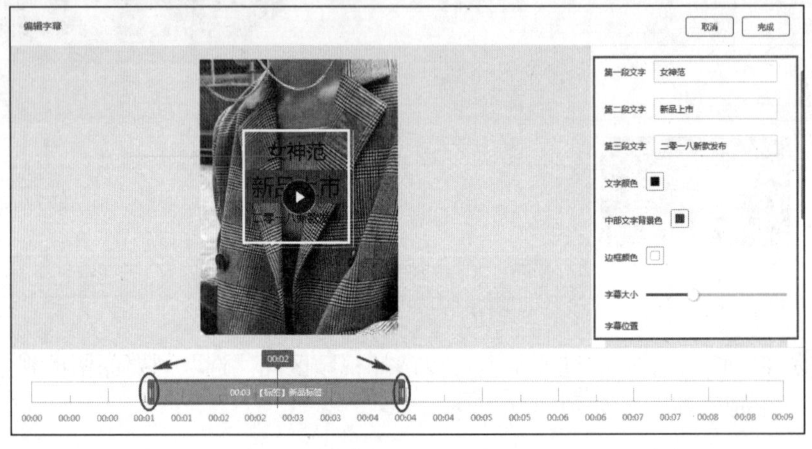

图8-63　编辑字幕

Step10. 以同样的方式上传并编辑第二段视频，第二段视频为细节展示。然后单击细节片段左侧的转场动效按钮，为两个视频片段的中间设置转场动效，如图8-64所示。

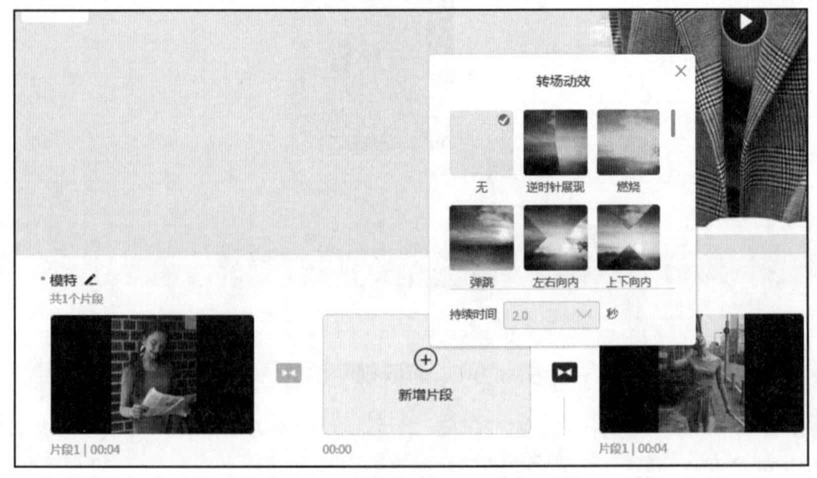

图8-64　设置转场动效

Step11. 添加背景音乐。选择左侧导航栏中的“音效”选项，单击“添加音乐”按钮选择合适的音乐，也可以单击“本地上传”按钮选择本地音乐文件进行上传，单击“确认”按钮，如图 8-65 所示。

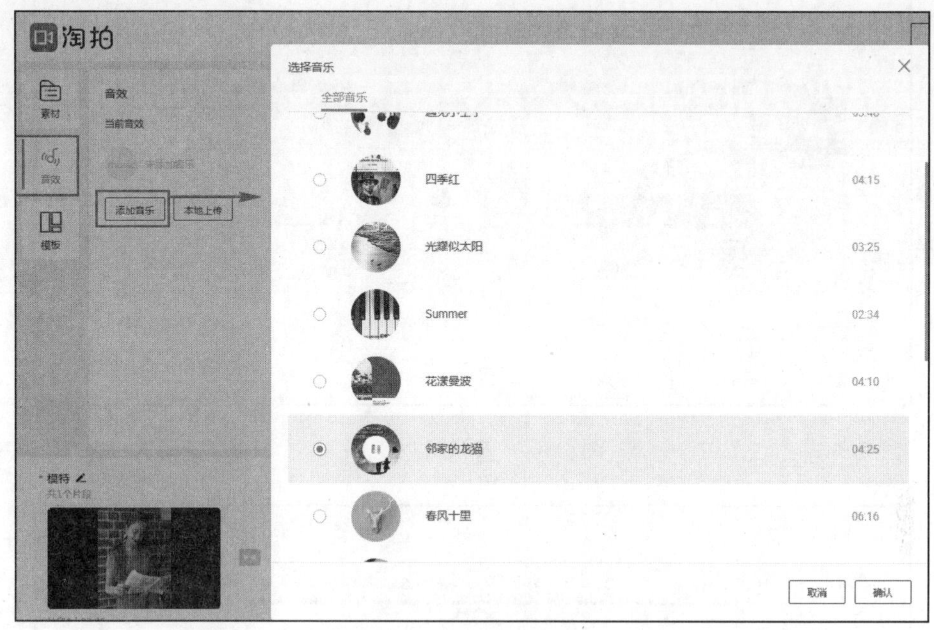

图8-65　添加背景音乐

Step12. 单击页面右上角“预览”按钮，即可对已编辑的视频片段进行预览，如图 8-66 所示。

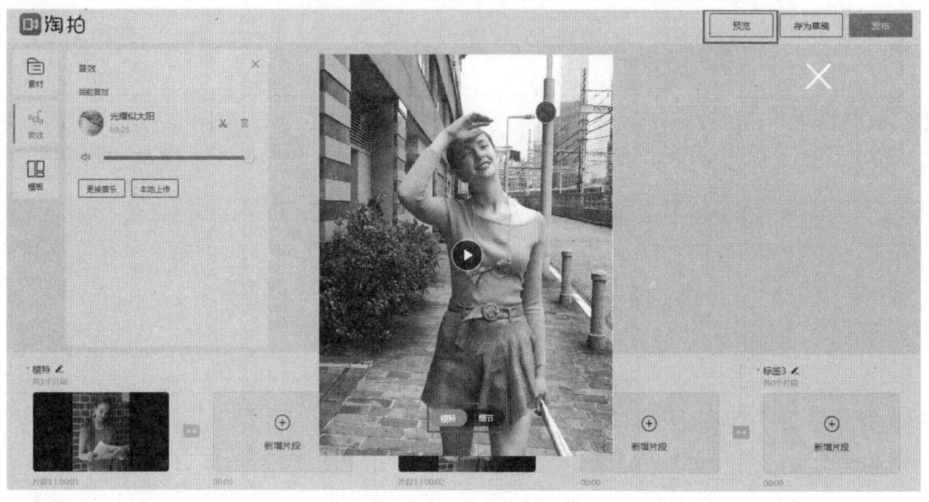

图8-66　预览视频

Step13. 单击页面右上角的“发布”按钮，选择该视频对应的商品，关联视频至宝贝主图，单击“确定发布”按钮，如图 8-67 所示。

Step14. 关联成功后，视频审核通过，即可直接展示在宝贝详情页的主图位置。视频审核约需要 15min。视频发布成功时的提示如图 8-68 所示。

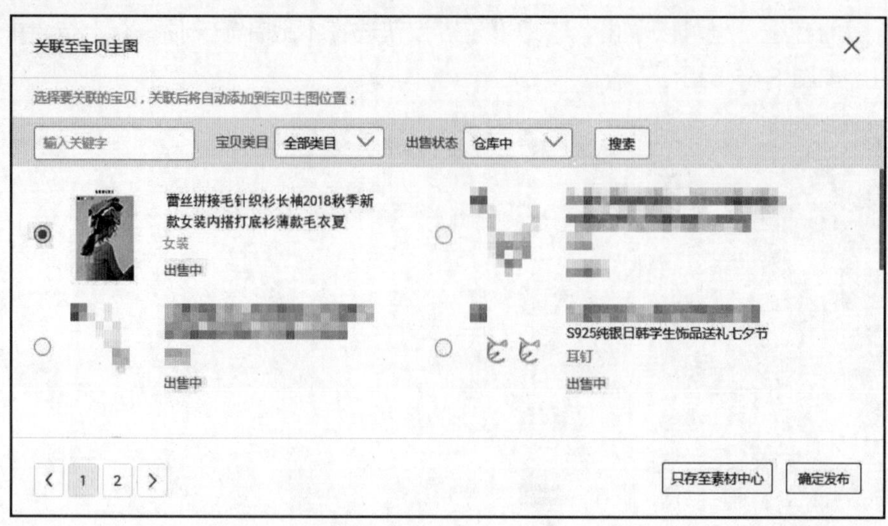

图8-67　关联宝贝主图

图8-68　视频发布成功提示

8.6　本章小结

本章主要介绍了高点击率的宝贝主图制作、直通车推广图设计、钻石展位推广图设计、店铺二维码的制作、淘宝视频的制作等知识。

通过本章内容的学习，读者应该掌握宝贝主图、直通车推广图、钻石展位推广图的设计及制作方法，并能熟练创建店铺二维码，使用淘拍制作视频。

本章素材

第9章
店铺装修及上传方法

学习目标

知识目标	• 了解店铺装修工具——旺铺。 • 熟悉PC端与无线端装修基础设置。
技能目标	• 掌握PC端店铺装修的流程及操作方法。 • 掌握无线端店铺装修的流程及操作方法。

店铺装修是为了打造网店的“门面”，如果在店铺装修上落后于其他店铺，则很难吸引更多的买家浏览店铺，影响销量，所以店铺装修也是店铺运营中的重要一环。前面已经将店铺装修需要的所有素材制作完成，那么该如何将这些素材上传至店铺中并完成整个店铺的装修呢？本章将从PC端店铺装修和无线端店铺装修两个方面对淘宝店铺装修的相关知识进行讲解。

9.1 认识店铺装修工具——旺铺

淘宝旺铺是淘宝官方推出的一项增值服务，它既可以使店铺界面更加个性化，也可以帮助卖家更好地经营店铺。为了满足不同卖家店铺装修的需求，淘宝旺铺为卖家提供了3种版本的装修模板，分别为基础版、专业版及智能版。不同版本具有不同的功能和特点，具体介绍如下。

1. 基础版

店铺刚创建时，店铺装修后台的默认模板为基础版，可以免费使用，当然基础版的店铺装修效果也比较简单。接下来进入基础版界面。首先登录淘宝卖家账号，进入卖家中心，如图9-1所示。

图9-1　卖家中心

单击左侧导航栏“店铺管理”中的“店铺装修”，即可进入淘宝旺铺店铺装修后台。在店铺装修后台页面选中“PC端”并单击“首页”右侧的“装修页面”按钮，如图9-2

所示。

进入装修后台，便可以在左侧工具栏看到“基础版”这3个字，如图9-3所示。

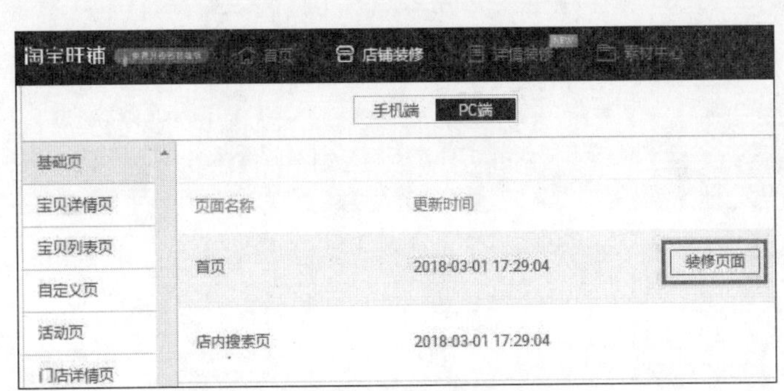

图9-2　淘宝旺铺店铺装修后台　　　图9-3　店铺装修工具栏

工具栏右侧即为基础版装修界面。基础版装修布局多为两栏结构，如图9-4所示，也就是190像素和750像素两栏布局。在190像素和750像素之间有一条分隔线，把整个画面一分为二。因为基础版无法设置背景色，所以两边一般都是白色。

2. 专业版

卖家使用旺铺专业版需要付费。但是，对于新店来说，只要店铺信誉没有超过一个钻，就可以免费使用旺铺专业版；店铺信誉在一钻以上的店铺，需要每个月支付一定的费用。新店如果要升级到专业版，只需进入店铺装修后台，并将鼠标放置在“基础版”上，单击弹出的“免费升级专业版”按钮即可，如图9-5所示。

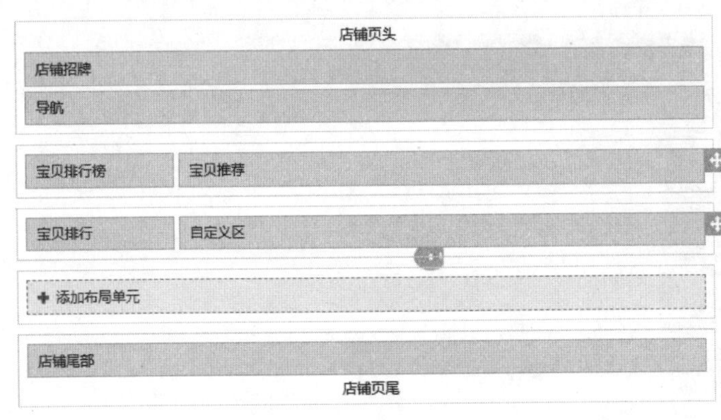

图9-4　旺铺基础版布局　　　图9-5　免费升级到专业版

旺铺专业版布局多为通栏结构，拥有图片轮播和背景图，能够实现全屏效果，如图9-6所示。旺铺专业版还可以更换自己的店招图片以及950像素的广告轮播图。

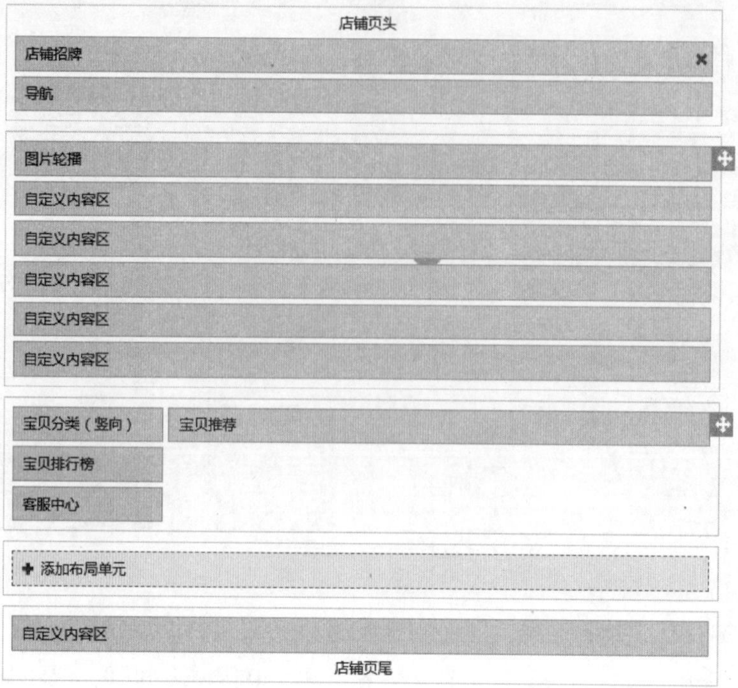

店铺页头
店铺招牌
导航
图片轮播
自定义内容区
自定义内容区
自定义内容区
自定义内容区
自定义内容区
宝贝分类（竖向）
宝贝推荐
宝贝排行榜
客服中心
添加布局单元
自定义内容区
店铺页尾

图9-6　旺铺专业版布局

3. 智能版

旺铺智能版于 2016 年 6 月上线，它是在旺铺专业版基础上的升级版，提供了丰富的无线装修功能和营销玩法，能为店铺提供更优质的用户体验，拉近买卖关系。同专业版一样，一钻以下的店铺可以免费使用智能版，一钻以上的店铺每个月同样需要支付一定的费用，专业版的商家补齐差价后可升级为智能版。新店若要升级为智能版，只需进入店铺装修后台，单击店铺装修页面标题栏中的“升级到智能版”即可，如图 9-7 所示。

淘宝旺铺
基础版
升级到智能版
模块
配色
页头
页面
CSS
选择所需模块，并拖动至相应位置
所有
190
750
智能版
1920
950
基础模块
宝贝推荐
宝贝排行
默认分类
个性分类
自定义区
图片轮播
友情链接
客服中心
生意参谋

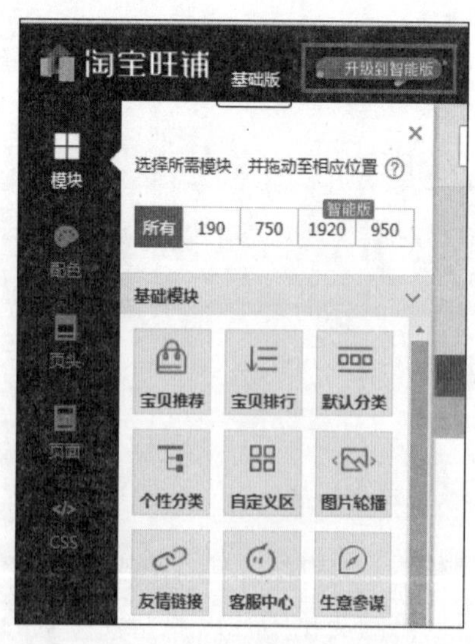

图9-7　在店铺装修后台升级到智能版

9.2 PC端店铺装修

淘宝网分为PC端和无线端，同样一个店铺对应两个展示端口，即PC端店铺和无线端店铺。本节主要介绍PC端店铺装修的相关知识。PC端店铺装修主要是对店铺首页的不同模块进行装修，本节主要在店招、导航区、图片轮播模块、页尾设计等方面对PC端店铺装修进行讲解。

9.2.1 店招模块装修

装修和上传店招是店铺装修中的基础操作，常见的店招装修方式有默认方式和自定义方式。采用不同的店招装修方式，店招上传方式也不相同。下面针对默认方式和自定义方式的店招上传进行详细讲解。

1. 上传常规店招

默认情况下，店招的尺寸为950像素×120像素，超出该尺寸的店招部分将无法显示。上传常规店招的具体操作如下。

Step1. 将常规店招上传至图片空间，将鼠标指针移动至该图片上，在显示的几个按钮中，单击复制代码按钮，即可复制该图片的代码，如图9-8所示。

图9-8 复制店招代码

Step2. 打开Dreamweaver软件，单击HTML选项，即可创建一个空白文档，如图9-9所示。

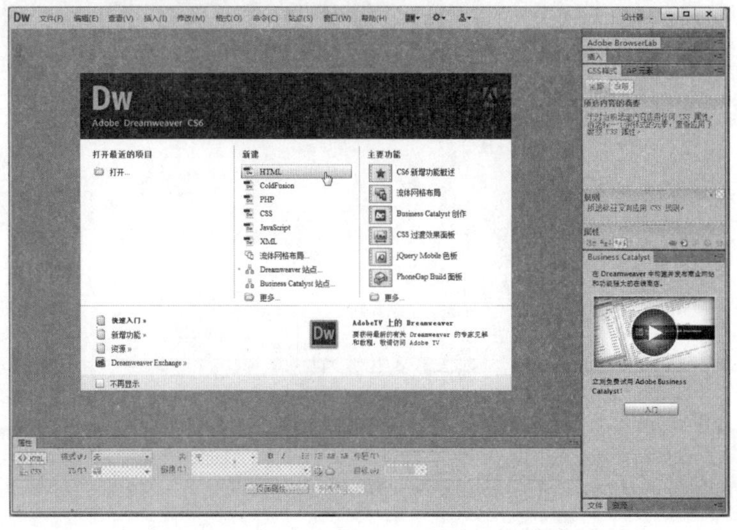

图9-9 新建Dreamweaver文档

Step3. 单击“拆分”标签，切换至“拆分”窗口，按Ctrl+A组合键选择左侧窗口的原有代码，按Delete键删除这些代码，如图9-10所示。

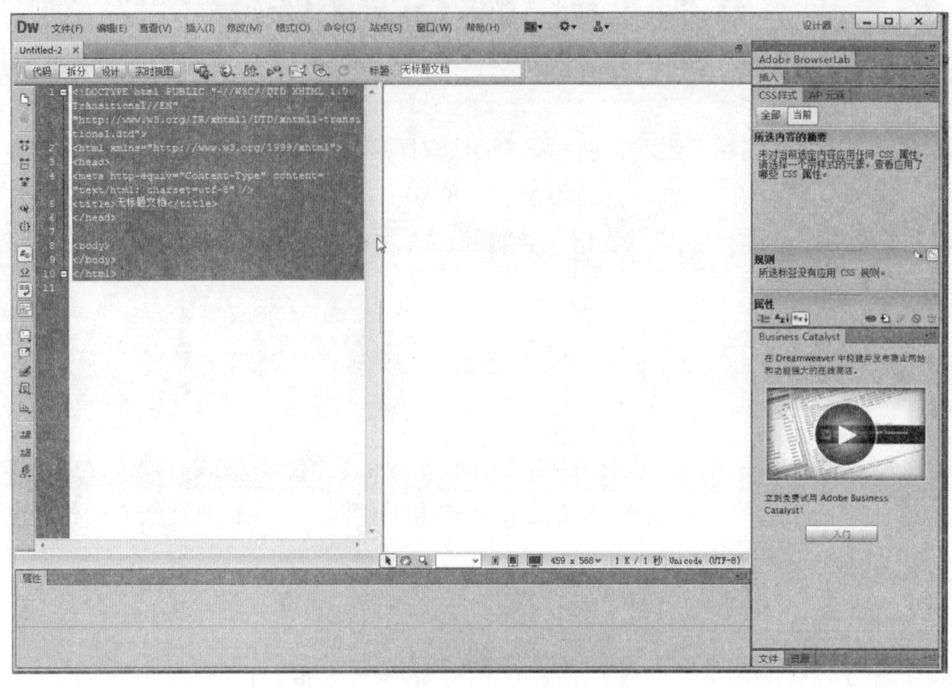

图9-10　删除原有代码

Step4. 按Ctrl+V组合键将图片代码粘贴到左侧的窗口中，此时右侧窗口将出现相对应的店招图片，如图9-11所示。

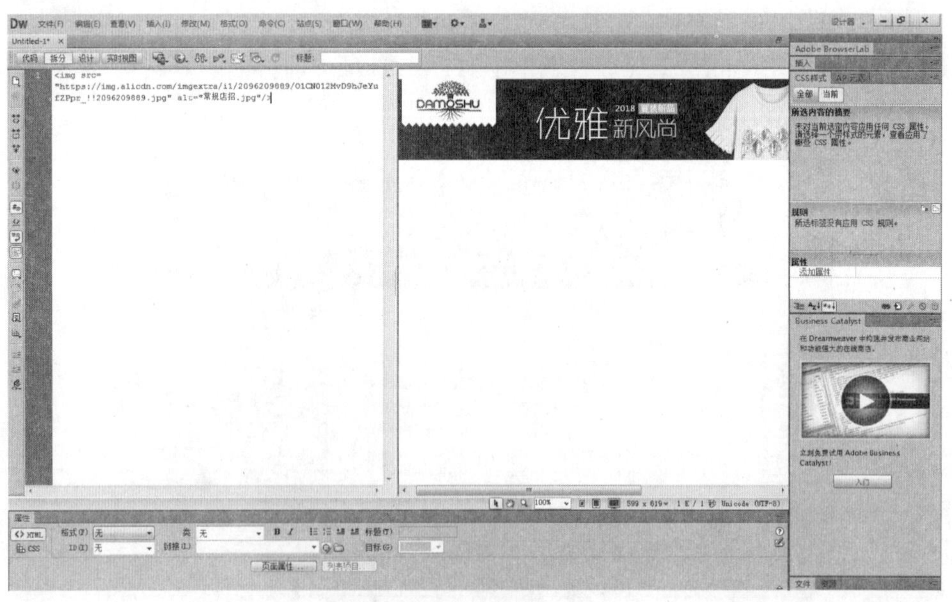

图9-11　粘贴图片代码

Step5. 单击“设计”标签，切换至“设计”窗口，然后单击页面左下角“属性”栏中的热点矩形工具，按住鼠标左键不放，在“收藏”字样图标处绘制一个矩形，释放鼠标，如图 9-12 所示。

图9-12　添加热点

Step6. 在淘宝首页搜索店铺，单击店铺首页右上角的“收藏”按钮，进入收藏页面后，复制该页面链接，如图 9-13 所示。

图9-13　复制店铺收藏页面链接

Step7. 在窗口下方的“属性”栏中，将上一步复制的店铺收藏页面链接粘贴到“链接”文本框中，设置“目标”为“_blank”，如图 9-14 所示。

Step8. 单击“代码”标签，切换至“代码”窗口，按 Ctrl+A 组合键选择窗口中的代码，按 Ctrl+C 组合键复制代码，如图 9-15 所示。

Step9. 进入“卖家中心”页面，单击“店铺管理”→“店铺装修”，进入旺铺店铺装修后台，如图 9-16 所示。

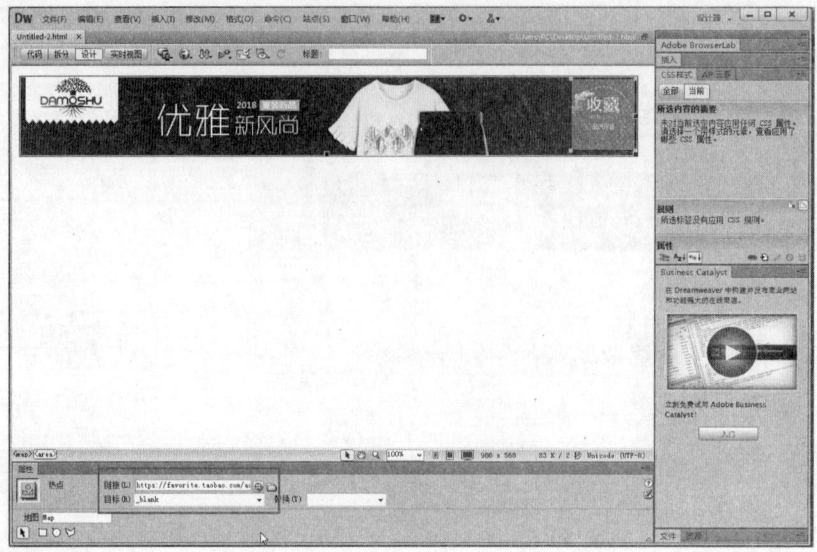

图9-14　添加热点

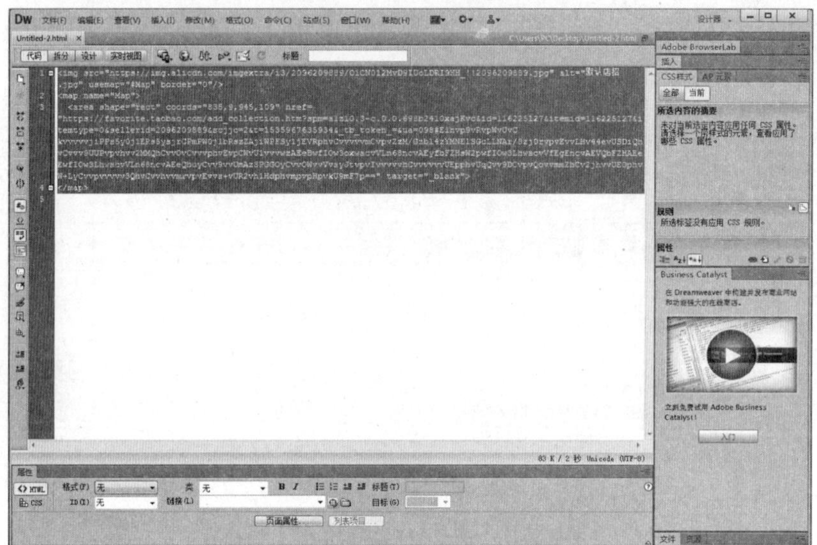

图9-15　复制代码

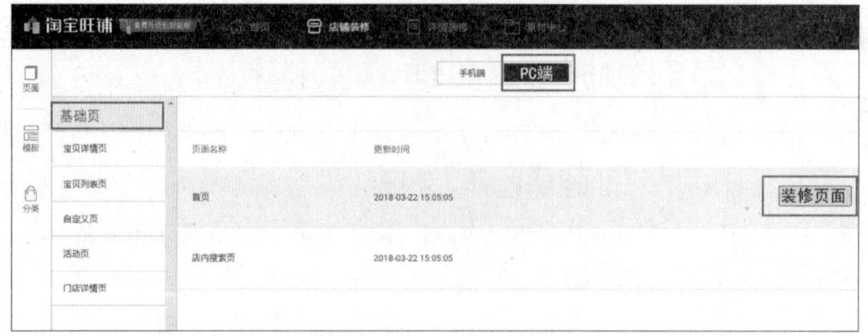

图9-16　店铺装修后台

Step10. 在店铺装修后台中，依次单击“PC 端”和“基础页”，然后单击“首页”右侧的“装修页面”按钮，进入店铺首页装修页面，如图 9-17 所示。

图9-17　店铺首页装修页面

Step11. 单击店招右侧的“编辑”按钮，如图 9-18 所示。

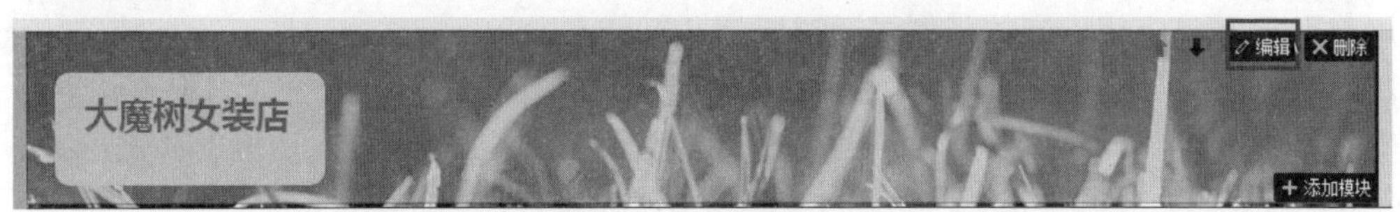

图9-18　编辑店招

Step12. 在打开“店铺招牌”对话框中，单击“自定义内容”编辑区工具栏中的按钮，并将复制的店招代码粘贴至文本框中，然后在“高度”数值框中输入 120，单击“保存”按钮，如图 9-19 所示。

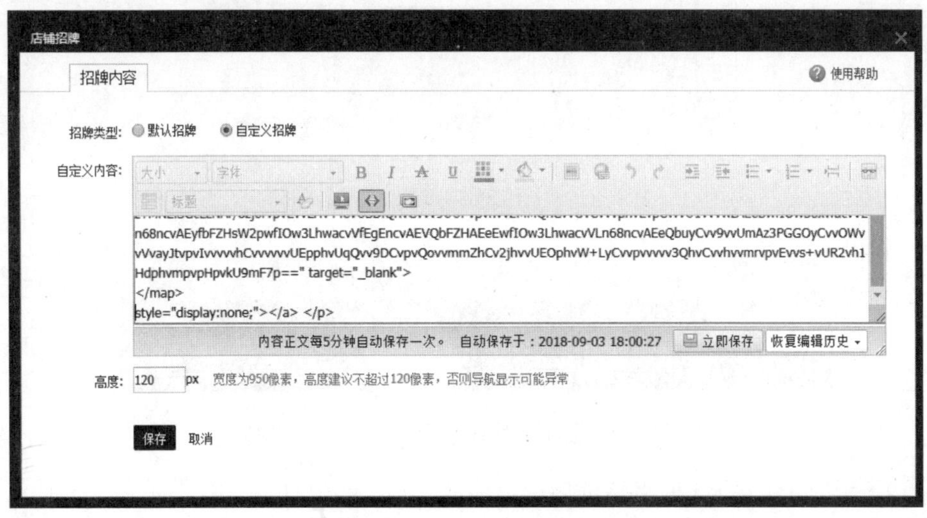

图9-19　粘贴店招代码

Step13. 单击店铺首页装修页面右上角的“预览”按钮，即可查看上传效果，如图 9-20

所示。当单击店招中的“收藏”热点时，即可跳转到店铺收藏页面。

图9-20　店招预览效果

2. 上传自定义通栏店招

一般来说，自定义店招尺寸为 1920 像素 × 120 像素或 1920 像素 × 150 像素，但上传通栏店招时，需要将通栏店招分为两部分上传。在第 6 章的通栏店招设计中，将通栏店招存储为两种格式：第一种为 1920 像素 × 150 像素，第二种为 950 像素 × 120 像素。通栏店招的上传步骤如下。

Step1. 将保存的两个不同尺寸的通栏店招上传至图片空间，如图 9-21 所示。然后使用与上传常规店招相同的步骤将通栏店招 950 像素 × 120 像素的通栏店招基础部分上传至店铺首页的店招部分，如图 9-22 所示。

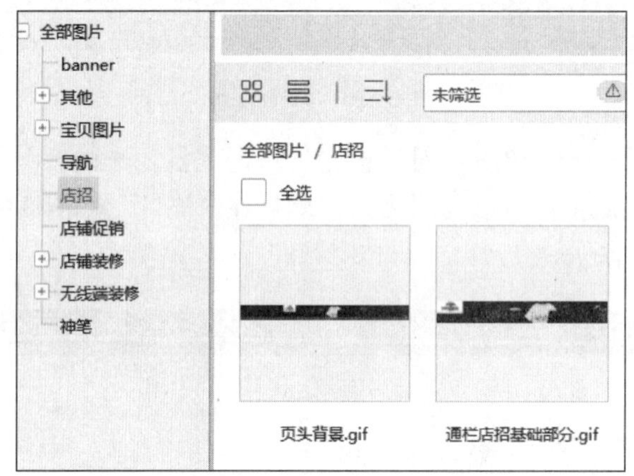

图9-21　上传通栏店招的两个部分

图9-22　通栏店招基础部分上传效果

Step2. 950 像素 × 120 像素的店招上传成功后，选中页面左侧“页头”选项卡，单击“页头背景图”下方“更换图片”按钮，更换店铺背景图片，将 1920 像素 × 150 像素的页头背景上传至该区域，如图 9-23 所示。

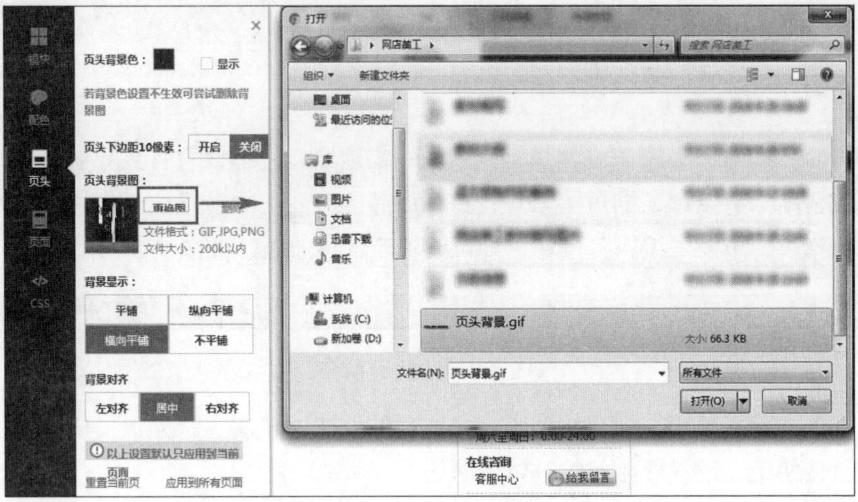

图9-23　上传页头背景

Step3. 图片上传成功后，分别将页头中“背景显示”和“背景对齐”设置为“不平铺”和“居中”，如图9-24所示。

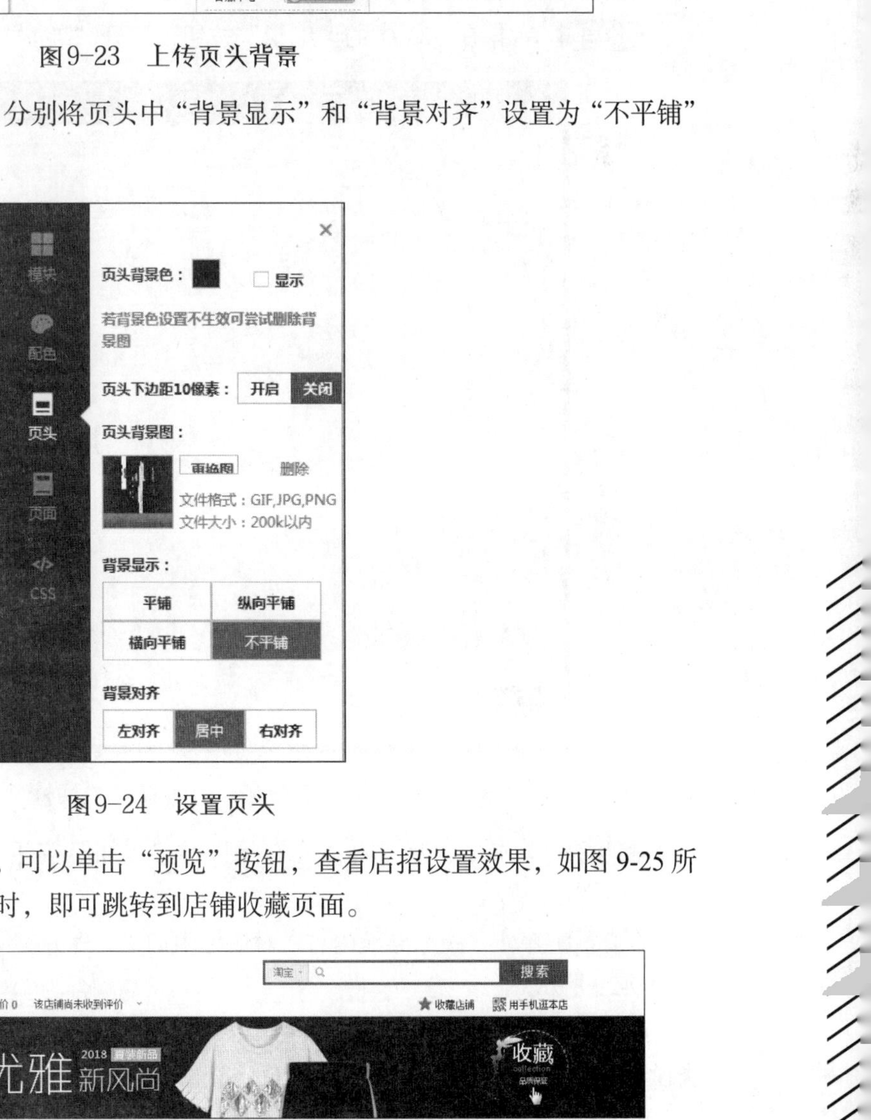

图9-24　设置页头

Step4. 店招设置完成后，可以单击“预览”按钮，查看店招设置效果，如图9-25所示。当单击店招“收藏”热点时，即可跳转到店铺收藏页面。

图9-25　设置后的通栏店招

9.2.2 导航的设置与装修

店铺首页导航对于买家来说就像是网店的一幅地图，合理设置首页导航可以使网店商品分类更加清晰、有条理，缩短买家寻找目标商品的时间。导航条位于店招下方，将鼠标移至导航条模块，单击“编辑”按钮，即可设置店铺导航条，如图 9-26 所示。

图9-26 编辑导航条

设置导航条除了使用前面介绍的自定义通栏的方法外，淘宝官方也提供了一些导航模板供卖家直接使用。设置导航条的具体步骤如下。

Step1. 单击图 9-26 中的“编辑”按钮，打开“导航”对话框，如图 9-27 所示。

图9-27 “导航”对话框

Step2. 单击“导航”对话框右下方的“添加”按钮，进入“添加导航内容”对话框，如图 9-28 所示。

Step3. 单击“添加导航内容”对话框中的“管理分类”按钮，进入“分类管理”页面，如图 9-29 所示。

Step4. 单击“分类管理”页面中的“添加手工分类”按钮，对店铺中的商品进行分类设置，如图 9-30 所示，然后单击右上角的“保存更改”按钮。

Step5. 切换到“添加导航内容”对话框，单击“页面”选项卡，选中需要在导航栏中显示的分类页面，如图 9-31 所示。

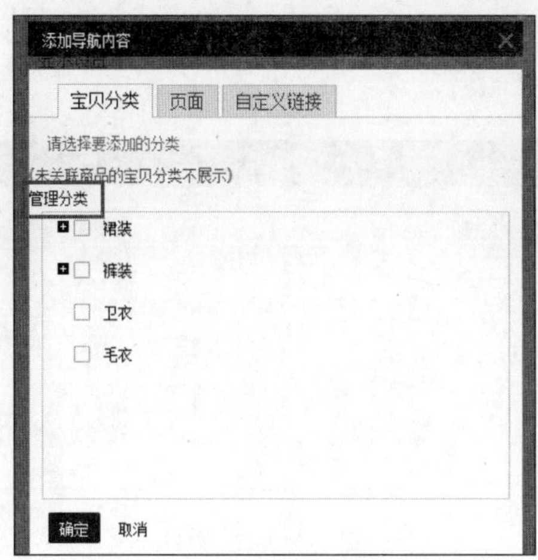

图9-28 “添加导航内容”对话框

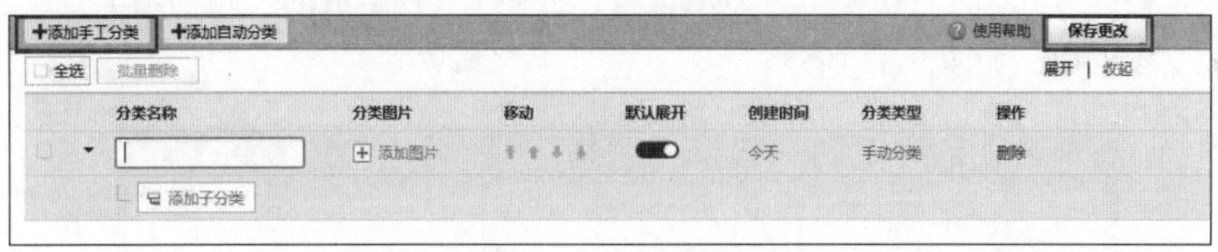

图9-29 “分类管理”页面

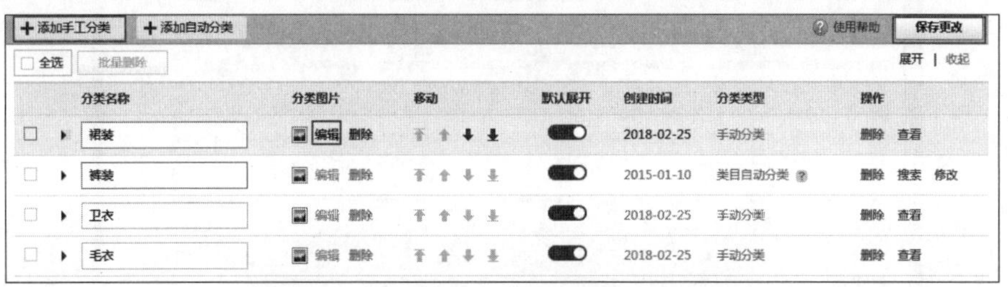

图9-30 对店铺中的商品进行分类设置

图9-31 选中在导航栏中显示的分类页面

Step6. 单击图 9-31 中的“确定”按钮，回到“导航”对话框，如图 9-32 所示。然后单击“显示设置”选项卡标签。

图 9-32　导航设置结果

Step7. 为使导航条背景颜色与店招区统一，需要通过第三方代码生成网站将导航条背景生成代码的方式，然后切换至“显示设置”选项卡，将生成的代码粘贴至“显示设置”选项卡的文本框中，如图 9-33 所示。

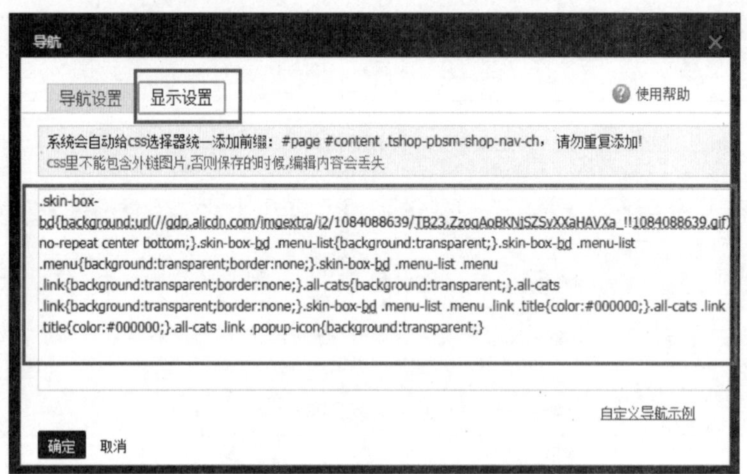

图 9-33　粘贴导航条代码

Step8. 单击“导航”对话框的“确定”按钮完成导航条设置，单击“预览”按钮查看导航条设置效果，在其中可以看到已添加的分类，如图 9-34 所示。

图 9-34　导航条设置效果

> **多学一招**
>
> ■ 添加页面背景
>
> 店招与导航设置完成后，可以将前面制作的页面背景上传到店铺，其方法与页头背景的上传相同。

9.2.3 轮播模块装修

将制作好的横幅广告图片上传到图片空间。上传成功后，需要设置轮播效果。图片轮播模块有常规轮播和全屏轮播两种样式，它们的设置方式也是不同的，具体如下。

1. 设置全屏轮播图片

全屏轮播图片的设置与通栏店招的设置相同，也需要通过代码完成。下面在淘宝店铺装修页面中添加自定义模块，然后通过代码制作全屏轮播效果，其具体操作如下。

Step1. 进入店铺装修页面，在左侧列表中拖曳自定义模块至右侧页面中，如图9-35所示。

图9-35 添加自定义模块

Step2. 登录“码工在线”网站。单击“店铺类型”下方的“淘宝天猫”按钮和“效果分类”下方的“全屏轮播”按钮，选择一个适合的全屏轮播效果，如图9-36所示。

图9-36 选择店铺类型及轮播效果

Step3. 打开“全屏轮播”页面，在“店铺类型选择”右侧选中“【淘宝专业版】”单选按钮。然后，依次将图片空间中的全屏横幅广告图片地址粘贴至“轮播图设置”下的各文本框中，如图 9-37 所示。

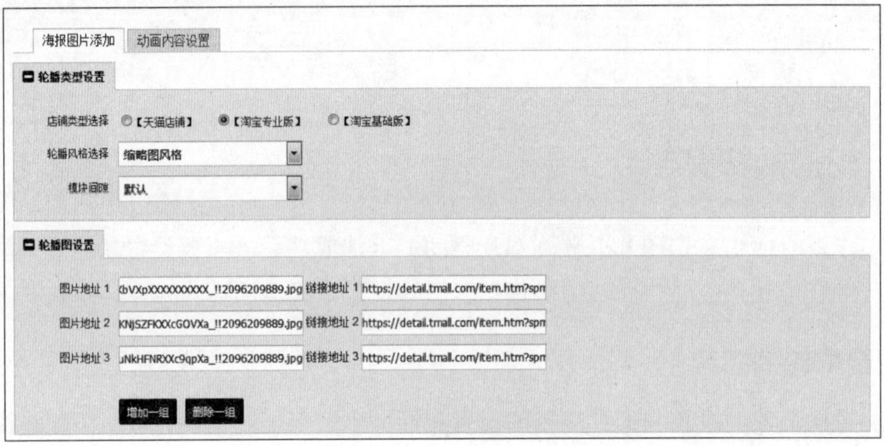

图9-37　设置图片地址

Step4. 切换到“动画内容设置”选项卡，设置轮播图的动画效果，如图 9-38 所示。

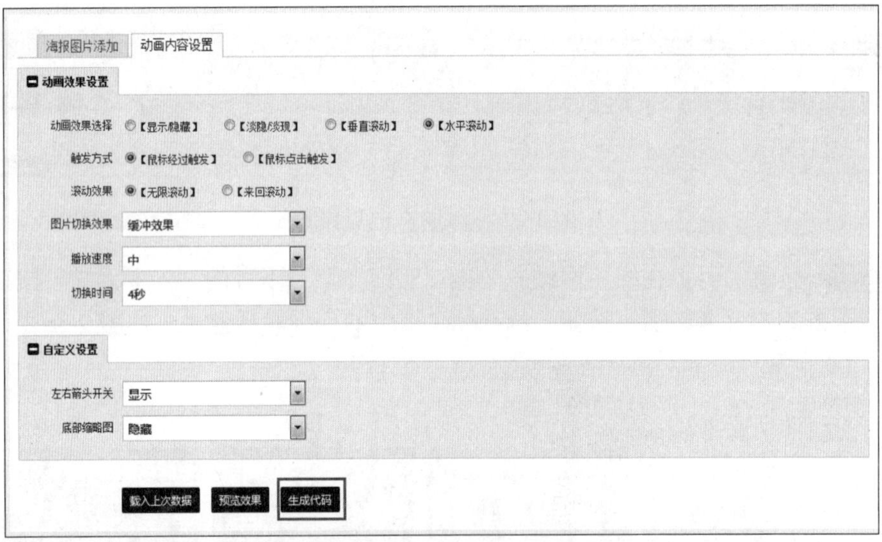

图9-38　设置动画效果

Step5. 设置好轮播图动画效果后，单击图 9-38 中的“生成代码”按钮，在下方的文本框中会自动生成代码，单击“复制内容”按钮复制生成的代码，如图 9-39 所示。

Step6. 返回淘宝店铺装修页面，单击自定义模块右上角的 编辑 按钮，进入“自定义内容区”对话框。选择“显示标题”右侧的“不显示”单选按钮，再单击◇按钮，将复制的代码粘贴至下方文本框中，如图 9-40 所示。

Step7. 单击“确定”按钮，完成自定义轮播图设置。可通过单击店铺装修操作界面右上角的“预览”按钮查看店铺全屏轮播图效果，如图 9-41 所示。

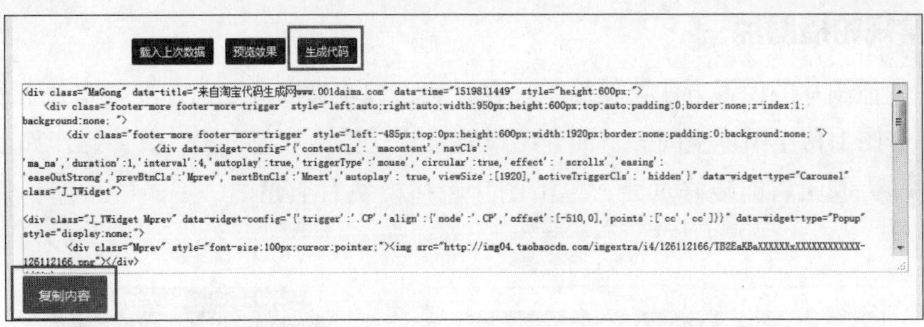

图9-39 复制代码

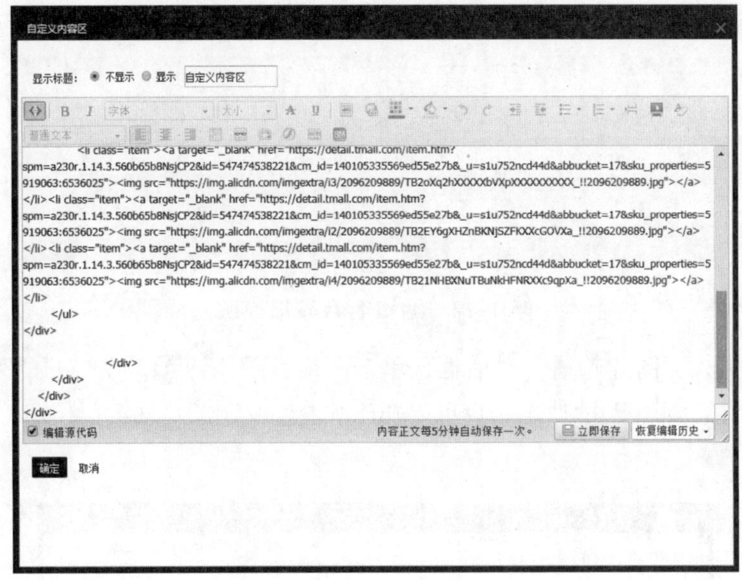

图9-40 粘贴代码

图9-41 全屏轮播图效果

2. 设置常规轮播图片

常规轮播图片的设置方法比较简单。在设置常规轮播图片之前，要确定是否已将做好的横幅广告图上传至图片空间。下面介绍设置常规轮播图片的方法，具体操作如下。

Step1. 返回店铺装修页面，单击图片轮播模块右上角的“编辑”按钮，如图 9-42 所示。

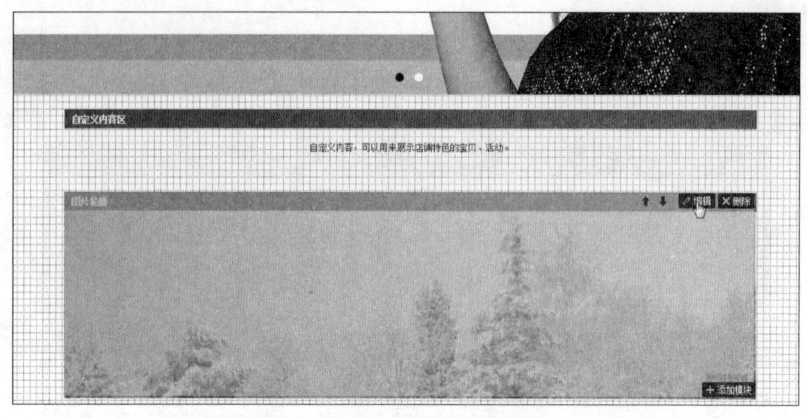

图9-42　编辑图片轮播模块

Step2. 进入“图片轮播”对话框，单击图片目录按钮，在打开的列表中选择要上传的轮播图片，如图 9-43 所示。也可以在图片空间复制图片地址，粘贴到“图片地址”文本框中。

图9-43　选择轮播图片

Step3. 单击“添加”按钮，继续添加其他轮播图片，然后将每一张轮播图对应的商品链接粘贴至“链接地址”文本框内，如图 9-44 所示。

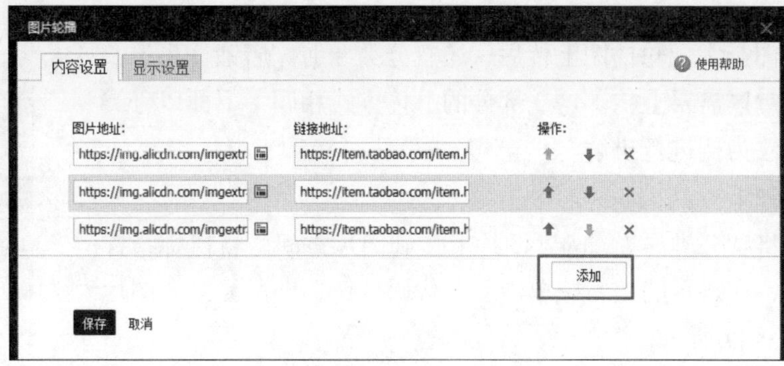

图9-44 添加其他图片及链接地址

Step4. 单击“显示设置”选项卡，选择“显示标题”右侧的“不显示”单选按钮，在“切换效果”下拉列表中选择“渐变滚动”选项，如图 9-45 所示。

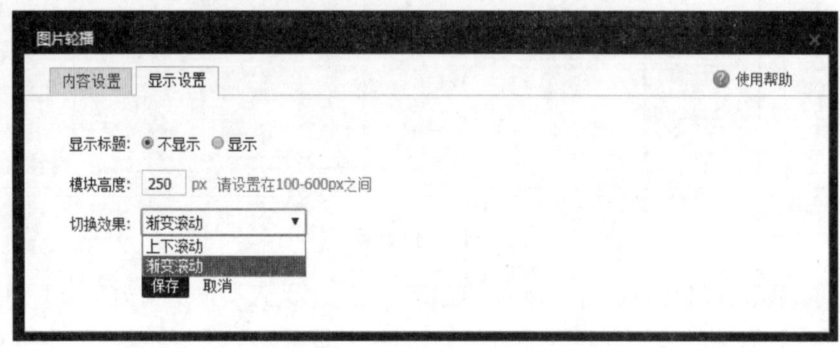

图9-45 设置轮播切换效果

Step5. 单击图 9-45 中的“保存”按钮后，即完成轮播图设置。返回店铺装修页面后，即可预览常规轮播图片效果，如图 9-46 所示。

图9-46 预览常规轮播图片效果

9.2.4 其他模块及页面的装修

全屏轮播图与常规轮播图上传后，还有分类导航、店铺优惠券及商品自定义展示区需要上传。这 3 部分的上传方式相同，下面以分类导航的上传方法为例进行讲解。

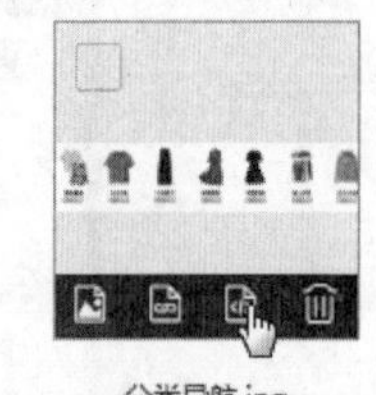
分类导航.jpg

图9-47 复制代码

具体操作如下。

Step1. 将“分类导航 .jpg”图片上传到图片空间。将鼠标指针移动至该图片，在显示的按钮中单击复制代码按钮，即可复制该图片的代码，如图 9-47 所示。

Step2. 使用 Dreamweaver 软件，为不同的分类创建热点，并添加链接，如图 9-48 所示。然后整体复制代码。

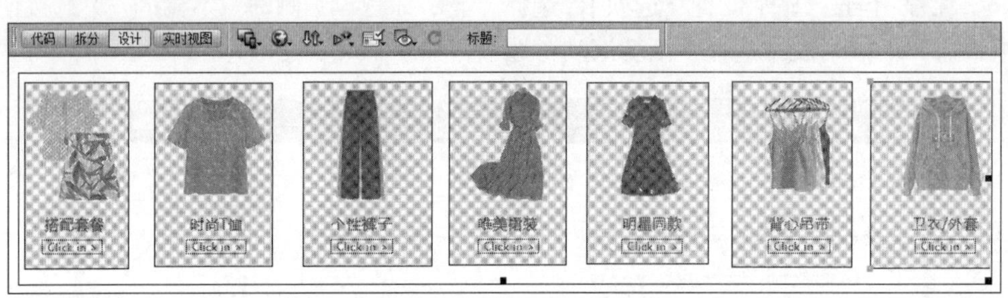

图9-48 创建热点

Step3. 单击自定义模块右上角的“编辑”按钮。进入“自定义内容区”对话框，选择“显示标题”右侧的“不显示”单选按钮，单击源码按钮，在编辑框中按 Ctrl+V 组合键粘贴宝贝促销图代码，最后单击“确定”按钮，如图 9-49 所示。

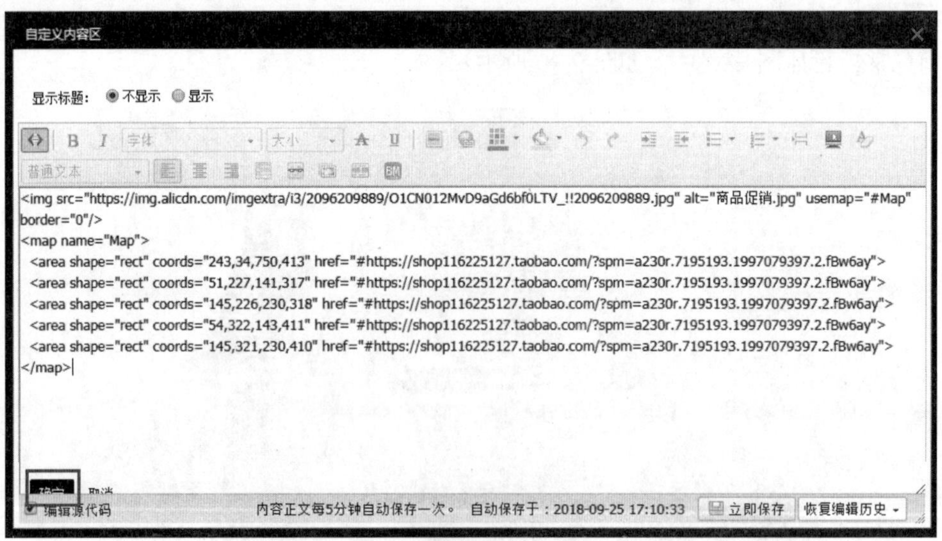

图9-49 粘贴代码

淘宝店铺中的页面主要有 4 种，分别为基础页、宝贝详情页、宝贝列表页以及自定义页，如图 9-50 所示。其中首页和店铺搜索页属于基础页，也是店铺装修的重点页面，前面已经对店铺首页和宝贝详情页的装修方法进行了介绍，其他未介绍页面的装修方式与首页的装修方式相同，只需要根据装修需求进行模块添加以及调整即可。

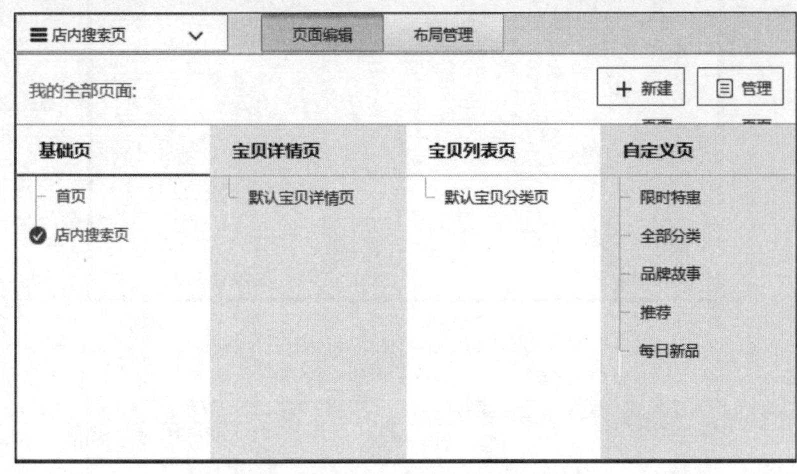

图 9-50　店铺全部页面

9.2.5 设置页尾模块

淘宝店铺页尾模块是 PC 端店铺首页的最后一个自定义内容区，卖家可以根据店铺营销需求自行设计或者直接使用第三方提供的软件（如码工在线）制作页尾内容，放置在店铺页尾模块，具体操作步骤如下。

Step1. 进入淘宝店铺装修后台，按住鼠标左键拖动滚动条至页面最下方，从左侧列表中拖动“自定义模块”至右侧页面中，如图 9-51 所示。

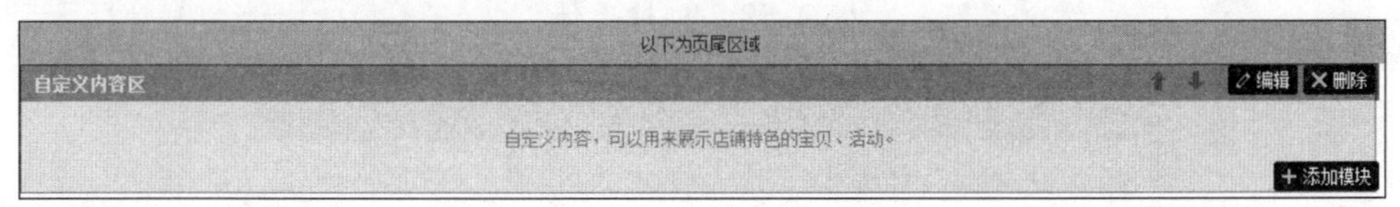

图 9-51　设置页尾自定义区域

Step2. 单击“编辑”按钮，进入“自定义内容区”对话框，选择“显示标题”右侧的“不显示”单选按钮。然后单击下方的插入图片空间中的图片按钮，选择需要上传的页尾图片，如图 9-52 ~ 图 9-54 所示。

Step3. 单击图 9-54 中的“确定”按钮，完成页尾模块的装修。单击店铺装修页面右上角的“预览”按钮，可以查看店铺页尾效果，如图 9-55 所示。

店铺所有模块装修完之后，就可以发布店铺了。店铺发布前，一定要预览装修效果，查看店铺首页各部分装修是否存在问题，如无误，可以单击店铺装修页面右上角的“发布站点”按钮，发布装修后的新店铺。这里需要注意的是，发布店铺装修页面之前，应对店铺装修模板进行备份，方便以后店铺装修改版。

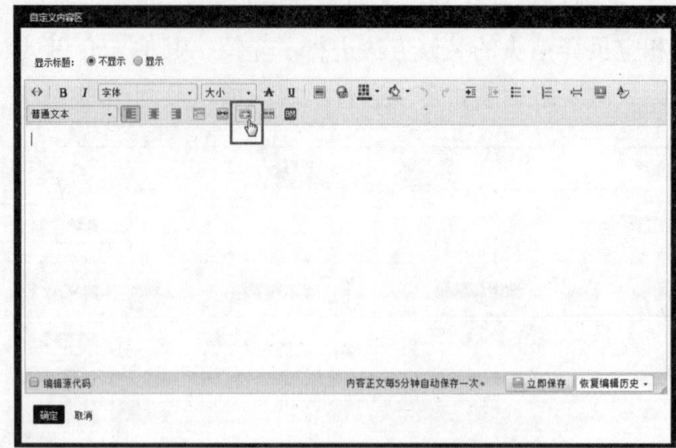

图9-52　插入图片空间中的图片

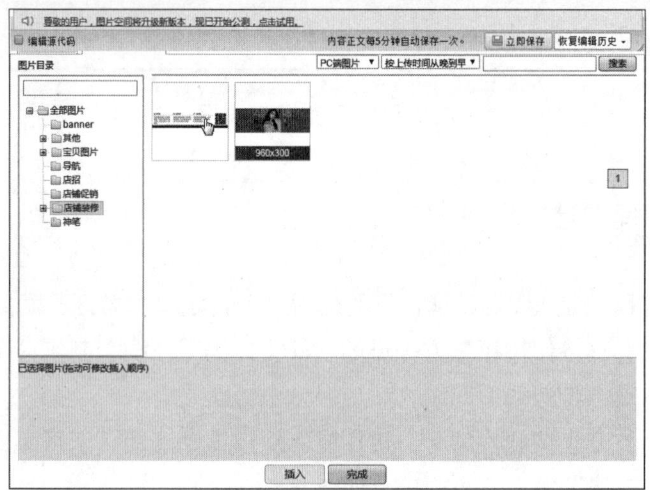

图9-53　图片上传

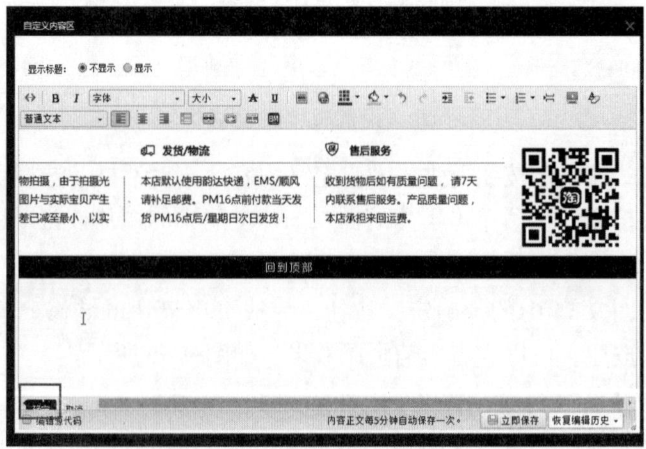

图9-54　插入页尾图片

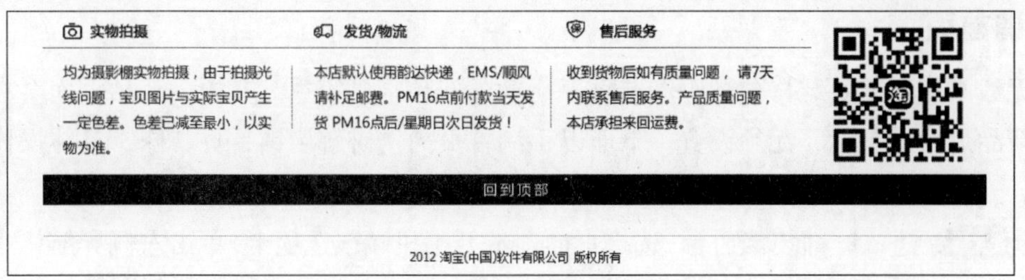

图9-55　店铺页尾效果

9.3　无线端店铺装修

随着移动互联网的快速发展以及智能手机的普及，网络购物越来越趋向于移动端。在这种趋势下，无线端店铺装修也就显得十分重要。无线端店铺装修模块较多，一般来说，无线端店铺装修模块主要包括店铺首页、宝贝分类、微淘、全局设置、自定义页等，如图 9-56 所示。

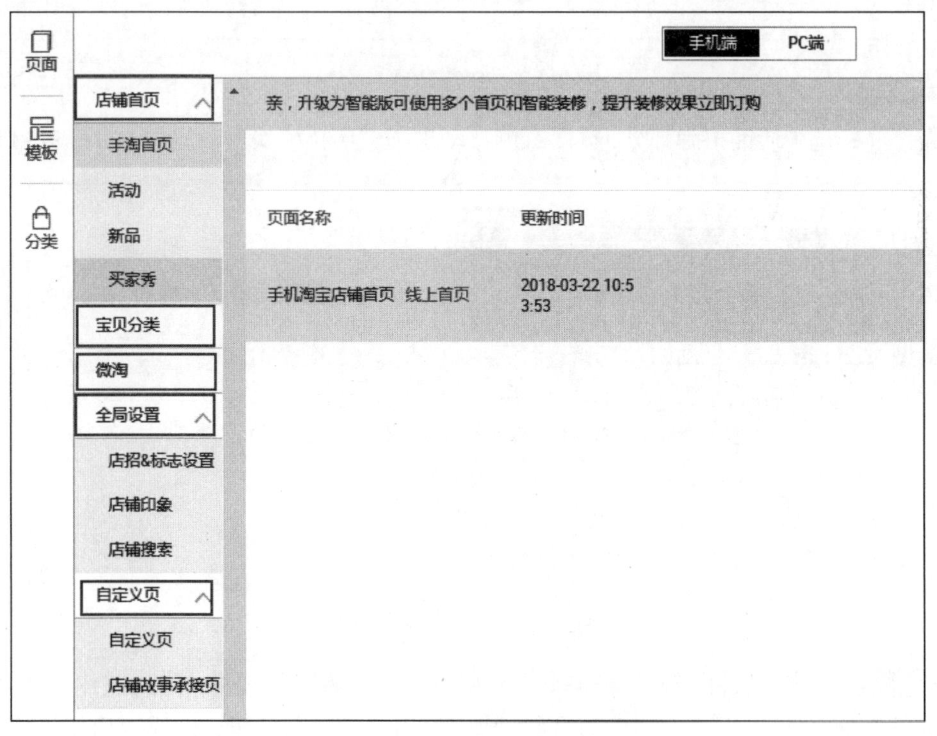

图9-56　无线端店铺装修模块

下面针对店铺首页、宝贝分类、微淘、全局设置与自定义页这几个主要模块的装修进行讲解。

1. 店铺首页

无线端店铺首页装修包括手淘首页、活动、新品、买家秀。其中，新品页面会在店铺发布新品后自动展示，无须设置。下面以手淘首页为例讲解店铺首页装修，具体操作步骤如下。

Step1. 进入旺铺装修后台，选择页面顶端“手机端”选项卡，单击左侧导航栏中“店铺首页”→“手淘首页”，单击“手机淘宝店铺首页”右侧的“装修页面”按钮，进入手淘首页装修页面，如图 9-57 所示。

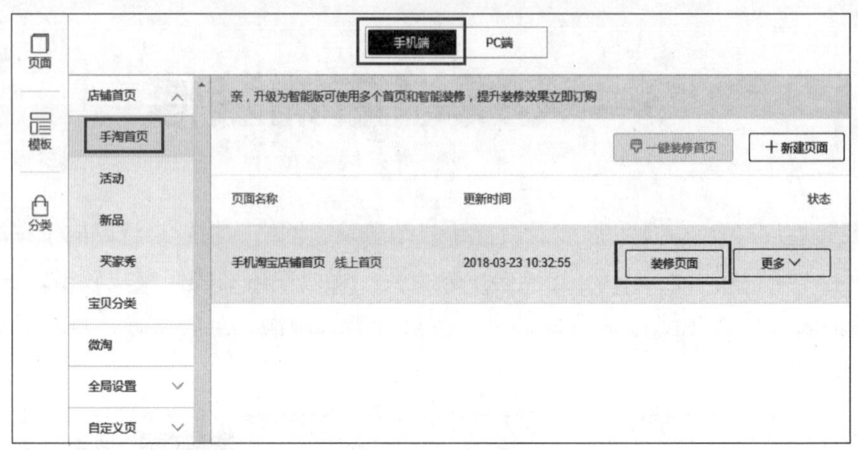

图 9-57 旺铺装修后台

Step2. 选中店铺招牌部分，页面右侧自动出现“店招模块”设置框，如图 9-58 所示。

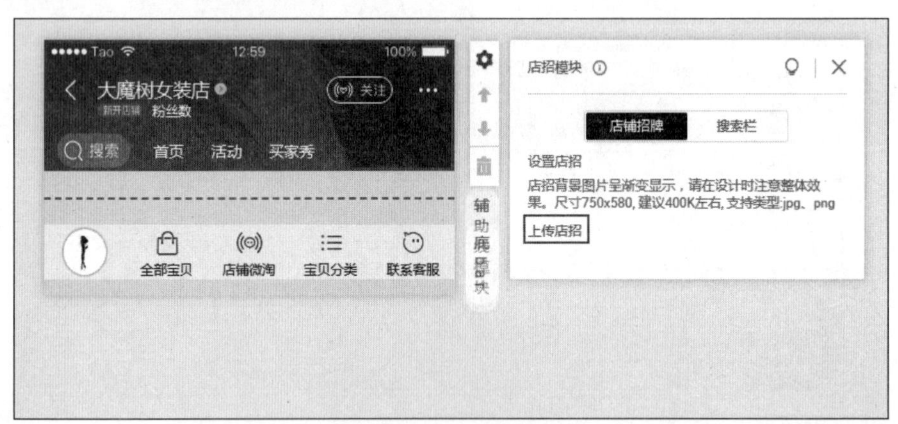

图 9-58 设置店招模块

Step3. 单击“店铺招牌”选项卡，再单击“上传店招”按钮，进入图片空间，选中提前准备好的无线端店招，上传至店招模块，单击“确定”按钮，即完成店招模块设置，如图 9-59 和图 9-60 所示。

Step4. 单击店招模块中“搜索栏”选项卡，再单击“设置店铺搜索”按钮，打开“搜索设置”对话框，在“热门推荐词”下设置与本店商品相关的推荐词。设置完成后，单击“确定”按钮，完成搜索栏设置，如图 9-61 所示。

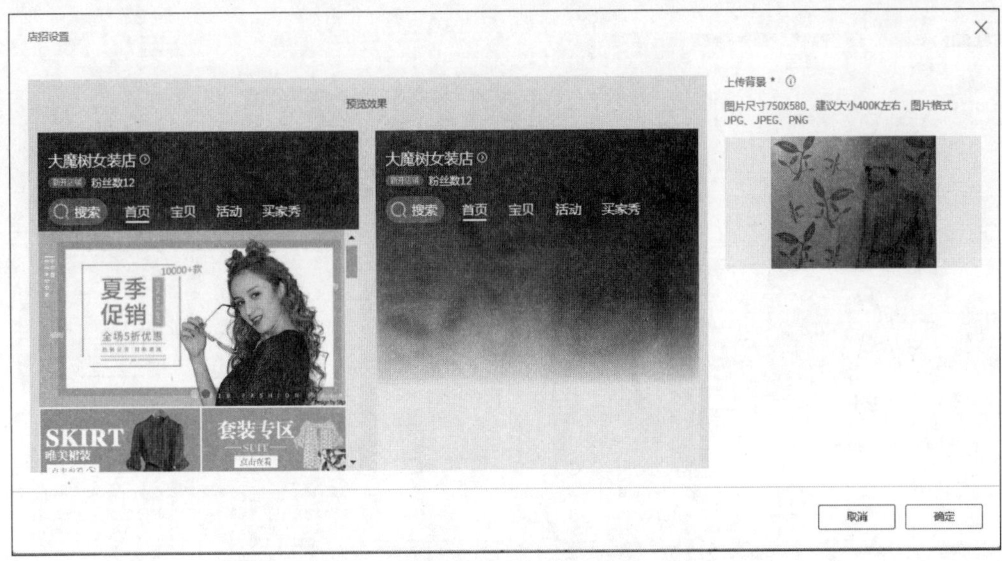

图9-59　上传店招

图9-60　店招上传效果

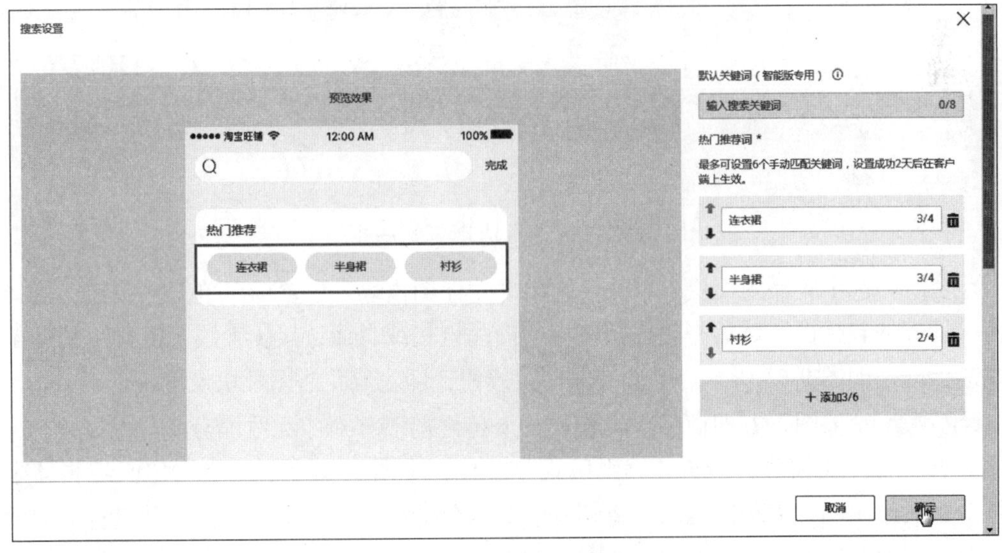

图9-61　设置店铺搜索栏

Step5. 店招模块设置完成后，对店招下方的部分进行设置。中间部分用于展示店铺商品，可以直接根据 PC 端首页布局，将手淘首页装修页面左侧导航栏中“轮播图模块”“自定义模块”等装修模块拖至店招下方，如图 9-62 所示。

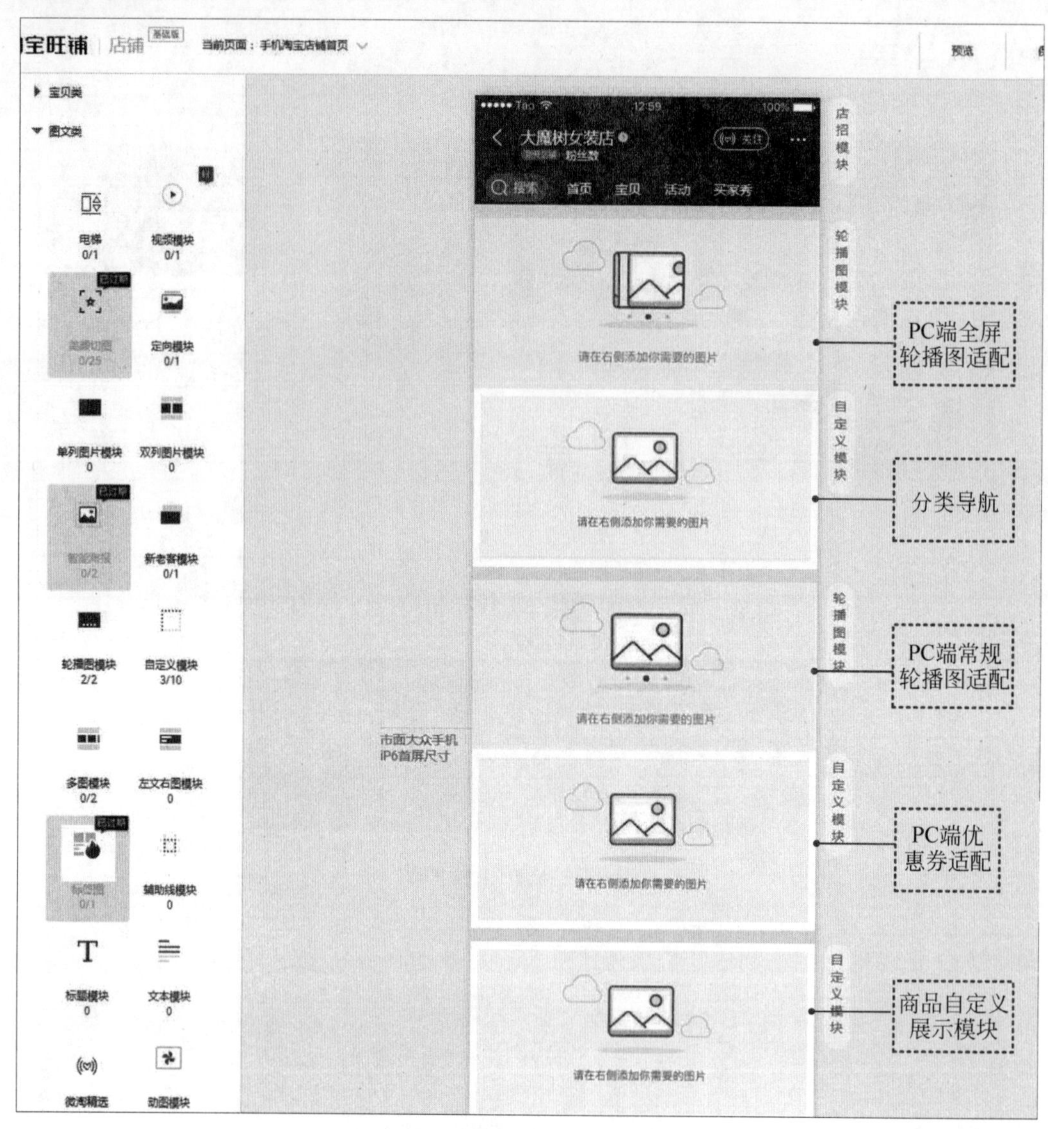

图9-62　将各模块拖曳到店招下

Step6. 选中轮播图模块，右侧会弹出“轮播图模块”设置框。单击 + 按钮，选择并上传设计好的轮播图，然后将轮播图对应的商品链接或页面链接（无线端链接）粘贴至无线端链接框，如图 9-63 所示。单击“保存”按钮，即完成轮播图模块设置。

Step7. 轮播图下方即商品分类模块，上传之前需要对“无线端分类导航 .jpg”进行切图。选中自定义模块，单击“编辑版式”链接，如图 9-64 所示。在自定义编辑器中使用框选工具绘出图片大小的区域，将切好的商品分类模块图片陆续上传，并设置对应的链接，单击“保存”按钮完成上传，如图 9-65 所示。

无线端页面基本与 PC 端对应，所以还有 3 个模块需要上传，分别为轮播图、优惠券与商品自定义展示区。优惠券与商品自定义展示区的上传方式相同，这里不再赘述。将所有模块上传完成后，单击店铺装修页面右上角的“发布”按钮，即完成无线端店铺首页装修，如图 9-66 所示。

图9-63　上传轮播图片及链接

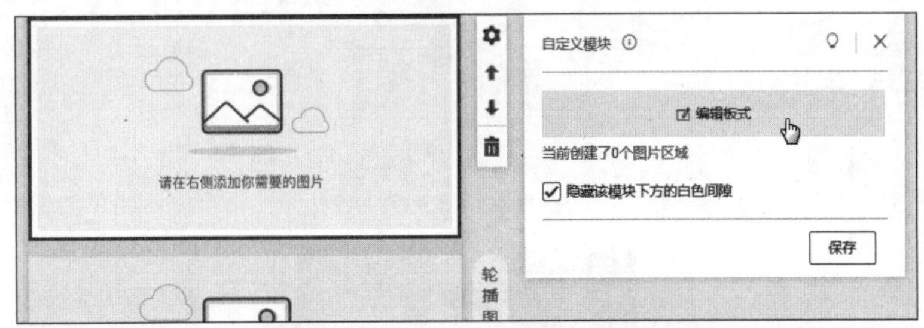

图9-64　编辑自定义模块版式

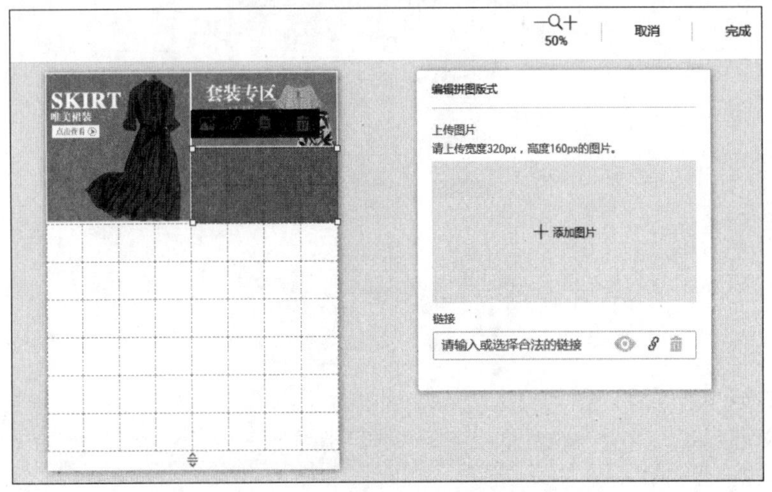

图9-65　上传宝贝分类模块图片

图9-66　无线端店铺首页装修效果

2. 宝贝分类

宝贝分类即展示在无线端首页底部的宝贝分类导航。无线端宝贝分类与 PC 端宝贝分类的位置和设置方法相同，若需要修改，直接进入宝贝分类装修页面重新进行设置，这里不再赘述。

3. 微淘

微淘是宣传店铺的品牌文化、发布促销活动、管理新老客户、定向推送优秀内容的平台，在微淘上发布的内容可以被粉丝即时收到。该部分内容主要属于后期营销运营，这里不再赘述。

4. 全局设置与自定义页

全局设置主要包括“店招 & 标志设置”“店铺印象”和“店铺搜索”，该部分内容与手淘首页的设置内容相同，所以不再介绍。自定义页主要是一些二级页面的添加，可根据需求自行设置。

9.4 本章小结

本章主要介绍了淘宝店铺装修的相关知识，其中包括认识店铺装修工具、PC 端店铺装修以及无线端店铺装修。

通过本章内容的学习，读者应当了解旺铺的功能，熟悉 PC 端与无线端店铺装修的基本设置，掌握 PC 端与无线端店铺装修的流程及操作方法，学会对店铺 PC 端和无线端进行装修。